阅读日本
书系

# 相扑的历史

[日] 新田一郎／著

崔世广　王俊英　邢雪艳／译

南京大学出版社

# 阅读日本书系选书委员会名单

# 前　言　本书的意图与构成

以一时暴发之势呈现出的相扑热虽已稍稍趋于沉静,但如今大相扑的人气可以说已经超越了所谓"热"的地步,成为一种常态。然而,急剧增加的相扑迷们对大相扑的喜爱,比起对作为专业体育项目的相扑本身的兴趣来,更多的是缘于对大相扑的传统仪式、习俗,以及对其文化背景和历史渊源的关心。这突出地表现在大相扑的人气高涨和业余相扑的低迷上。缺少了丁髷①、化妆回し②、入土俵③、行司④和传呼⑤等必要演出道具和程序,只是简单竞技的业余相扑似乎被置于相扑热的"蚊帐"之外,就连在国技馆举办的学生相扑大会,都很难成为人们的话题。

近来,在关于外国人力士的甚嚣尘上的议论中,有着"相扑不仅是一种体育运动,还是日本文化的象征"等主张,其背景也是同样的。也就是说,不是套用几条竞技规则就可以成为"相扑",只有了解了以特定的"文化"为背景的各种成文或不成文的规则和习惯,掌握了那些未必直接与竞技内容相关的各种仪式后,相扑才能成为真正的相扑。实际上,从这样的"文化的"侧面来发现"相扑的本质"的,在"大相扑迷"中是多数派。

当然,与竞技内容相比更注重背景的文化这并不是坏事,这确

---

① 力士的发髻。——译者注
② 十两以上的力士在登上土俵时所用的,有美丽刺绣的围裙。——译者注
③ 幕内力士佩戴刺绣围裙,一起登上土俵的仪式。——译者注
④ 相扑仪式的执行者和初次判定胜负的裁判员。——译者注
⑤ 在相扑场上呼唤东西力士的名字,让其登场的人员。——译者注

实是相扑之所以成为相扑的重要因素。实际上，如果先透露一点本书内容来说的话，与其说"相扑"是一种格斗技艺，不如说它是作为一种文化载体而成立的。

尽管相扑的"传统"、"文化"、"历史"等备受关注，但是有关相扑历史的研究却出人意料地进展不大。确实，以相扑历史为题材的读物为数不少，面向一般读者的历史杂志也在编纂有关"相扑的历史"的特集。但是，这种场合所描述的大多是一些力士的列传、番付①与星取②的记录，以及年寄③、相扑部屋④的历史，总之都是"大相扑的历史"。

承担所说的"大相扑史"研究的，大多数是一些从大相扑迷转身的业余研究者。确实，在"大相扑史"范围内，他们对各种相关历史文献的细致挖掘和研读，以及对各地历史遗迹和现场的详细调查等，就连专业的历史学家也都会感到汗颜。在这里举一个例子，有一个叫"相扑史迹研究会"的研究小组，他们详细调查了力士、年寄和行司等的墓地，把调查结果结集成《相扑的史迹》⑤，此书内容达到了相当高的水准。此外，关于各代的年寄和一些力士的简历等，也由"相扑趣味之会"、"相扑友之会"等相扑迷组织的业余研究者们，在同人杂志或是相扑的专业杂志上发表了可信度很高的研究成果。但另一方面，关于"大相扑"之前的那些事情，在这种场合却很少有人涉及。

即便是公开发行的"相扑的历史"，在这方面也是大同小异。其所涉及的内容主要是大相扑的历史，对于大相扑以前的历史，如相扑的起源传说以及平安时代的相扑节等，虽然作为大相扑的前史有所描述，但始终不过是些概括性的、定型的叙述。至于涉及大相扑以前的"相扑的历史"，各书内容大多依据明治时期编纂的百

①　表示力士地位和位次的排名表。——译者注
②　指相扑中按照胜负计算获胜的星数，白星为胜，黑星为负。——译者注
③　引退的力士或行司，成为相扑协会干部的人。——译者注
④　在相扑中，是年寄为了培养力士的合宿所。拥有土俵的设备等，所有力士均归属于某个部屋。——译者注
⑤　相扑史迹研究会编：《相扑的史迹》(已刊发六期，同会编，一九七三～　)。

科全书《古事类苑》①中的"武技部十八 相扑节"、"武技部十九 相扑上"、"武技部二十 相扑下"中的有关项目叙述,而有关相扑节的实例等,则大多依据酒井忠正所著《日本相扑史 上》②记述的框架,酒井在该书中发掘、介绍了贵族公卿日记等很多新史料。而各书所采用的古代/"节会相扑"、中世/"武家相扑"、近世/"劝进相扑"等"相扑史"的叙述框架,也都基本沿袭了通过对《古事类苑》的叙述整理后的《日本相扑史 上》中的相关内容。

这样的记述框架,自从《古事类苑》问世约一个世纪以来,以及《日本相扑史 上》公开出版近四十年间,一直没有受到质疑而被继承了下来。这期间,在历史学(一般史)的研究领域,无论理论还是实证方面都出现了巨大变革和进展,但在相扑史研究方面几乎没有产生什么影响。在这一点上唯一的例外是围绕"相扑的起源"的议论,即在所谓"骑马民族征服说"③的影响下,出现了想从亚欧大陆来寻求"相扑的起源"的动向。也就是说,"骑马民族征服说"并没有局限于历史学家的内部,而是广泛吸引了一般读者的关心,成了社会性的话题。与此相对的是,在历史学家内部成为热议对象的,即以日本中世史领域为中心的所谓"社会史"的研究成果,④却没有能对相扑史的研究带来任何影响。

用一句话来说,就是相扑史研究一直处于历史学研究的潮流之外。当然,这种事态首先要归咎于那些专业的历史学家们,因为他们并没有把相扑的历史当作真正的历史研究的对象。近年来的

---

① 明治、大正时代编纂的百科全书,从"天部"到"金石部"分为三十个部门设立项目,刊载有简单的解说和史料原文。就是现在,作为史料集也具有重要的价值。从一八九六年到一九一四年出版发行。载有相扑有关史料的"武技部",刊行于一九〇〇年。

② 棒球杂志社一九五六年刊行。本书是为了厘清近世以后的番付、星取的历史而编纂的,在上卷(江户时代编)中作为前史也涉及了中世以前的相扑。中卷(明治、大正时代编)由同一出版社于一九六四年刊行,下卷(昭和编)尚未完成因作者去世而中止。

③ 东洋史学者江上波夫提倡的学说,认为天皇家的祖先来自于大陆并征服了土著势力,属于通古斯系的北方骑马民族。

④ 如网野善彦关于中世社会的"职人"的议论(网野《无缘、公界、乐》,平凡社,一九七八年)等。正如后文所述,在"职人歌合"之类的场合"相扑人"屡屡登场,把这个时期的相扑单纯地概括为"武家相扑"是否恰当,值得探讨。

历史学,不论是在研究方法还是研究对象上,其领域都在显著扩大,多样性在不断增加,并取得了丰硕的成果。然而,即便在"社会史"、"艺能史"等各种下一级的研究领域中,也都没有把相扑的研究作为重点。不过,也有个别研究,如长谷川明①挑战相扑起源的研究,山中裕②和大日方克己③等对相扑节仪式的研究,涉及相扑节中奏乐和后世能乐关联的能势朝次④、林屋辰三郎⑤等的研究,还有野口实⑥和峰岸纯夫⑦等关于相扑节相扑人和中世初期武士团的议论。在近世则有对营利劝进相扑演出的形成过程进行真正探讨的高埜利彦⑧的研究。其中长谷川的研究,是将围绕相扑起源的各种议论,与日本以及中国等周边国家的格斗竞技相联系进行探讨的成果,可以说相扑"起源"的研究由此进入了一个新的阶段。另外,高埜的研究对过去的四季劝进相扑演出体制成立过程的认识进行了很大修正,可谓是划时代的研究成果。

但是,还不能说已经有人尝试过重新探讨"大相扑以前"的"相扑的历史"的整体面貌。作为历史民俗学家广为人知的和歌森太郎是一位相扑通,著有很多与相扑相关的著作。他感叹历史学界对相扑研究的"轻视",曾经尝试把相扑作为历史学真正的研究对象进行研究,但也只是在民俗学的领域,围绕相扑起源传说的解释提出了重要的新见解,却未能完成历史学领域的研究。⑨

很明显,人们关心的"相扑=大相扑"这种图式规定已经成为一种障碍。在已经形成的作为演出体制的大相扑组织中,以往"相

①　长谷川明:《相扑的诞生》,新潮选书,一九九三年。

②　山中裕:《平安朝的年中行事》,墙书房,一九七二年。

③　大日方克己《古代国家与年中行事》(吉川弘文馆,一九九三年)的第三章"相扑节"。

④　能势朝次:《能乐源流考》,岩波书店,一九三八年。

⑤　林屋辰三郎:《中世艺能史的研究》,岩波书店,一九六〇年。

⑥　野口实:《相扑人与武士》,载中世东国史研究会编《中世东国史的研究》,东京大学出版会,一九八八年。

⑦　峰岸纯夫:《相扑人大方五郎政家和其子孙们》,载《关城町的历史》三,关城町史编纂室,一九八三年。

⑧　高埜利彦《近世日本的国家权力与宗教》(东京大学出版会,一九八九年)的第一章"近世国家的家职和权威"。

⑨　和歌森太郎关于相扑的主要著作,收入《相扑的历史和民俗》(《和歌森太郎著作集》第十五卷,弘文堂,一九八二年)。

扑史"所关心的,在大多数场合只是力士们有着怎样的经历,在土俵上又留下了什么样的战绩这样的内容。其结果,相扑的历史就成了番付的历史、星取的历史。当然,并不是说这些不重要。但是,即便可以将这些叫作"大相扑的历史",但是很难可以将其称作"相扑的历史"。只有将其不仅仅局限于"大相扑"这种相对封闭世界的即内部的历史,还要考虑对社会大众开放的包含非专业相扑在内的"相扑"的世界,即在与外部社会的关联中展开的历史展开全面议论时,才可以真正成为对"相扑的历史"的讨论。

与此同时,有关"大相扑"世界的形成过程,也不能只给予"大相扑前史"那样的位置,还必须对其进行完整的历史性叙述。对大相扑迷们来说这是否是关心对象的问题,应该暂且放在一边。本来,从"大相扑"的世界确立至今充其量不过 200 多年的历史,而相扑的历史即便是保守的估算,从《日本书纪》①记载的"健儿相扑"记事开始算起,至少也在一千三百年以上。如果将"大相扑以前"的"相扑的历史",只是作为"大相扑"成立的前史加以处理的话,不仅过长,而且也充满了起伏。因为,"大相扑的历史"实际上占据了"相扑的历史"之比较最近的一部分而已。

因此,本书将把重点放在"大相扑以前"的"相扑的历史"上加以叙述,其独创性的主张也主要放在了中世以前部分。本书并不局限于"相扑史"这一领域内部,而力图将其作为"社会史"、"文化史"、"艺能史"的下一级领域来把握,在"相扑"与社会的相互关系中,描绘出"相扑"的同一性得以确立,以及其变容的具体过程。尽管本书并没有超出概论的范围,但在努力吸收近年来历史学研究成果的基础上,去重新审视"大相扑以前"的"相扑的历史"的框架,并构筑能够更详尽叙述的新框架,这是笔者执笔本书的意图。

正如本书目录所表明的那样,本书由总计十二章,以及在各章间适当插入的专栏所构成。正文的十二章,基本上按照时代的顺序记述了"相扑的历史",各章间的专栏虽然很难纳入正文的脉络中,不过这些题目对理解正文应该有所帮助,因而便以专栏的形式

① 古代律令国家作为正史而编纂的《六国史》之第一。舍人亲王等撰,养老四(七二〇)年成书,记述从天地开辟到持统天皇十一(六九七)年。

加以叙述。

　　仔细浏览一下本书的目录就可以发现,在以往的"相扑史"类书籍中被当作"前史"来处理的"大相扑以前"的叙述,在本书中占了过半的篇幅,由此也可以察觉作者的意图了吧。在此初衷之下,本书各章叙述着墨不够均匀,特别是对"大相扑的历史"部分的处理,或许还有过于冷淡之嫌。但是,就"大相扑的历史"而言,特别是"番付、星取的历史"、"力士、年寄的历史"等,已经发表有很多值得信赖的著作和文章,①阅读时参考那些论著就已经足够了。在此,本书不想涉及那样的细微之处,只是把焦点置于社会与相扑的关联方式的变迁上,来尝试进行概论式的论述。

---

　　①　如前面提到的酒井《日本相扑史》、相扑史迹研究会编《相扑的史迹》,以及池田雅雄《相扑的历史》(平凡社,一九七七年),日本相扑协会、博物馆运营委员会监修《近世日本相扑史》(五卷,棒球杂志社,一九七五～一九八一年),池田雅雄等编《相扑百年的历史》(讲谈社,一九七○年),古河三树《江户时代大相扑》(雄山阁出版,一九六八年),川端要寿《物语 日本相扑史》(筑摩书房,一九九三年)等。此外,刊登在《相扑》(棒球杂志社出版)、《大相扑》(读卖新闻社出版)等专业杂志上的报道,在这方面的信赖性也很高。

# 目　录

# 序章　相扑的起源

## "相扑"一词

　　众所周知,相扑"すもう"一词源于八行四段活用动词"すまふ"的连用形 "すまひ" 的名词化,由于"すまふ"含有"あらそう"(争斗)、"あらがう"(抗争)的意思,而其原意为"争斗之事"和"抗争之事",即指格斗本身。古语为"すまひ",中世后期因为发音相同,也常常写作"相舞"或"素舞"①等。进行相扑的"相扑人"叫作"すまひびと",朝廷例行活动的"相扑节(相扑节会)"叫作"すまひのせち(すまひのせちえ)"。虽然并不明确"すまひ"从什么时候转化成为"すもう",不过,在中世末期编纂的《日葡词典》②的标题中就有 sumŏ(スマウ)一词,另外在据认为是同一时期编纂的《义残后觉》③中也出现了"すまう"一词,由此而言这个时期似乎已经开始使用"すもう"的发音了。一般认为,"すもう"的用法是在近世开始普及开来的。

　　相对这个读法而使用的"相扑"这两个文字,正如可勉强训读为"あいうつ"那样,是表示"竞力"、"格斗"之意的汉语,故取汉语中的这个意义来充当"すまひ"的训读。同样,读作"すもう"的"角

---

　　①　关于该"素舞"的记载,虽然看起来似乎意味着"裸体进行表演",但理解为只是由于发音相通应该更为妥当。
　　②　由中世末期来日本的葡萄牙人编撰的、由日语到葡萄牙语的辞书。庆长八(一六〇三)年成书,是关于中世末期到近世初期日语的珍贵史料。土井忠生、森田武、长南实编译《邦译 日葡辞书》已经出版(岩波书店,一九八〇年)。
　　③　愚轩的著作。是完成于文禄五(一五九六)年的杂话集。

力"、"角抵"、"角觝"①,也如字义所示,"角"是"比"、"竞"的意思(与"角逐"的"角"相同),而"角抵"、"角觝"的"抵"和"觝",则都是打、撞的意思,因此,"角力"是在指竞力时,而"角抵"、"角觝"则是在指比赛力道、技艺时所使用的词汇。总之,这些词本来不是指特定样式的格斗竞技,而是指一般格斗或一般技艺的汉语。

据长谷川明的考证,"角力"一词最早出现于《礼记》②的"月令"中,而"角抵"一词则出现在以《史记》③为首的多部书籍中,主要是作为包括舞乐在内的杂艺技艺的词语而出现的。④ 关于"相扑"一词,过去曾有人解释说是"在汉译梵语经典的过程中创造出来的词汇",⑤但长谷川认为这是错误的,他指出在出现"相扑"一词的经典汉译之前的晋代,就已经出现了。⑥ 本来应该就此采纳长谷川的观点,但因为长谷川同时将"相扑"一词作为"南方的"用语,去与"北方的""角抵"进行对比(我想,这与长谷川想从"南方"寻求相扑起源的基本构想有关),而对这一点本人持保留态度。

既然相扑的原意是"格斗",那么各种各样的格斗都可以表现为"相扑"。所以即便使用同样的"相扑"的字,但由此表现的格斗形态却未必一样。作为原型的"格斗",在不同的文化圈内,是作为具有特定样式和内容的竞技而发展成型的。不仅仅是"相扑",各个文化圈有代表性的格斗竞技的称呼,是从意味着格斗本身的词语中派生出来的,这绝不是稀奇的现象。因此,在不同的文化、不同的语言相遇时,用各自文化圈中有代表性的格斗竞技的称呼,来

---

① 直到昭和前半期都一直在使用,就是现在,在"角界"(相扑界)和"好角家"(喜欢相扑的人)等语句中仍能看到其影响。

② 阐述规范中国古代社会"礼"的规定和精神的著作,儒家经典之一。其中的"月令",论述了每个月的礼仪和仪式。

③ 汉代历史学家司马迁编写的中国最古老的史书,成书于公元前九十一年左右。

④ 前引长谷川《相扑的诞生》。

⑤ 如前面引用的酒井《日本相扑史 上》、池田《相扑的历史》等。

⑥ 长谷川指出,以往认为是"梵语 godabara 汉译"的说法,是单纯的误读和重复转引造成的。按照长谷川的说法,中国文献中有关"相扑"文字的用例,可以追溯到四世纪初完成的王隐的《晋书》(西晋的历史书),或尽管成书年代不详,但大概完成于三世纪左右的虞溥的《江表传》(中国江南地方的地志)。载有"相扑"两字的经典被翻译成汉语则是在六世纪左右。

表现对方格斗竞技的事情也就时有发生。下面举一个例子。

　　据说在江户时代末期的嘉永七（一八五四）年，美国海军提督佩里率领的所谓"黑船"再次出现在浦贺时，江户的相扑年寄中有人向幕府提出，为了炫耀一下日本人的力量，可以让当时的大关小柳常吉等力士们每人一次搬运两到三麻袋大米（据说一个叫白真弓肥太右卫门的力士，一次搬运了八麻袋大米以向美军显示力量），同时进行有相扑表演，还和美军士兵中有拳击、摔跤经验的人进行较量并获得胜利（可以说是现在的"异种格斗技战"的开端吧），力士的力大无比让美国人叹服，而让日本人大大地出了一口气。这在相扑迷中可谓是众所周知的逸事。当然，这是来自于日方的记录，而美方的记录却对此相当冷淡，他们认为与美国所带来的供观览的蒸汽机等文明利器相比，日本展示的基本是类似于兽力的野蛮的东西，而通过文明和野蛮的对比来表现西洋的优越性。这种两者认识上的反差，或者说彼此之间的小小的自我炫耀很有意思。

**黑船来航与相扑**　　江户时代末期，用搬运米袋对乘黑船来航的美国使节夸示力量的力士们。题为《力士竞力》的瓦版。（横滨市开港资料馆）

　　这就是日本相扑和西洋摔跤的最初相遇。此后，对摔跤就用"西洋相扑"一语来对应，而相扑和柔道在英语中则被称作"japanese wrestling（日本摔跤）"。当然，这样的用语是以形态和视觉上的类似为前提的，本来不论是"相扑"还是"摔跤"，都是从意味着格斗的词语衍生出来的，如果从其原意来看的话，这个用法应该说是理所当然的。wrestling 的词干 wrestle,与有"扭取"、"拧取"等意义的 wrest 是同一词源,是指相互角力、相互扭打格斗的词语。可以说,无论是日本的相扑发展成为今天所见的格斗竞技,还是西洋风格的摔跤所采用现在的形态,都是试行错误和偶然的产物。在相扑和"非相扑"、摔跤和"非摔跤"之间,其界限本来就不是那么明确,将一方当作另一方的变种来认识和表现是可能的。另外,前面所述的《日葡词典》中"スマゥ"一项的说明,原文是"Luta",这是意味着"格斗"、"竞技"的葡萄牙语。

因此,把"博呼"(bofu)称作"蒙古相扑",把"希尔木"(sireum)称作"韩国相扑",把"布莱"(bure)称作"塞内加尔相扑",并不是将这些视为"日本相扑"的变种,而只是表示这些都是一般格斗意义上的"相扑"的变种。可以认为,"日本相扑"也与上述这些称呼一样,都是相扑的变种之一。可以尝试将相扑与柔道做个比较。比起相扑来,柔道是被更为严格限定的、特定的格斗竞技的表现,比如为了说明"桑勃"(sanbo),即便可能特意会用可以说是"俄罗斯柔道"的表现,但是一般不会将"桑勃"叫作"俄罗斯柔道"。

所以,在解释文献上表现为"相扑"的东西时,必须特别警惕与现代的"日本相扑"间的牵强附会。特别是在古代,即便存在着各种各样的"相扑",也没什么不可思议的。古代史料中出现的"相扑"一词,到底是指一般格斗本身呢,还是指特定的格斗竞技呢,很多时候还是要根据个别具体事例来加以判断。在解释"相扑起源"传说的时候就更是这样。日本列岛被统合为均质性很高的一体社会,实际上并不是那么久远的时代的事情。在那以前日本社会还没有形成为一个整体的时代,各个地域也都进行过各种各样的"相扑"(作为原型的格斗),对此我们应该有所认识。即经过各种各样"相扑"相互交流的过程,才形成了作为一种格斗竞技的"相扑"。

那么,在日本各个地域进行的作为相扑原型的格斗,又是经历了怎样的过程形成今天所看到的"相扑"这样的形态呢? 这个过程是自然发生的,还是由什么人的意志推动的? 弄清楚这一点正是本书的中心课题之一。特别在从序章到第二章中,将一边引用或者援用历史学、民俗学等的研究成果,对相扑在特定的样式、特定的意义下成型的过程,和在此过程中作为国家例行活动的相扑节所发挥的作用,以及"相扑"对国家来说具有什么意义进行论述。

另外,进行相扑的人在古代大多被称作"相扑人",但有时也只被称为"相扑",到中世"相扑"反倒成了一般的称呼。进而到中世末期,"相扑取"一词开始登场,并在进入近世后迅速普及开来。另一方面,"相扑"这一简单称呼也还在使用,直到现在还有"お相扑さん"的叫法,应该是受那个时代的影响。而现在一般所使用的"力士"这个词,就像佛的守护者"金刚力士"等一样,是表示拥有强大力量的壮士的用语,特指相扑的竞技者为"力士"似乎始于近世。

这样的竞技者称谓的变迁,或许与"相扑"语义的变迁存在某种关联,本来有必要在彻底调查各种具体用例的基础上进行严格的区分,但因本书执笔时未曾经过这样的程序,所以从古代到中世多使用"相扑人",从中世末期到近世中期多使用"相扑取",从近世中期以后即大相扑演出体制成立后则主要使用"力士"这一用语。大体来说,这与以下的区别相对应,即作为艺能之徒的"相扑人",把相扑作为谋生手段的"相扑取",以及作为"真正的相扑取"而被社会所认知、并构成专业集团的"力士"。在这里我想先声明一下,以上这些称呼未必完全忠实于史料上用法的差异。关于其详细内容,希望读者从本书下面的叙述中去读取。

## 神话中的相扑

取材于日本神话,在昭和三十年代制作的电影《日本诞生》中有一个场面:当原节子饰演的"天照大神"被弟弟"须佐之男命"的粗暴行为所激怒,绝望地藏身于天之岩户中,世界顿时陷入黑暗时,由于受"天宇受卖命"的歌舞诱惑,天照大神随后将岩户稍微开了一条缝,而"手力男神"则趁机将岩户门打开,让光明重新回到世界。那么饰演手力男神的演员是谁呢? 就是当时大相扑的人气力士朝汐太郎(后来的朝潮)。正如手力男这一名称所显示的那样,他的角色是大力之神,这对容貌魁梧、肌肉结实的朝汐来说是非常合适的角色。如果说"相扑"的原意、原型是"角力"的话,手力男应该是相当于相扑祖神的存在。

但是实际上，在记纪神话①中手力男神只是一个非常不起眼的存在，其活跃的场面似乎也只有天之岩户这么一件事，就是在这个神话表现中，也很难发现与相扑（的原型）的关联。实际上，记纪神话中所出现的"相扑"，并不只是谈论强壮的大力士，或关于格斗的描写，而是贯穿着一定主题的，我们首先应该从这一点来看。

在记纪神话中出现的有关"相扑"或是"角力"的故事中，最为大家所熟知的一个就是所谓的"让国"神话。高天原的主宰神天照大神，想让自己的孙子迩迩艺命去统治苇原中津国，派遣建御雷神作为使节，去劝说当时的统治者大国主神归降。大国主神虽然有表示服从的意向，但是他的儿子建御名方神不服气，向建御雷神提出了要进行角力的挑战，以决一胜负。于是在出云国伊那佐滨（今天的岛根县出云市）两神对峙，双方互相抓住手进行角力，建御雷神"如取青苇般"轻而易举地抓住了建御名方神的手将其扔了出去，被打败了的建御名方神只好逃走。建御雷神追赶到科野国须羽的地方（今天的长野县诹访市），最终迫使建御名方神投降，在确定服从和归隐之后，被供奉在诹访神社。其结果，是苇原中津国被纳入了天孙迩迩艺命的统治之下。

这就是《古事记》②所描绘的"让国"神话的大致内容。当然，传说中的角力还算不上今天意义上的"相扑"。在角力中胜利的一方取得了国家的统治权，可以说是关系国家命运的一场决斗，双方互相抓手的角力方式与现代的"相扑"也相差甚远。这种角力归根到底是武力斗争的比喻，在这样的神话表现的背后，存在着作为天孙的外来势力和作为不肯降服的国津神的原有势力之间的武力斗争，其结果是前者征服了后者并夺取了统治权。大部分人都认为，这个神话故事中含有着这样的历史投影。

但是，供奉这场斗争中失败的建御名方神的诹访神社，自古就

---

① 《古事记》和《日本书纪》两书中所描述的神话一般统称为"记纪神话"。因为拥有很多共同的神话传说，所以很多时候被放到一起来称呼。实际上两书是在不同的意图下撰写的，也有人认为不应放到一起作为"记纪神话"来称呼，但这里仍遵从以往的惯例。
② 与《日本书纪》相对的神话、历史书籍，叙述从天地开辟到推古天皇。以稗田阿礼口述为基础，太安麻吕撰写，和铜五（七一二）年成书。

是畿内势力范围的东端，是邻接东方化外之地的边缘地带。有人据此认为，建御名方神被追赶到诹访这一节，隐喻着征服者把抵抗势力驱逐到化外之地。另一方面，就像胜利者建御雷神被当作武神供奉在象征着畿内势力进入和支配东国的鹿岛神社那样，这也象征着作为外来征服者的天孙势力的扩大过程。

这个外来势力征服土著势力的过程，被赋予了二神角力的神话表现形式，我们有必要对其蕴含的意义予以注意。第一，双方互相抓手扭打的角力形态，可能以某种形式反映了那个神话形成时代的"角力"形态（广义上的相扑）。① 第二，关于这个神话的"外来强者压服本地强者"的结构本身，可以解释为以"相扑"（角力）为媒介而脱胎换骨，将"远来的神平定本地的恶灵"这一民间信仰的主题，②通过外来者的征服＝天皇统治的由来的传说加以重构。

为了理解上面第二点，可以参考一下《日本书纪》中另外一个关于"相扑"起源的故事，即野见宿祢和当麻蹶速"角力"的逸话。这个逸话的大致内容如下。

这是第十一代天皇垂仁天皇七年发生的事。当时在大和国当麻村有一个叫当麻蹶速的力大无穷的男子，其仗着自己的力气，经常干些不逊无赖的事情，并肆无忌惮地扬言周围没有可以与其为敌的强人。七月七日，这事传到了天皇的耳朵里，天皇问群臣："听说当麻蹶速是个天下无敌的力士③，有人可以与其相比吗？"有个大臣上前奏称："在出云有个叫野见宿祢的勇士，召他过来和当麻蹶速对战怎么样？"于是天皇立刻决定召野见宿祢，让他去和当麻蹶速对战。奉命对峙的两个人，互相抬起脚来踢打，对战中野见宿祢踢断了当麻蹶速的肋骨，并顺势踩碎了他的腰把他杀了。天皇把当麻蹶速的领地全部赐给了野见宿祢，那块地方因此被称作"折腰田"。之后野见宿祢侍奉天皇成为土师臣之祖，他曾建议天皇和皇

① 实际上，就是在平安朝的相扑节时代，相扑人双方互相抓住手角力的场面，在《今昔物语集》（十二世纪初期成书）和《古今著闻集》（虽然成书于建长六〈一二五四〉年，但主要取材于平安时代）等作品中都可以看到。

② "マレビト"，指拥有特殊功能的外来者。与外来特殊功能者相关的信仰，虽然不只存在于日本，而是广泛分布于世界各地，但将此称作"マレビト"并将其置于日本民俗信仰论的核心的，则是折口信夫。

③ 这里所说的"力士"是强力之士的意思，未必指的是相扑人。

族改变以人殉葬的葬礼风气，而改用陶俑来代替，从而留下了不菲的功德。作为"学问之神"而广为人知的菅原道真的菅原氏，据说就是他的子孙。

长谷川明非常重视故事的最后部分，即野见宿祢获取了当麻蹶速的领地这一点，认为这个故事的本质是一个"殖民故事"，反映了大和土著的当麻氏和外来的土师氏之间围绕土地进行抗争的记忆，指出其在《日本书纪》的编纂过程中被作为相扑节的起源故事加以利用，与"让国"神话在结构上有着相似性。[①]

这个故事里所展开的"角力"的形态是互相用脚踢，和现在的相扑大相径庭，在《日本书纪》正文中也没有使用"相扑"的字眼，而是表记为"捔力"。关于这一点，或许是意识到了《日本书纪》编纂当时的"相扑"与作为各种格斗本身的相扑的原型这种区别而使用的，特别是雄踞一方的当麻蹶速的名字，也可以解释为就是那种格斗形态的象征。[②]

但是，在《类聚国史》[③]中将其放在了"相扑"一项的开头，是作为相扑的起源故事来处理的，另外，就像在《日本书纪》的原文中表现两人角力的"令捔力"一词，通常被训读为"すまひとらしむ"那样，这自古以来应该就是被作为描述相扑起源的逸话来看待的。也有人认为，这个地方本来训读为"ちからをくらべしむ"或者"ちからくらべせしむ"，或许作为本来的训读应该采用这种方式，但重要的是，在平安时代其已经被训读为"すまひとらしむ"，说明其已经被认为是相扑的起源了。[④]

取得这一重大胜利的野见宿祢现在仍然被尊为"相扑之祖"和"相扑之神"，在东京都墨田区龟沢的野见宿祢神社，每到一年三次

---

① 前引长谷川《相扑的诞生》。

② 长谷川着眼于其与投影于"抓住手的角力"这一形态的"让国"神话的差异，认为在野见宿祢和当麻蹶速的"角力"中，也许存在着成为其原型的真实故事。

③ 将《六国史》的记事加以类聚（收集分类）的书籍。最初由菅原道真编撰，对从《日本书纪》到《日本文德天皇实录》的记事进行类聚，于宽平四（八九二）年完成，又加上了来自之后编撰的《日本三代实录》的类聚，完成于十世纪。

④ 关于《日本书纪》的训读，请参照坂本太郎、家永三郎、井上光贞、大野晋校注《日本书纪 上》（日本古典文学大系六十七，岩波书店，一九六七年）。

的"东京场所"①时，都会有日本相扑协会的有关人员出席举办例行的祭祀活动。

这段逸话，采取《古事记》和《日本书纪》中多次出现的地名起源故事的体裁，表现了"外来强者压服本地强者侍奉天皇"，即与"让国"故事同一类型的中心思想。与此相似的"远来的强大来访者＝神，平定本地的恶灵，带来和平和丰饶"的题材，作为民间信仰和传承的类型在日本各地也有广泛存在。另外，可以作为其中的一种表现形态来解释的，即将远来的神与当地精灵的关系转换为斗争＝相扑传说或神话的类型，正如后面所看到的那样，也伴随着各种变化广泛分布于日本各地。在"对天皇的服属"这个贯穿于《古事记》和《日本书纪》的主题中，以神话的表现形式作为传说而定型的时候，这个题材提供了一个有力的原型。在想把《古事记》和《日本书纪》中所记载的这些故事，作为相扑的起源传说来理解时，特别是作为朝廷例行活动的相扑节的起源传说来理解时，这个题材便会成为其基础。

当然，相扑的起源被按照这样的题材来记述，只是限定在将相扑与"记纪神话"相关联来考察的时候，但实际上相扑的原型并不能都被囊括在这种题材之中。应该说，这些相扑起源的故事，在"记纪神话"体系这种特殊的言说空间中，表现了某种特定的倾向，即与"远来的神平定本地的恶灵，带来和平和丰饶"的题材相结合，来论说"对天皇的服属"。这里所谈论的，不是作为格斗竞技本身的相扑的起源，而是日渐向相扑节集约的相扑对于国家的意义的问题。如果离开了这种言说空间，那么又会发现怎么样的"相扑"原型呢，这并不是一个容易解决的课题。因为实际上在"记纪神话"中，并没有太多关于作为格斗竞技的相扑本身起源的叙述。

## 历史中的相扑

下面，我们从考古和历史资料中来寻找相扑的古老形态。

---

① 这里的场所是指在东京举行的相扑比赛的场所与时间。现在大相扑除了三次的"东京场所"，还有"大阪场所"、"名古屋场所"和"福冈场所"，一年共有六个场所。——译者注

作为与相扑相关的考古出土文物而广为人知的，是从和歌山市井边八幡山古坟中发掘出土的男子力士像陶俑。这个陶俑出土于六世纪初期的古坟，裸身的腰间围着兜裆布一样的东西，腰部稍稍下垂，两手向前伸出（大部分已经脱落）。而在冈山县邑久郡鹿忍村字槌谷（现在濑户内市）出土的肩上扛着壶的人俑陶器上，也有描绘两男子扭打在一起的图像，井边八幡山古坟出土的陶俑形状也与此类似。另外，从日本各地也都出土了据认为是五世纪末到六世纪之作的，装饰性陶器小像和力士陶俑之类的东西。

**男子力士像陶俑**　从和歌山市井边八幡山古坟出土的"裸体着兜裆布"的力士像陶俑。被推定为 6 世纪初期的文物。

据说在考古学的领域里，将小像和陶俑认定为力士像、力士陶俑的一个指标，就是"裸身着兜裆布"这种形态。据此而被认定的"力士像"、"力士陶俑"广泛分布于日本各地，的确是很耐人寻味的事实，但实际上这种"裸身着兜裆布"的"相扑"姿态，在最早出现"相扑"这一文字的史书《日本书纪》雄略天皇十三年九月的如下记事中，可以看到相关记载。

当时，有个叫猪名部真根的木工达人，口出狂言说自己"就是整天用斧子在石台上砍木头，也不会损伤斧刃"。这话传到了天皇的耳朵里，天皇非常不满他的傲慢，于是决定把真根招来试试他的技艺。在现场，天皇采取了一种策略，把采女们召集起来，让她们脱了衣服，以裸身着犊鼻（兜裆布的一种）的姿态，在真根所能看到的地方进行相扑。书纪中的原文是这样的："唤来采女，命脱去衣裙（上衣和裙子）着犊鼻，在显眼的地方相扑。"目的是以此干扰真根，让他乱了分寸。真根完全中了天皇的计谋，在演练中损坏了斧刃，于是被追究对天皇口出狂言之罪，本来是要被杀头的，多亏珍惜他技艺的同僚们的斡旋，好不容易保住了性命。

最近，围绕日本相扑协会的"女人不能上土俵"的决策所展开的议论成为经常性话题，但是史书记载的最初的"相扑"可以说是"女人相扑"，想到这里不免觉得有些讽刺。这且不论，在这个记载中最值得注意的，是采女们在相扑时裸身着犊鼻的装扮，这与被视为力士陶俑的典型姿态是共通的。与担负着叙述相扑节起源这一主题的野见宿祢和当麻蹶速的"角力"故事不同，这一故事不是以"相扑"为主题的记事，从这一点来说似乎没有受到偏向某个特定方向的先入观的局限。如果这样的话，我们可以认为，采女们相扑时的这种装扮，朴素地反映了《日本书纪》编纂时的"相扑"的姿态；或者如果有成为其原型的传说的话，则朴素地反映了在开始传诵时的"相扑"姿态。

但是，这种"裸身着兜裆布"的格斗姿态，是在四世纪到六世纪的高句丽①古坟壁画所描绘的格斗竞技图像中也可以看到的共同特点。与从中国史书所描绘的东北亚民俗中所看到的风俗也是相同的。另外，据《日本书纪》记载，皇极天皇元（六四二）年七月，在欢迎百济②来朝的使者智积时，也曾让"健儿"（宫廷的卫士）表演了相扑。关于这次相扑，如果按照从来的说法，很容易被理解为为了招待百济的使者而在宫廷举办的。但是值得注意的是，在这则记事中记有"在朝（＝宫廷）飨百济使人大佐平智积等"，而且还有"命健儿于翘歧前相扑。智积等宴毕退，拜翘歧门"。在当时日本，翘歧是河内国的百济王族，由于相扑是在翘歧前面举行，另一方面，在宫廷举行的飨宴之后智积又前往翘歧门前拜礼，所以这次相扑

---

① 从公元前后到七世纪中叶，存在于中国东北部到朝鲜半岛北部的政权。
② 从四世纪到七世纪，存在于朝鲜半岛西南部的王朝。

是和宫廷飨宴不同的,其不是为了飨应使者,而是为翘歧而举行的。也许这样理解更为合适。实际上,翘歧在这之前的五月下旬失去了儿子,如果智积在翘歧门前的拜礼与此相关的话,或许这次相扑与翘歧儿子丧葬所行的百济习俗有着某种关联。

关于这一点,考古学者森浩一等人对高句丽古坟壁画中所见的相扑图像,与日本广泛分布的力士陶俑进行了考察,认为相扑和丧葬礼仪之间有密切关系,并且推测这是沿着从东北亚经朝鲜半岛再到日本这一文化的流向而形成的。[①] 也有学者将"相扑之祖"野见宿弥同时也被当作从事陶俑制作的土师臣之祖一事,相互进行论证。当然,也有人指出,在相扑节和丧葬礼仪之间找不到直接关联;至于野见宿祢和陶俑制作的关系,在《日本书纪》中也是在和当麻蹶速"角力"不同的地方言及的,所以也不应认为与相扑有关联。[②]

这样,既存在着从东北亚到朝鲜半岛,即从北方文化的关联中来说明有关相扑习俗的看法,也有将"裸身着兜裆布"这一相扑的姿态,与南方的风俗联系起来的见解。根据《隋书》[③]等的记载可知,在中国的江南地区,自古以来就有在五月五日举行叫作"斗力之戏"的格斗竞技的习俗,在这一地域也发现了"裸身着兜裆布"形态的格斗竞技图像。而且,这一地域的风俗经过琉球弧状列岛,到达古代"隼人"所居住的南九州,与东中国海南部、东部的边缘地带的风俗有许多共同点。可以推测,下文中将要涉及的"隼人相扑",也是以"裸身着兜裆布"的姿态来进行的。不过,关于这些格斗竞技的具体形态和所使用的技术还不得而知。

如此,如果想以"裸身着兜裆布"这种形态为关键来论述"相扑"的文化系统的话,可以想象存在着以东中国海为中心,从中国大陆到朝鲜半岛、琉球弧状列岛,再延伸到日本列岛,共同拥有"裸身着兜裆布"的格斗竞技的文化圈。在这些地方寻找产生相扑的

---

① 大林太良编《学术研究会 日本的神话4 日向神话》(学生社,一九七四年)中森浩一的发言等。

② 前引长谷川《相扑的诞生》。

③ 中国隋朝的正史。唐朝初期,魏征主持编撰的《五代史》(梁、陈、北齐、北周、隋的历史)中的一部,于六三六年完成。

土壤,确实存在很大的可能性。从这个意义上说,可以认为,在与大陆的文化关联中来考察相扑,论述东亚的格斗竞技和日本的相扑之间的亲缘性,或许是有意义的尝试。但是,因此就进行"相扑是北方的或是南方的"立论,恐怕还为时过早。

准确地认识这种可能性,将会成为一个重要的契机。即不是将"日本"作为封闭的历史空间,而是在东亚世界中进行相对化思考。就相扑而言,也不是停留在"相扑是日本的国技"这样的"固有"议论模式,而是在文化交流的巨大张力中思考其源流。虽说这种看法是基于在与风俗习惯的关联中把握相扑而成立的,但只关注格斗的形态上或技术上的类似而一味地展开议论,却也不太合适。为了唤起大家对这种事情的注意,在这里有必要对以上的记述与近年来在部分人中热议的"相扑的起源"论之关联,也进行一些简单论述。

的确,与相扑相似的格斗技艺在世界各地都有。一九九二(平成四)年十二月在国技馆召开的第一届"世界相扑选手大会"上,一直进行日本式相扑的美国(夏威夷)和巴西等地均有选手参加,以欧洲为中心的一些国家也派出了很多柔道选手。此外,以蒙古为首,还有韩国、塞内加尔等国家,则派出了各类拥有独自传统的格斗技艺的选手。就是那些没有参加过第一届世界相扑选手大会的国家和地区中,也有像土耳其那样进行与相扑类似的格斗竞技的地方。如果再进一步细看的话,在与日本之间有文化近似性的东亚照叶树林地带等,也有很多地方存在着与日本相扑类似的格斗竞技。

如果追溯一下历史的话,在巴比伦、埃及、中国等古代文明的考古出土文物中,都可以发现进行过与相扑很类似的格斗竞技的征候。特别是在埃及贝尼哈桑的巴赫特三世的墓室壁画中,描绘有很多与日本的相扑很相似的格斗竞技的画面。[1] 另外,在以中国东北部为中心的坟墓壁画等中,也可以看到两个力士扭打在一起

---

① 在平成四(一九九二)年十一月八日播放的 NHK 综合电视台"NHK 特别节目 土俵猛人的旅程 二子山胜治所见到的世界相扑"中,被当作"相扑的发祥地"进行了介绍。另外,请参见 NHK 取材班/石田雄太《二子山胜治 相扑寻根之旅》(NHK 出版,一九九三年)。

格斗的样子,所以要想寻找与日本的相扑相似的东西并不困难。

在这样的事实认识和推测的背景下,近年来围绕相扑"起源"的各种议论,特别是想从亚洲大陆寻找其"起源"的议论迅速高涨起来,而且经常与民族乃至文化集团的系谱关系的议论结合起来展开讨论。比如,关于中国东北部和朝鲜半岛的古代格斗技艺,有学者一方面认为与古代日本的相扑之间存在关联,另一方面又认为与现代蒙古的"博呼"之间也存在关联,并将此与东亚古代史著名的假说"骑马民族征服说"结合在一起,于是认为相扑的传播路径是从蒙古传入中国东北部、朝鲜半岛,再传到日本列岛。另外,现在冲绳仍在进行的"相扑",①是穿着和柔道服相似的衣服,从扭在一起抓住对方腰带的状态开始竞技的,这与韩国的"希尔木"非常接近,也有人据此认为这或许是从朝鲜半岛传来的古老相扑的残存形态。

这样的议论在不少场合有其积极意义。因为作为格斗竞技的形态,是"相扑"的最为基本的要素。但是,如果我们只是关注作为格斗竞技的形态和技术侧面的话,像相扑那样从"格斗本身"出发的竞技,由于与植根于人类动物性身体机能(或者包括人类以前)的自然发生的格斗距离很短,即便在没有直接的系统关系的两种格斗竞技之间,发现有某种形态、技术上的类似性,也不是什么不可思议的。比如,在非洲大西洋海岸的塞内加尔现在仍存在一种叫"布莱"的格斗竞技,与日本的相扑实在是非常相似;在瑞士也仍在进行着一种叫作"修彬跟"(schwingen)的格斗竞技,和相扑也非常相似。但是就此立即探寻它们与日本的相扑之间的直接系统关系,不能说是建设性的议论。

如果我们将话题限定在"作为格斗竞技的形态",那么,与日本的"相扑"相类似的格斗竞技在日本周边各地,或者再夸张点说在世界各地,在历史的各个时点上都存在,并且一直持续到今天。具有各种形态的格斗技艺,在各种不同的场合相遇,随着不断的交流与融合,一边多少改变着其形态,同时又被赋予了某种文化的内

① 在琉球方言中称"シマ"。为了与所谓日本式相扑进行对比,经常被称作"冲绳角力(ウチナージマ)"。参见前引长谷川《相扑的诞生》。

涵，由此在不同的文化圈内形成了各具特色的格斗竞技。

　　另一方面，如果从东亚的格斗竞技来看，在以环东中国海为中心的区域内，作为格斗竞技所具有的共同性，并不是格斗竞技的形态和技术上的类似性，而是"裸身着兜裆布"这种格斗时的姿态。这当然来自于该地域在文化上的近缘性，显示该地域的格斗竞技是在这样的共通的文化和习俗中产生的，即具有某种亲近关系。但是，由此就马上断定这就是"相扑的起源"，还是过于轻率。关于格斗的形态和技术上的系谱关系，现在人们还知之甚少。另外，关于其所具有的文化意义的问题，也不能说已经进行过充分的讨论。上面提到了与相扑有关的神话传说，在那里可以发现民间信仰的主题与天皇支配的主题相重合。在日本，"相扑"在获得特定形态的过程中，这样的人为统合意图起了作用，如果抛开这一点来探讨"相扑的起源"，这种议论是不会产生什么效果的。另外，将现代日本的大相扑所具有的各种各样的文化性装饰（其中很多不过是最近二百年左右，即相对来说是最近才完备起来的），简单地与大陆文化联系起来加以解释，也是不妥当的方法。

　　那么，在下面的第一章中，首先来探讨与日本相扑有关的文化"意义"的问题。因为日本的格斗竞技，并不是由于以相似的姿态，或相似的形态和技术来进行这样的理由，而是因为被赋予了同一的文化意义，才获得了作为"相扑"的同一性。关于这方面情况，首先就从整理与神事相关题材的关系开始吧。

# *专栏 相扑的宇宙论?

探讨体育对人类社会意义的"体育人类学"这一领域,近年来经常成为人们热议的话题。虽然作为学术领域在某种意义上还不够成熟,但其将来的确蕴含着丰富的可能性。然而,仅就相扑而言,其现状比起积极的可能性来,倒是有不少消极的、不成熟的、急于求成的东西。

比如近年来在讨论相扑时,会经常使用"宇宙论"这个词。即把相扑场的构造比作曼陀罗,或从四股名①和土俵上力士的表演中解读出灵性意义,想以此来探求"相扑的本源意义"等。

就我的理解来看,在这样的议论中所说的"宇宙论",似乎是给构成宇宙的各种要素赋予意义,使其相互关联,然后在观念的层次上重新构筑宇宙的框架。如果是这样的话,将相扑作为比喻的素材来讲述古代人和现代人的"宇宙论"的确很有意思。或者,不是将"相扑的"而是将"相扑故实②的"意义,完全按"故实"的观念世界进行解析,然后重新构筑起近世的"相扑故实意义上的宇宙",或许也是不错的。但是,将从某种特定视点所获得的观念的"宇宙"形象,在对这种视点的特殊性缺乏自觉的情况下一味加以扩张,主张那就是贯穿相扑历史的具有"本源意义"的坐标轴,就不太合适了。更何况,在缺乏历史学的考察和议论的情况下就采用那样的论证方法,只能说是欠妥的。

说实话,当下流行的"相扑的宇宙论"的确很有趣。但其有趣之处,说到底不过是以相扑为素材重新构筑议论者"宇宙"的有趣,是作为一种"读物"的有趣。说得过一点,那是"相扑的·宇宙论",而不是"相扑的宇宙·论"。其与相扑的历史仍然属于不同的东西。

相扑的历史

●

① 相扑力士的艺名。——译者注
② 过去相扑的仪式、规定和惯例等。——译者注

# 第一章　神事与相扑

## 水神与相扑

在相扑从其本来的语义"格斗"中蜕变出来,并在社会上获得更为特定的共通意义的过程中,发挥了重要作用的一个因素是农耕礼仪。也就是说,在农耕礼仪中具有某种特定意义的东西,赋予了人们在说"这就是相扑"时所蕴含的文化和社会的共性。特别是水神的神事,自古以来就与相扑有着密切关系。

关于相扑的起源,或者不仅限于相扑,包括拔河和赛马等具有竞技性格的许多技艺的神事意义,民俗学家总是习惯用"年占"的道具来说明。"年占"在日语中读作"としうら",是每到开始农事的时节,在祭祀祖先的同时,满怀对丰穰的祈愿占卜是否顺利的例行活动。虽然有时也会根据自然现象来进行,但举行具有竞技性格的技艺活动,由其结果来占卜吉凶也是重要的类型之一。[①]

由具有竞技性格的技艺来进行年占的神事,大体可以分为两种类型。第一,是在两个集团(的代表者)之间进行竞赛,获胜的一方被赋予预祝丰穰的权利。第二,是模拟与掌管丰歉的精灵之间的竞技,由此求得丰穰的预祝。在第二种情况下,实际上都是在表演事先预定了的结果。在大多数场合,掌管丰歉的神灵被认为是"田神=水之神灵",通过降服精灵或是以"一胜一败"分出胜负,抑或是让精灵取胜来取悦精灵(在这里,具体情形是各种各样的),将

---

① 柳田国男:《两种年占》,收入《定本柳田国男集 第十三卷》,筑摩书房,一九六三年。

精灵的力量召唤到自己的一方，以此来得到对丰收的预祝，这就是"年占"的基本结构。

当然，在这里会有各种各样的变形。即便从现在各地仍在进行的这类活动来看也是如此，如在田间举行的相扑，并不是在争胜负，而是以在身上沾的泥多为吉利的"泥相扑"；或者是怀抱婴儿相对，以婴儿先哭的一方为吉利的"哭相扑"等。此类活动虽然冠以"相扑"之名，但其关心的对象并不是争夺胜败的作为格斗竞技的相扑。这些仍在举办的神事的历史起源尚不明确，其在多大程度上保留着原型也是个疑问，但对这些场合的"相扑"，都应该不限于格斗不拘泥于形态如何，而作为包含一般争斗、竞技含义的东西来进行解释。

另外值得注意的一点，是在这样的占卜场面有许多儿童登场的情况。一般而言，在占问神意时儿童扮演重要角色，绝不是什么稀奇的事。幼童作为人还是未完成的存在，尚处在从非人的世界向人的世界变迁的途中，因此，被认为是与非人世界的精灵距离较近的存在，在占问神意时被视为是非常合适的媒介者。以幼童进行相扑也一样，或许是作为适合占问的形式而被采用的。在下一章作为主题而论述的相扑节也是如此。在相扑的早期，相扑人进行相扑前，先会进行被称为"占手"的四尺以下的小童相扑。一般认为，这一点提示了小童相扑与占卜的密切关系，以及作为国家规模的相扑仪式的相扑节与年占、特别是与相扑节起源的密切关系。

这样，通过"占问神意"来探求相扑（或者包含具有竞技性格的其他技艺）的神事意义的基本主题的视点，为将在形态和技术上有诸多变形的某种格斗均定义为"相扑"，提供了一个有力的方向。在人智、人力都难以达到与自然相调和的条件下，农民们努力经营农耕、获取收获，这种对自然的视线与姿态，表现在了这样的主题中。将掌管自然的不可知的力量作为田神、水神来表象，通过格斗这种表现形式来和神（精灵）进行对话，占问神意，以祈求预祝丰穰。尽管具体形态各种各样，但具有这种意义的格斗竞技，就成为日本"相扑"的原型之一。

另外,河童①会向对水有不净行为的人,或在水边通过的人挑战相扑,然后把输掉的对手拉进水里,像这一类的民间传说在日本各地也存在着各种不同版本。河童在不同的地方有各种不同的称呼和形象,但总的来说是和山童相对应的水之精灵,被解释为落魄的水神形象。河童和人进行相扑的民间传说,是上面所描述的有关水神、田神神事的民间传说的一个变种,就是在现代所保留的相扑神事中,有的也可以让人想起这样的原型。例如,在鹿儿岛县日置郡金峰町(现在南萨摩市)的玉手神社,八月二十二日(据说以前是农历六月十八日)会举行"ガラッパ相扑"。"ガラッパ"便是"河童"之意,这就是一种在祈愿避免水祸、火灾的水神祭祀时奉纳相扑的活动。据和歌森太郎介绍,在大分县宇佐市天津也存在类似的例子,那里有在七夕时为消除水祸灾难举行"河童相扑"的神事。②

　　在探讨各地举行的各种各样的格斗竞技所共有的"相扑"的神事意义的同一性起源时,通过这样的"水与神的关系"的视角来进行研究是不可或缺的。但是,这种神事的意义似乎与"日本的相扑"的基础部分是共通的,对此如何进行解释是更为重要的问题。这里所说的"日本的相扑"中的"日本的"这种同一性,绝不是自明的前提,有必要将其本身作为历史的形成进行重新思考。另外,在"日本的相扑"作为拥有同一性的"相扑"而成立的背景中,似乎也应该考虑这种形成并维持"日本的"同一性框架的人为要素的作用。

　　比如,长谷川明曾严厉批评以往那些把"冲绳角力"排除在"相扑史"研究对象领域外的研究者,认为他们是"拘泥于国技相扑的本土的国粹主义相扑史学家",③但毫无疑问,"冲绳角力"拥有与"日本相扑"不同的形态和意义,走过了独自的发展历程,如果与其进行对比的话,在"日本的相扑"的神事意义中所看到的同一性,很难认为只是自然发生的发展过程的归结。但另一方面,把"冲绳角力"作为处于这样的"人为要素"影响之外的存在,一边与形态上类

---

① 日本的妖怪,传说中的动物。——译者注
② 前引和歌森《相扑的历史和民俗》。
③ 前引长谷川《相扑的诞生》。

似的韩国的希尔木进行比较,一边将之用于复原作为原型的格斗
＝相扑形态的抓手,或许是一种有希望的研究方法。

我认为,将全国各地多种多样的格斗竞技塑造成型为具有同
一性的"相扑"的重要契机,是下一章进行论述的相扑节。本来,
"日本"这个框架本身并不是超越历史的前提条件,而是作为由国
家进行人为统合作用的结果而形成的。与这种情况相对应,从各
地召集相扑人,将其纳入到国家的例行活动中,通过提供统合的
"场所",即通过国家的介入,构筑起"日本的相扑"的同一性。而
且,承担讲述这种统合作用的,就是被编入"记纪神话"中的有关相
扑节的起源传说。与此相关联,"与田神(水之精灵)的相扑"这种
神事相扑的主题(当然,其原型存在于民间的信仰习俗中),反过来
作为给"日本的相扑"赋予意义的主题被一般化了。这是我经过思
考得出的上述结构。

正如序章所叙述的那样,在记纪神话中所见到的相扑(乃至角
力)中,一直贯穿着"远来的神压服本地的强者侍奉天皇"这样的主
题,而这和"与田神(水之精灵)的相扑"这种主题是相重合的。在
这里不准备详细论述神话讲述者的意图,但是不难想象,在这种主
题的背景中,确实存在着记叙天皇制统治的形成过程并将其正当
化的动机。在宿祢和蹶速的"角力"传说中,以宿祢归顺天皇的经
过为素材,记述了作为相扑节主题的"七月七日相扑"的起源。[1] 另
外,关于"让国"神话,在民俗学者中也有人认为,它反映了天孙使
者建御雷神征服苇原中津国并将其纳入天皇的统治之下,即"远来
的神压服本地的强者侍奉天皇"的主旋律;与此同时,被打败的建
御名方神的名字中有"ミナカタ"＝"水方"的含义,因而从中也可
以发现压服"水之神＝土地之神"的主题。[2] 在"让国"神话的场合,
这样的解释除了读音上的相近外是否还具有更深刻的意味,实在
是很难做出判断,但至少宿祢和蹶速的"角力"传说,却是由这种主
题的相互重合而构成,其所讲述的不是"(作为格斗竞技的)相扑的

_____

　　① 　关于七月七日的象征性随后叙述。另外,也有人认为"折腰田"这个地名是
"以田地为舞台的斗争"的比喻(如池田弥三郎《艺能、演剧诞生的场所》,载《日本民
俗文化大系7　表演者和观众》,小学馆,一九八四年)。
　　② 　如前引池田《艺能、演剧诞生的场所》。

起源"，而是"（作为国家仪礼而被赋予意义的）相扑节的起源"。

# 七夕与相扑

在将宿祢和蹴速的"角力"作为"相扑节的起源传说"时，具有重要意义的是"垂仁天皇七年七月七日"这个连七的日期。当然，这个日期是故事讲述者有意图地选择的。如后所述，相扑节最初把七月七日作为固定的节日。可以说，这个日期在将各地的"相扑（的原型）"统合到前述的主题之下时，发挥了作为"集中的契机"的功能。七月七日，不用说就是"七夕"。

说到七夕，现在一般印象比较深的是以起源于中国的牵牛、织女两星相会传说为核心的星祭，但与这个星祭不同的是，在日本自古以来就有在七月七日祭祀的风俗，这作为迎接供奉精灵的盂兰盆节的一部分，称作"七日盆"，而且据说作为其前提存在过本来独立的水神祭。也就是说，现在一般所说的七夕，是融合了以上各种要素而形成的。

作为农历七月的例行活动核心的盂兰盆节，在现代因故"推迟一个月"，被改到了八月中旬，现在已经和正月一起作为集中休假和探亲的时期，另外和春秋的"彼岸"①一样作为祭祀祖先的节日，已经在日本人的生活日历中固定了下来。正如存在"盂兰盆和正月一起来了"②的惯用语那样，人们在意识中经常把盂兰盆和正月作为相对的节日，在处于一年中后半部开始的盂兰盆节中，可以看到许多与正月相对应的活动。

这在民俗学的领域中，被叫作"一年两分性原则"。也就是说，与通常以一年为一个周期的日历并行，还有在结束一年前半部的六月末折返回来的另一个日历，即在从七月开始的一年的后半部中，纳入和前半部相对的例行活动。③ 比如，在迎接正月的前一天

① 春分、秋分加上前后各三天共七天时间。——译者注
② 意为双喜临门。——译者注
③ 参见前引和歌森《相扑的历史和民俗》。但是，并不是所有的例行活动都贯彻这个原则。另外，请参见田中宣一《年中行事的构造》（载《日本民俗文化大系9 历法和祭事》，小学馆，一九八四年）。

即上年的除夕，会举行被除一年晦气迎接新年的"大祓"仪式，在六月末也会以与此相对应的形式，举行被除上半年晦气的"六月祓"或"夏越祓"，就是一个非常有代表性的例子。

这种一年两分的结构，很难判断其历史可以追溯到什么时期，不管怎么说，应该是在与农事日历的结构关联中形成的。也就是说，在结束了始于农田整备和播种的前半年农事，开始面向收获的后半年农事之际，再次祭祀土地的精灵去祈求被除前半年的晦气，并祈求丰收，这在拥有两分结构的六到七月的许多例行活动中是相通的。在其根底存在有祈求丰穰的精灵祭祀，这成为现在的祖先祭祀（盂兰盆）的前提。关于祈求丰穰的土地精灵祭祀与水的祭祀相结合，并特别采用年占的形态，对此在前面已有叙述。

但是，关于七夕时期的祭祀，有学者对用以上的两分性原则进行解释提出了疑问。比如长谷川明就排斥把农耕日历加到水田耕作上的解释，认为应该思考与农历六七月间迎来收获期的旱田耕作的联系。[①] 确实，水田种植在日本获得卓越发展，是国家权力进行人为普及政策的结果。不过在国家成立之前的基层文化层次中，广泛存在的却是以杂谷为中心的旱田耕作。此外，关于例行活动的两分性现象，也有学者认为是年占与收获祭相对应的。长谷川则试图从旱田耕作的收获祭，来探求七夕到盂兰盆间祭祀的本来意义，他甚至把相扑的神事意义与近世以后各地常见的秋季奉纳相扑联系起来，将其作为收获祭的活动仪式加以解释。

这确实是耐人寻味的解释。在日本史特别是古代、中世史的研究领域，现在需要对原来的"水田中心史观"进行反省和关注非水田文化，对照这样的研究现状来看，通过排除来自律令国家政策这一外部因素的作用来探求文化的基层形态，是具有说服力的尝试。[②] 但是我想探寻的，是在与相扑节的关联中"相扑"的意义被统合之际的核心主题，即一边伴随着来自人为要素的作用，一边"相扑"意义的同一性得以确立的过程。在这种经过人为统合过程之前的各种"相扑的原型"中，或许存在长谷川所说的与旱作农耕礼

相扑的历史

---

① 前引长谷川《相扑的诞生》。

② 参见网野善彦《海和列岛的中世》（日本编辑学校出版部，一九九二年）等。

仪相类似的东西，而关注以隼人族为首的被征服民族的习俗，对探寻"相扑的源流"也是必要的，但是，"日本的相扑"的同一性之形成过程，就是伴随着这样的重新解读，同时以前面提到的主题的重合为媒介来进行的。

如后面所述，在相扑节中似乎存在着与"年占"相关的仪式性要素。然而，又像长谷川所指出的那样，事实上近世以后的很多祭礼相扑是秋季收获祭奉纳相扑，很难承认其中有"年占"的因素。这正如后面所述，这种村祭性的奉纳相扑的历史起源，有很多与村落共同体的重组相关联，放到中世后期以后的历史中去探求更为合适，另外，其举行的时期也各种各样，关于其起源应该另作思考。

如果这样的话，就不必认可非要抛弃以往通说的理由。"相扑"是在和水田农耕仪礼相结合的同时，将"七夕"作为中心点而被统合的。宿祢和蹶速的"角力"，发挥了将这个统合的契机与"对天皇的服属"相结合的象征作用。如果让"对天皇的服属"这个主题介入的话，向水田农耕仪礼的倾斜毋宁说是合适的。

但是，也有人指出，把垂仁天皇七年七月七日作为宿祢和蹶速"角力"的日期，这种看法未必正确。因为据《日本书纪》同日条的记载，七月七日是群臣向天皇控诉当麻村的蹶速胡闹，天皇命令召集出云国大力士宿祢的日期，随后天皇派遣使节，宿祢应召来到京城，开始和蹶速进行角力。如果按照一般的解释，出云国是在现在的岛根县东部，所以举行"角力"的日期应该是在七月七日之后。

针对这一点，也有学者提出，宿祢的出生地出云指的不是出云国，而是大和国的出云村。这是知名相扑史研究专家池田雅熊提出的观点。按照这个观点，在现在的奈良县樱井市的出云，直到明治中期左右还有一个叫宿祢冢的五重塔（现在迁移到了附近的神社境内），这个出云应该才是宿祢的出生地。据传是宿祢和蹶速角力的故地的"かたけやし"，就位于现在的樱井市穴师的大兵主神社附近，距离出云村非常近。① 据《日本书纪》记载，听到群臣控诉的天皇"即日"派遣使者招宿祢进京，一般对这个"即日"只解读为派遣使者，但池田则对此持不同意见，认为也可以做如下解释，即

_____

① 前引池田《相扑的历史》。

天皇听到群臣控诉即刻招来宿祢与蹴速比试。

对此,长谷川明指出:(1) 在《日本书纪》正文中明确记载是"出云国"①;(2) 在《播磨国风土记》中,有宿祢往来于大和国和出云国时客死在播磨的记载。他据此驳斥了池田的解释,认为通行的解释是正确的。② 长谷川认为,大和国的出云,是为开发大和盆地的水田而从出云国征发的人员所建,由于成了这些人的居住地,因此才取了出云这么个地名。③ 正如前面所介绍过的那样,这个传说本身反映了这样的迁移过程。

当然,即使同意长谷川的解释认为宿祢的故地在出云国,也不能否定宿祢和大和国出云的关系。宿祢所象征的土师氏从出云国移住到大和国,与应天皇之召而出仕的宿祢被供奉在(移住地的)大和国的出云,是可以同时成立的。总之,《日本书纪》把这整个传说都放在了七月七日条,应该承认七月七日的象征意义。像"垂仁天皇七年"那样连纪年也被凑成"七",一定是故事讲述者的作为,不应在这样的神话、传说式的表现中,寻求什么严密的逻辑上的整合性。

但是,在这里想再次强调的一点是,移住到大和国这件事情本身,是在与畿内国家的参与、与水田农耕有密切关联的情况下进行的。这说明,该"起源传说"所承担的"七月七日"的象征性,也绝不是单纯地植根于基层民间信仰和习俗的东西。在那里有由国家构成的向心力的作用,这成了构筑"日本的相扑"中"日本的"这一框架,以及这一框架中的同一性的契机。

另外,说起相扑与七夕的结合,在《续日本纪》④圣武天皇天平六(七三四)年七月七日条中有"天皇、观相扑戏"的记载,一般认为这是伴随七夕活动的相扑节的最初记录。另外后面还会进行介绍,在比其稍早的天武天皇十一(六八二)年举行的"隼人相扑"的

① 与此相对当麻是"当麻邑"。

② 前引长谷川《相扑的诞生》。

③ 这在大和国有很多遗存,也是关于美浓、丹波、筑紫等与国名相同的地名由来的有力说明方法。

④ 继《日本书纪》之后的《六国史》之第二。叙述了自文武天皇元(六九七)年到延历十(七九一)年的历史,延历十六年完成。

相扑的历史

日期是七月三日，虽然精确来说不是七夕那一天，但也还是相同的时期。虽说七世纪时举行的相扑还不是固定的活动，与相扑节之间的关系也未必明晰，但有可能为相扑节的成立提供了先例。

在现代俳谐的岁时记中，相扑成为表示秋季的季语①，这实际上来源于与七夕相结合的相扑节。② 当然，在近世以后的文艺形式俳谐中，作为实际被吟诵素材的秋季相扑，并不是遥远过去的相扑节，而只是秋季收获祭的奉纳相扑。秋天这一季节与相扑结合在一起的根源，可以追溯到以七夕为中心点而成型的"相扑"的起源。

在这里想再次提醒大家注意的是，在现在举行的相扑与神事、祭礼的关系中，以七夕为媒介的东西并不多。而下一节将要介绍的几个与神事、祭礼相关的相扑活动的事例中，与七夕没有直接关系的也不少。那正是以七夕作为统合的契机而被赋予同一性的"相扑"，重新开始了各种各样扩展的结果。关于其过程将在后面叙述。

## 相扑神事与奉纳相扑

相扑与神事、祭礼的结合，到现代有各种各样的形态。值得注意的一点是，现在仍在各地寺社③的祭礼时举行的相扑奉纳，大多数并不是因为举行相扑与神事内容有着必然的联系，而是作为祭礼的助兴之一，与歌舞音乐等各种各样的艺能一起进行相扑的。特别是近世以后，作为职业相扑演出活动的一种类型，很多场合是收取礼钱参加祭礼相扑，祭礼是职业相扑的重要市场之一。当然，在寺社举行的相扑并非特殊的神事，而是为观众提供的娱乐。在这里，还是将在神事时作为奉纳艺能之一的相扑（奉纳相扑），与相扑本身所具有的作为神事不可或缺要素的意义（相扑神事），加以区别进行思考比较合适。

这种区别，在以文献史料存留较多的中世以后的相扑例行活动为素材，论述相扑与神事、祭礼的关系时，需要特别留意。长谷

---

① 表示季节的词语。——译者注

② 包含七夕的农历七月叫"孟秋"，相当于秋天的开始。

③ 寺院和神社。——译者注

川明所着眼的收获祭奉纳相扑,在大多数情况下沿袭了通过相扑节而成型的样式,其形成相对较晚。即使是比较古老的大规模寺社奉纳相扑,其成立也要在平安时代以后;而地方村落等场合的奉纳相扑,充其量也只能推定是在中世后期以后成立的。所以,非要将两者进行比较的话,与"奉纳相扑"相比,"相扑神事"保留"相扑(以前)"原型的可能性会相对更高一些。

要想精确地测定评价这方面的情况,必须以个别事例为基础,经过非常艰苦的作业。在这里,暂且以几个实际例子,对"相扑神事"和"奉纳相扑"进行简单论述。

前面我们提到,在与水神(土地的精灵)相关的农耕仪礼和相扑之间,是有密切关系的。那些流传到近代,与"奉纳相扑"相区别的"相扑神事",数量上并没有那么多。但是,在其中却仍可以找到由于与水神(土地的精灵)的关系而举行的相扑神事。

其中,以比较古老的形态保留下来的,是在伊予大二岛(现在爱媛县今治市)的大山祇神社,每年农历五月五日御田植祭和九月九日拔穗祭时所举行的"一人角力"的神事。据说,现在因为这种技艺后继无人已经没法举办,①但被指定为爱媛县无形文化遗产的这一神事,是以精灵为对手进行相扑的,所以实际上就是一个人在表演相扑的招式。作为一种特别的神事而闻名全国。精灵与人的相扑采取三局胜负制,先一胜一败然后神灵取胜。通过让神灵取胜表达对精灵的敬意,以祈愿一年的丰穰,便是这种神事的中心主题。

不用说,五月五日的御田植祭是祈求稻谷的顺利成长,九月九日的拔穗祭是祈愿能获得丰穰的好收成,两者都是在农事的重要时节进行的。大山祇神社的"一人角力",作为最鲜明地表现"与田地的精灵相扑",即"相扑神事"中心主题之一的事例,一直都受到人们的关注。这种"一人角力"的事例,在南北朝时代的祭礼记录中还未曾发现,其初次出现于文献史料上的确切记载是在享保年间(一七一六~一七三六)。当然,不能因此就直接将这种神事的

---

① 之后,听说以当地中学学生会负责人接受的方式复活,现在获得了继承者得以进行。

起源限定于近世。

另外，在奈良县樱井市江包的素盏呜神社和该市大西的御纲神社，于二月十一日（原来是农历正月初十）共同举办的"御纲祭"，是以两个神社的祭神素盏呜尊①和稻田姬命夫妇结合为主题的祭礼。以雄纲和雌纲交合的仪式来祈祷丰穰的祭礼，在日本有着广泛分布，这不过是其中的一例。不过，在这里的祭礼中会伴随着举行"泥相扑"，虽然说是两个男人在田里进行相扑，也不一定要决出胜负，而是身上沾得泥越多就意味着会带来丰穰的一种"年占"，也即在年初进行预祝的神事。或许，素盏呜尊和稻田姬命这样的记纪神话中的神名也是后来被安上的，其本来的原型是通过土地神的交合来象征丰收的预祝祭礼。只是，在文献资料上这个祭礼似乎还无法追溯到中世。

在这些"相扑神事"的场合，竞技的性格反而是次要的。通过再现事先预定的结果，由此导出预祝丰穰，这带有浓厚的仪式、演艺的性格。因为这不是作为格斗的"相扑"本身，而是作为格斗的"相扑"被吸收到相扑节中去时，担负着成为向心点的特定主题的神事。在这一点上，可以说这些事例遵循了"相扑神事"的基本主题，保留了预祝丰穰的"年占"的比较古老的形态。从日期来看，樱井市的两个神社是在正月，大三岛是在五月和九月（都是农历），虽然都设定在农事日历的节点上，但是和七夕没有直接关系。是将本来在农事的各种节点举行的活动赋予相扑节的意义集约到七夕的呢，还是到了后世这些从七夕的活动中分离出来的呢，在此很难给出确切的判断。

另一方面，虽然没有担负着那样的主题，但在主张"其起源可以追溯到垂仁天皇时"的相扑活动中，存在有能登羽咋神社（现在石川县羽咋市）的唐户山相扑会。该神社是以垂仁天皇的皇子石冲别命为祭神，据说为了慰藉生前喜好相扑的石冲别命的灵魂，在石冲别命的忌日即八月二十五日那天，召集北陆七州（若峡、越前、加贺、能登、越中、越后、佐渡）的相扑人，在神社附近的唐户山举行

---

① 须佐之男命的别名。——译者注

相扑会。当然,这个起源传承不能就这样原原本本地加以接受,①
不过,如果考虑到作为相扑节起源传说的宿祢和蹶速"角力"的年
代被设定在垂仁天皇时代,或许其与该传承的背景有关。

　　这个"唐户山相扑会"的相扑本身并不具有作为神事的意义,
但是在其向"喜欢相扑"的祭神奉纳这一点上,可以发现"相扑"的
特殊意义,所以把它看作"相扑神事"的一种类型也未尝不可。但
是,在各地寺社的祭礼中所见到的相扑,不论是现在的,还是中世、
近世文献史料里所记载的,其大多数都不是具有特殊意义的"相
扑",而是与"相扑神事"相区别的"奉纳相扑",在大多数情况下,是
在向祭神奉纳的同时,作为参加祭礼的人们的娱乐活动而举办的。
正如后一章所论述的那样,随着时代的发展,其作为"人们的娱乐"
的比重越大,可以说这与神事祭礼时奉纳的各种艺能是一样的。

　　面向寺社的奉纳相扑,有可能很早以前就在各地出现了,但作
为以朝廷为中心的国家仪礼的奉纳相扑,其最早的例子可见如下:

　　据说圣武天皇神龟二(七二五)年,诸国②因干旱而粮食歉收,
天皇向以伊势神宫为首的诸国二十一个神社派遣了敕使,祈祷神
明的加护。或许是祈祷起了作用,翌年(神龟三年)获得了丰收,于
是天皇为了还礼向各地的神社供奉币帛,同时令在神前奉纳
相扑。③

　　在正史《续日本纪》中,只有向诸神社奉纳币帛的记载,并没有
奉纳相扑的记录。但在《年中行事秘抄》④等文献中,却作为相扑节
的先例,记载着从这一年开始让诸国进献相扑人。另外,在近世所
著的相扑惯例书等书籍中,也有把这时的相扑奉纳事例当作"神事

　　① 即便暂且不论起源传承,据说这个相扑会的记录也可以追溯到应永年间
(一三九四～一四二八年)。
　　② 这里的国是日本古代统括数个郡的行政区划。——译者注
　　③ 该奉纳相扑的记事,在前引酒井《日本相扑史 上》中,是被作为依据《年中
行事秘抄公记根源记》的内容来介绍的,但《国书总目录》中并没有《年中行事秘抄公
记(事?)根源记》,我也没有见过该书。尽管其史料价值尚有怀疑的余地,但从其他
记录来看,应该承认神龟二年的干旱和向诸神社的祈愿、神龟三年的丰收以及对诸
神社的奉礼,以及同年从诸国进贡了相扑人等,因此暂且遵从此说。
　　④ 引用诸书来解说朝廷的例行活动的书籍。作者不详,一般认为是镰仓时代
初期成书的。

相扑"(奉纳于神事的相扑)开端的。① 如果依据《续日本纪》的话，在这之前的养老三(七一九)年七月，记载有"初置拔出司"，这个"拔出司"就是后来掌管相扑节的"相扑司"前身，所以在这一时期，应该已经确立了从诸国召集相扑人的制度。对神社的奉纳相扑，也应该是依据这样的制度来举行的。

　　另外，这里还想介绍几个在寺社祭礼时奉纳相扑的例子。近世中期出版的《古今相扑大全》②中，作为"神事相扑"所列举的有：奈良的春日若宫社十一月二十七日祭礼时的相扑十场，镰仓鹤冈八幡宫诸祭礼中的相扑奉纳，京都周边的贺茂、松尾、石清水各社祭礼的相扑，以及摄津住吉社(大阪市)九月十三日的相扑会等。其中，松尾社的相扑在八月一日，贺茂社的相扑是在九月九日的祭礼③时出场，而石清水社则是在八月十五日的放生会④时奉纳的，这些都是在平安时代末期已经出现的记录。此外，关于住吉社的相扑，在《摄津名所图会》⑤中记载"有相扑十场。在犊鼻裈上缠注连(稻草绳)两手相合。此表示战胜三韩之体式"，如后面所述，这也是屡屡将其与"横纲"的起源联系起来进行论述的习俗。

　　如果把目光转移到地方寺社的话，在《诹访大明神绘词》⑥中还可以看到，在信浓诹访社(长野县诹访市)的四月十五日、五月六日、七月二十九日的祭礼时都会奉纳相扑。之外，丰前宇佐八幡(大分县宇佐市)、出云杵筑社(岛根县出云市)的祭礼相扑，在中世的文献史料中也有记载。另外，信浓小诸八幡(长野县小诸市)、近

---

　　① 如安永五(一七七六)年大阪的行司岩井左右马所著的《相扑传秘书》。

　　② 木村正胜的著作。宝历十三(一七六三)年刊行。对从相扑的起源、历史到以大阪为中心的劝进相扑表演的情况进行了描述，是在近世所刊行的相扑书中最详细，具有"相扑百科"之趣向的书籍。

　　③ 贺茂神社的相扑，近世以后被叫作"鸟相扑"，伴随着模仿乌鸦叫声等的独特仪式，由少年们来表演。

　　④ 农历八月十五日举行的八幡宫的祭礼。以放生生物施功德的"放生"仪式为核心。

　　⑤ 近世制作、刊行的许多诸国名胜指南中的一种。宽政八年(一七九六)年完成。

　　⑥ 将诹访大社的缘起以添加插图的方式加以记录的作品。一般认为完成于延文(一三五六～一三六一)年间。

江御上社①（滋贺县野州市）、丰后森八幡（大分县玖珠郡玖珠町）、筑后太宰府神社（福冈县太宰府市）、常陆鹿岛社（茨城县鹿嶋市）、下总香取社（千叶县香取市）、播磨龙野社（兵库县龙市）等的奉纳相扑，据说也都有古老的来历（以上的日期均为农历）。当然，将其原来的形态传到现在的并不多。

不过在这些奉纳相扑中，能追溯到中世初期以前的实例很少，至少从历史上看并不是先于相扑节，而是如后面所述，大多都受到了相扑节样式的深刻影响。就连奉纳对象的祭礼内容也是各种各样，如除了八朔和秋季收获祭之外，还有八幡宫的放生会等，找不到相扑和某种神事之间的特殊的关联。这些说明，相扑是奉纳于祭礼，或者供参加祭礼的人们娱乐，即作为艺能的一种而被认知的事物。

---

① 御上神社的祭礼相扑在中世后期的文献资料中也可以看到。在该神社中还保存着据说是镰仓时代的相扑偶人，一般认为这是体现了相扑节相扑人的装扮的作品。

## *专栏　祈雨与相扑

　　高谷重夫的著作《祈雨习俗的研究》(法政大学出版局,一九八二年),对日本各地、各时代的祈雨习俗进行了总括性地整理研究。书中以中世为中心介绍了几个为祈雨或为了实现其愿望而举行相扑的事例。据中世后期奈良兴福寺僧人寻尊的日记《大乘院寺社杂事记》记载,在康正三(一四五七)年七月,为了祈雨,奈良南北两乡的住民在高山龙王社举行了相扑,以此为开端,十五世纪在兴福寺周边屡次举行祈雨相扑,为此而征发相扑人以及筹集费用的体系也相当完备。法隆寺于建武四(一三三七)年七月因祈雨见效,举办了感谢降雨的"雨悦相扑",其详细记录保存在《法隆寺祈雨旧记》这一文献中。作为其他的事例,还有《满济准后日记》中记载的十五世纪前半期,在山城醍醐清泷宫的神社前举行了祈雨相扑的事例。

　　问题在于这些祈雨相扑(或雨悦相扑),是否是因为相扑和水神有特殊且本源上的关系才进行的,关于这一点的证据实际上是相当否定性的。在中世祈雨时,除了相扑以外还会奉纳各种各样的艺能,即便对照高谷所举出的例子,也可以看到奉纳猿乐、舞乐、神乐和风流舞、蹴鞠等的事例,将几个艺能组合起来进行奉纳的场合也不少。而且,在兴福寺僧人经觉的日记《经觉私要钞》中,也有康正三年八月在奈良近郊的八岛神社举行祈雨活动的记事,从中可以看到奉纳相扑。按照该记事的说法,当时出现了"一会"(法会)和相扑到底奉纳哪一个的问题,抽签的结果是相扑被抽中,因此奉纳的不是法会而是相扑。也就是说,"祈雨加相扑"这种结合,只是"祈雨加艺能"这种结合的一个类型,在很多时候并不是来自于水与相扑的特殊结合。

# 第二章 相扑节

## 相扑节的起源

　　相扑节起源于八世纪,于九世纪作为平安朝廷例行活动固定了下来,直至十二世纪末消失。在这大约四百年间,相扑节作为一个伴随着舞乐缮宴的绚烂节日装点了宫廷的初秋。其间发展成熟的相扑样式(包括流程、舞乐、传承等),对后世的相扑产生了决定性的影响。被各种仪式、故实装点的现代大相扑,都可以从平安朝廷的例行活动相扑节中寻找其历史由来。虽然这些由来有多少确实的成分还有待讨论(如后文所述,可以推定间接上有一定程度的联系),但是使相扑之所以成为相扑的被统一起来的格斗竞技样式,就是通过相扑节这种活动形成的。

　　相扑节作为朝廷的活动,一般可从农耕仪礼和服属仪礼两个侧面来探寻其源流。民俗学上关于农耕仪礼,尤其是有关水神祭祀与相扑间关系的解读,在前一章中已有所涉及。有一种见解认为从"让国"神话中的失败者建御名方神的名字中可以看到水神的投影,另外也有人推测,作为相扑节的起源传说,野见宿祢与当麻蹶速"角力"的故事被设定在垂仁天皇七年七月七日,是意在将相扑节与七夕的水神神事联结在一起。

　　正如第一章所述,关于七夕与相扑的关联,可以从下半年农事开始前举行的年占神事中得到说明,即便在相扑节,从中也可以看出其被赋予了"国家年占"意义的性格之一端。譬如,在正规的职业相扑人比赛之前,由"四尺以下"的小童进行"占手"相扑;还有像

《江家次第》①所记述的那样，因"谚语云，以左方为帝王方"，故在贞观年间（八五九～八七七）以前，正规比赛的第一轮，右方相扑人要故意输掉比赛为惯习等。② 但是书中也提到，这种人为的胜败安排"在古代确实是那样的，但现代并非如此"，而且亦如后文所述，占手相扑在九世纪末之后就不再举行了。相扑节与年占之间，初期如何暂且不论，到后来人们已不再认为二者有多少本质上的关联了。这方面的情况与那种认为以九世纪末为分界线，相扑节自身的性质发生了很大改观的观点有一定关联。对此，我们会在稍后述及。

下面我们从相扑节源流的另一个侧面，即服属仪礼做一些考察。序章中曾经述及，在宿祢与蹴速的角力、建御雷神与建御名方神的"让国"这两个神话中，可以看出它们有一个共同的主题，即"远来的强者＝神灵压服本地的恶灵，以其力侍奉天皇"。这一主题是以水神的素材为铺垫，表现了外来者的征服以及对天皇的服属。把这样的主题以国家活动的形式再现出来，再次确认支配—服属的结构，是相扑节被赋予的重要社会意义。也就是说，其通过与农耕仪礼主题的重合，提示了天皇赋予自己作为国家规模的年占主宰者的位置，以及将国土统合于自己之下的逻辑。

从服属仪礼这一侧面来看相扑节起源的时候，需要注意的是隼人族的相扑侍奉，即所谓"隼人相扑"。所谓隼人族，是指出身于南九州以及其南方岛屿的人们，他们从五世纪左右开始服属畿内国家，其中的一部分人来往于畿内，服从衙门府隼人司的支配，担任侍奉天皇的任务。

在"记纪神话"中，天皇家的祖先与隼人族的祖先被认为是兄弟。据《日本书纪》记载，"让国"的结果是天孙琼琼杵尊③成为苇原中津国的支配者，他的儿子火酢芹命与彦火火出见尊两兄弟各自以海与山为生。有一次，两人互相交换渔具、猎具，尝试互换生活的场地，过程中弟弟彦火火出见尊把从哥哥火酢芹命处借来的鱼

---

① 由大江匡房所著，关于朝廷例行活动的仪式程序的解说书。十二世纪初期成书。

② 但是，这实际上是否真的举行了无从确认。

③ 琼琼杵尊在《古事记》中作"迩迩艺命"。——译者注

钩弄丢了,此事引起了兄弟间的争斗。彦火火出见尊从海神那儿得到了诅咒哥哥的咒语以及操控潮涨潮落的满潮珠、干潮珠,用此战胜了火酢芹命,这就是大家熟知的海幸(火酢芹命)、山幸(彦火火出见尊)神话。得到了海神的帮助而获胜的彦火火出见尊,娶了海神的女儿丰玉姬,并继承父亲琼琼杵尊成为统治者,其后该国土的支配权经其子鸬鹚草葺不合尊,被以其孙磐余彦尊(神武天皇)为祖先的天皇家继承下来。

至于落败的火酢芹命,则发誓臣服于彦火火出见尊。其子孙自称吾田君(阿多隼人),他们以各种艺能侍奉天皇家,诸如用歌舞的形式来表演火酢芹命被满潮珠引来的潮水淹没、挣扎求助的样子等,同时也作为皇宫都城的警卫日夜为天皇家效力。这些就是隼人族侍奉天皇家的起源传说,当然也是他们服属畿内国家的故事。将归顺氏族的祖先作为与天皇家系谱有关联的人物编入故事中,可以说是"记纪神话"的惯用手法。

在律令体制下,在京隼人司的隼人们除了负责宫门警卫之外,日常还要从事歌舞的教习及竹笠的编制。其中,裸身着犊鼻裈、面部及身体涂抹油彩,①以与众不同的扮相来表演的歌舞被称为"隼人乐",与模仿狗叫以驱走邪气的"狗吠"一道,同为隼人技艺的代表。也有一种解释,认为这些歌舞、技艺本是隼人族祖先神的降神仪礼,可能是想通过在天皇面前的表演,将天皇与隼人的祖先神合而为一,以示从属之意。

这些隼人族在宫廷中也表演相扑。《日本书纪》记载,天武天皇十一(六八二)年七月,携贡品入京的大隅隼人与阿多隼人进行了相扑比赛,大隅隼人获胜。②另外,《书纪》还记载了持统天皇九(六九五)年五月,由大隅隼人表演的相扑"于西边的榉树之下"进行。毫无疑问,这些相扑与歌舞以及其他的技艺一样,都是隼人族作为侍奉天皇、举行服属仪礼的一环而举行的。特别需要指出的

① 这与《日本书纪》"一书曰"(作为对本文的不同说法而引用的异本之一)中,将火酢芹命发誓臣服彦火火出见尊时的姿态描写为"着犊鼻,以赭涂掌涂面云云"相对应,应该是属于南方系文化圈的隼人族的风俗。

② 大隅隼人是现在鹿儿岛县东部大隅地区的隼人族,阿多隼人是现在鹿儿岛县西部萨摩地区的隼人族。

是,所谓持统天皇九年的隼人相扑在"西边的榉木之下"举行,该地点是飞鸟寺的西广场,据说这里曾是当时边境各族朝贡、举行服属仪礼时用来设宴的场所,从这一点不难看出隼人相扑带有作为服属仪礼的意义。

服属于畿内政权的周边民族献上自己的技艺作为服属仪礼,这样做的不仅仅是隼人族。众所周知,在大尝会、节会等场合常会有国栖奏被献上。国栖有时也写作"国主",原是一个指代地方土著势力的普通名词,一般以盘踞在大和、吉野地区的吉野国栖①为代表,由他们献上的国栖奏,一般被理解为是伴随着地方族长的服属,艺能被集中至国家、被统一管理起来的一个典型形态。②

根据松村武雄的说法,对于畿内国家来说,他们所关心的可能是这些具有奇风异俗的被征服者们身上令人期待的咒术般的特异能力,他们希望通过吸收异族表演的艺能使自身也获得咒术般的超能力。③国栖、隼人等异族的艺能展现,可能是被当作奉上那些咒术般超能力的仪式来认定的吧。由此而言,"远来的强者(压服本地的强者)侍奉天皇"这一相扑起源传说的主题,可以解释为是相扑与农耕仪礼结合以后出现的变形。

将各国的相扑(原型)统合到这一主题之下,集中各国强者之力使之侍奉天皇,这是形成相扑节根本的构造。P. L. 凯拉指出,始于汉代,在隋唐时期被固定下来的中国武艺大会,是从全国召集优秀的习武之人举行的象征国土统一的仪式,也就是说,这种武艺大会是被赋予了一种服属仪礼的意义的。通过二者的比较,凯拉推测作为地方强者服属仪礼的相扑节的原型,有可能是从中国传入的。④在朝廷的礼仪中看到中国文化的影响的,不仅仅是相扑节,一年之中的所有例行活动可以说都是如此。凯拉的推测也是值得关注的。

很容易推测,这种结构与军制有密切的关系。事实上,史书中

---

① 出现在《古事记》神武天皇东征的那一段。

② 前引林屋《中世艺能史的研究》。

③ 松村武雄:《日本神话的研究》,培风馆,一九五四年。

④ P. L. Cuyler"Sumo: From Rite to Sport"(Weatherhill, Inc.1979)。本书未翻译成日文,但是一本简明扼要地归纳了相扑历史概要的好书。

能找到的与相扑相关的记载中,被视为史实的最古老的记载,是序章中介绍过的《日本书纪》皇极天皇元(六四二)年七月的健儿相扑。另外,在后来参加相扑节的相扑人中,臂力强劲者经常被任命为近卫府番长的这些事实也都表明,朝廷对于那些从各国召集而来,服属、侍奉天皇的强者之力,并不单单是作为咒术方面的特异能力看待的,而是有着更为现实的军事力量方面的考量。

关于从各国召集相扑人运营相扑节的机制,《续日本纪》中有记载养老三(七一九)年七月"初次设置拔出司",这大概就是其萌芽吧。《续日本纪》天平六(七三四)年七月七日条中,也记载有圣武天皇"观看了相扑戏",这被公认为是确实举办了相扑节的最早记录。不管怎么说,在八世纪初,相扑节的制度已经确立了。

此外,在神龟五(七二八)年的四月,朝廷下发了如下内容的敕令:"听闻各国国司、郡司,一发现其部下有善骑、射、相扑者或臂力过人者,便马上进贡至王公卿相的它邸,以致即便想下诏召集却无合适人选。今后要保证此类事件不再发生。如有违反,国司削其位解其任,郡司加责罚解其任……"这道敕令的主旨与其说是为了确保相扑人,不如说是意在确保国家机构能够优先获得适合担任卫士的擅长骑、射、相扑等技艺或是臂力强劲的人才,可以说是卫府整备构想的一环。至天长十(八三三)年,朝廷又以"相扑节并非仅供娱乐,精练武力最在其中"为由,发布敕令命越前、加贺、能登、佐渡、上野、下野、甲斐、相模、武藏、上总、下总、安房各国进贡"臂力强劲之人"。这道指令大概也是出于想将"臂力强劲之人"作为卫府的武人来征发的意图而发出的吧。

直至九世纪左右,参加相扑节的相扑人都是由就任于卫府的人和各国当年作为相扑人新进贡的白丁组成,从担任相扑人最高级别的"最手"中任命近卫番长的事也屡见不鲜。这样,作为卫士、健儿而被征用的附属于卫府的臂力强劲之人就成为相扑侍奉的原型,由他们构成了相扑节的相扑人。各国进贡的相扑人,规定由国司负责选拔,由"相扑使"率领进京。相扑使应该是"相扑部领使"的简称,原则上当年二月任命,分别被派往山阳道、南海道等各"道",从各国"部领"(接收)相扑人,并于相扑节前一个月左右入京。被任用的相扑人,拥有免除在本国的杂役,获得往返于本国与

相扑的历史

京都所需的粮食、车马等特权。此外，如果是在地领主，被征用为相扑人之后还可能会被召入院①侍奉于"武者所"，如服务于相扑节有功而获得封赏，还有被任命为郡司的情况。

如前所述，由于在相扑节形成之前的记录中所看到的多数相扑都是由隼人族担任的，所以往往会有人抓住这一点，主张从隼人族代表的"南方系"文化中去寻求日本相扑的原型。但是，到了相扑节阶段，作为相扑人被征用、进贡的有不少是关东各国的人。刚才所说天长十年的敕令，就是以北陆及关东诸国为对象发布的，另外也如后文将提到的那样，代代相扑节相扑人辈出的"相扑之家"，多见于关东诸国。当然，其他如山阴、山阳、南海、西海各道诸国也进贡相扑人。从这里也可以看出，其运行机制依然是从全国各地进贡臂力超强之人侍奉天皇，而不仅仅是从特定地域选拔。这似乎表明，相扑节是作为各地各式各样的"相扑"交流、融合的场所来发挥功能的。

## 相扑节的程序

从八世纪到十二世纪，历经四百余年，相扑节一直都是朝廷每年的例行活动之一。最近出现了一种新的看法，认为相扑节作为国家仪礼，其内容、特点在九世纪末有很大的转变。② 这个看法很值得关注。下面我们在留意这一点的同时来考察相扑节的仪式程序。

如果以《内里式》③、《仪式》④等仪礼书为主进行复原整理的话，平安前期相扑节的程序大致会是这样的：

七月七日、八日两天⑤举办相扑节。首先在七日那天，天皇亲

---

① 院是以前上皇、法皇、女院的御殿，因而也指上皇、法皇等。——译者注
② 前引大日方《古代国家与年中行事》。
③ 最早的敕撰仪式解说书。嵯峨天皇为整备朝廷仪式而编纂，弘仁十二（八二一）年成书。
④ 规定朝廷仪式程序的书籍。八世纪以后几经编纂、改订。此处为收于《故实丛书》中的同名书（一般认为是《贞观仪式》）。
⑤ 最初只有七日一天，据说从弘仁年间（八一〇～八二四）开始改成了为期两天的仪式。

临,从皇太子、大臣至六位以下的王臣、官吏随驾进入神泉苑,先举行一个由官吏、相扑人等三百多人参加的游行,之后转入相扑比赛。比赛从小童的占手相扑开始,接下来是近卫、兵卫、白丁的左右对抗,共计举行二十场相扑。此外,还有款待宴席。八日,同样是天皇亲临,召亲王以下参议以上以及三位的大臣上紫宸殿,举行近卫、兵卫十场和白丁十场,也是二十场的相扑。比赛首日所有官员均需参列,次日的参列人员则有所限制,这一点在射礼、赌弓[1]等仪式中也同样可以看得到。另外,与比赛首日天皇行幸神泉苑不同,次日的场地则移到了大内的紫宸殿,这或许表明了首日的仪式带有召集所有官员到场,以明确"对天皇的从属侍奉"的意图,而次日的比赛则被视作是较为内部的活动。

每逢举办相扑节,均会组成相扑司。在举办相扑节的大约前一个月,朝廷要从中纳言、参议、侍从中左右各任命十二人,[2]而且还要指派亲王担任长官。这个相扑司负责相扑节的运营,亲王、公卿携手共同献上相扑来侍奉天皇,这是相扑节的基本构图。对于王族、臣下的侍奉,天皇设宴款待以示回报。这场飨宴是节会,这种侍奉与宴会互酬式的行为,具有确认、再生产支配—服属关系的仪式性手续的意义。

也就是说,这里体现了地方服属种族的相扑侍奉,和王族臣下的节日侍奉这种双重侍奉的关系。这就是初期相扑节的基本构图。也可以说,这一构图反映出了朝廷直接支配下的畿内与"化外之地"的畿外,这种律令国家支配体系的两重构造,以及地方服属种族的"外部性"。

按照大日方克己的看法,大约在九世纪末左右,相扑节的这种基本构图发生了巨大的转变。[3] 九世纪后,朝廷不再成立相扑司来负责相扑节的运营,而由设置在左右近卫府的相扑所取而代之。也就是说,以前曾是天皇侍奉者的亲王、公卿,也变成了与天皇平起平坐的观赏者,其位置和立场发生了变化。这样一来,相扑节的

---

① "射礼"是于正月十七日举行的竞射的仪式。在十八日,以左右近卫府对抗的形式举行下赌注的"赌弓"。参见前引大日方《古代国家与年中行事》。

② 实际上多数情况是中纳言、参议几乎全员被任命。

③ 前引大日方《古代国家与年中行事》。

性质,就由原先的亲王、公卿以下众人共同侍奉天皇以表现服属,即含有伴随着确认国家体制意义的国家仪礼,转变成了由近卫府奉上,供天皇及诸王公大臣观赏的技艺表演。这或许也反映了天皇与亲王、公卿在国家体制上的关系变化,不过,在此我们暂不讨论这一点。

在这一转变过程中,一方面如占手相扑的绝迹所象征的那样,伴随着相扑节作为"国家年占"的性格逐步淡化;另一方面,也如贞观十(八六八)年相扑节划归兵部省管辖所象征的那样,其作为武艺大会的性格越来越浓厚。另外,相扑节的日期变更也反映出了同样的问题。最初七月七日是例行的节日,可是到了天长三(八二六)年,却以这一天是平城天皇的忌日相当于国忌为由改为七月十六日,进而又在贞观年间(八五九~八七七)开始将相扑节定在了七月下旬。从这一点可以看出,将相扑节与七夕神事联系到一起的意识,到了九世纪末已经相当淡薄了。

与这样的变化相并行,相扑节的仪式构成也发生了变化。在八世纪后半期以后,作为相扑节仪式举行场所的神泉苑已经不再使用,都改在紫宸殿以及仁寿殿、清凉殿等大内场所举行。这种在大内之中举行的仪式,与表示相扑节本来样式的"大节"名称相对,被称为"节代"或"召合",是一种简化了的仪式,比如省略了游行等。即自九世纪末以降,相扑节的仪式全部都是"召合",占手相扑被省略了,以十七场比赛为中心的主要仪式被安排在首日,次日是被称为"追相扑""拔出"的比赛,即"趣味相扑"。至于节日,原则上七月如果是大月,就会定在二十八、二十九日举行,如果是小月就会定在二十七、二十八日。二者分别是由原来的七日相扑、八日相扑加以重新编排而成,在这一阶段,关于首日和次日的仪式参列人员,未必有明确的区别。

到了长元四(一〇三一)年,尽管七月是大月,但却安排在二十九、三十日两天举行相扑召合、拔出。当月十一日天皇发布了"召仰"(举行相扑召合的天皇诏令),由于二十八日是"坎",即阴阳道所说的厄日之一，所以引发了争论。右近卫大将藤原实资在接受头辨①藤原经任的询问时，认为历代记录中未见以"坎"为由变更相扑日期的先例，先是回答说："日期参照固定的节会，可以安排在惯例之日。"而后又改变了想法，说："相扑召合是临时小仪，日期变更事出有因倒也无妨。不必准照节会标准。"最后按照实资的建议，当年举办的相扑召合避开了"坎"日。

这里应该注意一点，即"相扑召合"是被当作与"节会"不同的"临时小仪"来对待的。现在一般习惯把平安时代举行的七月的天览相扑统称为"相扑节"，"节"作为当时的用语也一直沿用到了平安末期，但是这一时期的相扑召合与"节会"不同，"节会"作为国家运营过程中重要的例行活动，举办日期是固定的。然而，"相扑召合"却被视作"临时小仪"，需每年视情况设定日期及其他，从而丧失了原来"相扑节会"被赋予的"表现服属、侍奉关系的礼仪"的特殊意义，成了以娱乐为目的的相扑观赏活动。这样的话，对于这一阶段的相扑活动，使用"相扑节"的名称可能就不恰当了，由于相扑节作为习惯用语已经固定了下来，为了方便，本书也将继续沿用"相扑节"这一名称。

关于这一阶段相扑召合的仪式程序，在之后的右大臣藤原实资的日记《小右记》②中有比较翔实的记录。我们以长元四年为例，对其做一些概略性的考察。先说明一点，日记的主人实资当时任右近卫大将，所以我们看到的主要是右近卫府的动向，尤其是准备阶段的情形。但是，可以推测，左近卫府方面也应该是以同样的顺序来进行准备工作的。

据日记中记载，在这一年的三月二十三日，朝廷在右近卫府选定了相扑使。被派往各地的相扑使于七月下旬率相扑人上京，拜见右近卫大将实资。比如，在七月二十二日，除了有"淡路、阿波、赞岐、伊予相扑使"藤井尚贞率领相扑人前来，和泉的相扑人也来了。

---

① 在朝廷中兼任藏人头的辨官。藏人头、辨官都是当时日本朝廷设置的官职。——译者注

② 实资是精通朝廷仪式故实的"小野宫流"这一流派的始祖。由于他被称为"小野宫右大臣"，取"小野宫"的"小"及"右大臣"的"右"字，于是有了这个名称。现存天元五～长元五（九八二～一○三二）年间的抄本。

二十五日有播磨以及其他"各国相扑人等前来参见",二十六日有"大宰相扑"到达等等。这样,在相扑人陆续抵京期间,其他准备工作也在进行。七月八日装束司提交用于制作当日幔幕的布料申请书,十一日接到天皇召仰,十九日右近卫府设置相扑所,二十日用于召合的各类物件目录制作完成。另外,此间由于十五日发生了月全食,被视为不吉,所以举行相扑赛时本应该有的舞乐表演被中止了。

　　到了二十六日,由于右方的"腋"①他部秀孝死亡,出现了由谁来填补这一空缺的问题。从事相扑四十余年的土佐相扑人中臣为男渴望登上"腋"的位置,作为其最后的荣耀为土佐相扑赢得面子。此外,县为永、县高平、惟永等人也希望获得这个位置,打算在右近卫府举行"内取"时一决胜负,最终为了奖赏为男多年的功劳,决定提拔他为"腋"。这里所说的"内取"是指练习相扑,是在"最手"真上胜冈等人到来的这一天,近卫府内举行了"府之内取"(近卫府的内取)。接下来,翌日又进行了有天皇临席的"御前内取"。这一年的内取是府、御前各一日,但一般情况下会各自延续数日。从全国各地汇集而来的相扑人在这里接受技术力量的检验,召合当天的出场者、级别也是在这里决定的。②

　　**平安朝的相扑节相扑人**(《古事类苑》摹写)　在召合比赛之前,做好出场准备的相扑们。一般认为这是比较正确地描写相扑节相扑人姿态的图。请与御上神社的相扑人偶进行一下对比。

---

　　①　"腋"也叫作助手。地位仅次于相扑节相扑人的最高位"最手"。

　　②　府之内取可以说有预选赛的意思,比赛激烈程度远超仪式性的召合。相扑人某某在相扑节上获得优胜之类的传承,应该是指在内取比赛中胜出,取得了"最手"的地位。

**御上神社的相扑人偶**　滋贺县野洲市御上神社传下来的木造相扑人偶。据认为表现了相扑节相扑人的姿态。镰仓时代的作品,滋贺县指定文化遗产。(御上神社,滋贺县立琵琶湖文化馆)

**立合舞**　(《古事类苑》摹写)　在自己一方的相扑人获胜时,背着弓的立合跳"立合舞"。据说这是现在的"弓取式"的原型。

最终在二十九日迎来了召合首日。然而,这一年,任右近卫府大将的实资既未参加召合也未参加拔出,只是在家里接受报告。日记中并未详细描写召合当日的情形。总之是天皇临席,左右大臣以下参列,由左右各近卫府的相扑人进行了共十七场相扑比赛。话虽如此,但当时比赛的样子,还是与现代的相扑有很大的不同。

第一,没有设定胜负裁定的中立者。左右近卫府各选出一名"相扑长"主持比赛,由"立合"①安排相扑人面对面站好准备开始比赛。决出胜负后,胜方的近卫次将发出指示,由"数差"②将箭插在地面上,胜方发出获胜时的"乱声","立合"表演"立合舞",奏起音乐。与此同时败方退场。在胜负僵持不下时,就申请"论""胜负定"(即现代的商议),最终要仰赖天皇的判断即"天判"。但也有称作"持"的不分胜负的情形。

第二,没有类似现代土俵那样的决定胜负的边界线,胜负完全依据是否将对方扳倒来确定。源师时的日记《长秋记》③中较为详尽地记载了相扑的手法,从十二世纪的事例可以知晓,作为决定胜

---

①　比赛的见证人。——译者注

②　弓射、赛马、斗鸡等为了标记取胜的次数,要将记数用的竹签或树枝插在竹简里,这里指插竹签、监督胜负的人。——译者注

③　师时精通礼仪故实,日记里也有各类仪式程序的详细记述。现存日记为长治二～保延二(一一〇五～一一三六)年间的抄本。

负的招数,除了手着地、膝盖着地之外,还有"搦"、"投"等,好像是双方扭在一起,或是用脚等将对方摔倒。当时相扑人的装束,是一种叫作"犊"的兜裆布状的东西,但不像现代相扑的兜裆布那样有确实着手抓的地方,虽然也叫作"投技",但应该是抱起对手或是抓住手臂将对手扔倒在地吧。作为整体的印象,应该是比起现代相扑来更接近蒙古相扑吧。

到了这个时期,相扑在技术上已经相当稳定,规则也在相当程度上得到了完善,比如曾经有相扑人在"召合"比赛中抓了对方头发,而被视为犯规遭到临时拘禁。可以说,作为观赏用的格斗竞技已经形成了。这些与相扑节相扑人的专业化倾向有着密切的关联,稍后我们还会再做说明,这里先回到仪式程序的话题上来。

相扑节的仪式程序,由多种多样的舞乐所妆点。舞乐分为左舞、右舞,这与相扑节的左方、右方相对应。比如左方的相扑人胜出时演奏左舞"拔头",右方胜出时演奏右舞"纳苏利",仪式的各段落间演奏各种舞乐(因月食、凶日等事由而省略舞乐的情形也时有发生)。关于这些奏乐有很多需要说明的地方,但此处仅指出一点,即相扑节最后演奏的"千秋乐"、"万岁乐",是中世以后作为祝寿杂艺来表演的"千秋万岁"的起源,也是近世以后相扑、歌舞伎、戏曲歌剧演出最后一天的称呼"千秋乐"一词的起源。至于其如何成为中世各种奏乐的重要源流,其详细内容请参考能势朝次的《能乐源流考》、林屋辰三郎的《中世艺能史研究》这两本著作。

在举行召合、拔出的前后,天皇会举行"相扑人御览"活动,有时还会向相扑人赏赐食禄。尤其是在相扑节结束之后,左右近卫大将还要设飨宴款待并赏赐食禄给自己一方的相扑人和相关职员,这种做法已经成为习俗,人们将此称为还飨。据说席上还有布引①、俳优②助兴,演奏管弦乐。除此之外,在相扑节前后的这段时间,贵族们也会邀请相扑人到私宅举行相扑比赛、开设飨宴,院、天皇也会举办临时相扑,这些活动都有各种各样的演艺人助兴。另外,有时还会模仿相扑节的程序样式,举行童子之间的小童相扑。

---

① 一种助兴活动,让相扑人们像拔河那样拔布,获胜者得到那块布。
② 模仿或是表演滑稽动作的一种杂艺。

以上介绍了相扑节的大概程序,尽管这种介绍非常简单。另外,关于仪式的细节,还可以参照《江家次第》以及《古事类苑》中的"武技部十八 相扑节"。这些妆点相扑节的各种仪式,作为以后近世劝进相扑演出的故实来源,经常被人们提起。比如,人们会从获胜方的"立合"背着弓跳"立合舞"中寻求"弓取"的起源,从获胜方的相扑人将人造花(右方为夕颜,左方为葵)传给下一位出场选手的惯例中寻求"花道"、"力水"的历史由来。从相扑节中寻找近世相扑习俗的渊源本身,作为整体旨趣来说并非没有根据,但是具体到某个特定的习俗就未必那么准确了。

下面再看一下相扑节相扑人的任用。正如前文所述,相扑节相扑人原则上是从各国挑选臂力强劲者、相扑技艺卓越者进献给朝廷的。但实际上各国的进贡常有滞怠,朝廷时常会下达督促进贡相扑人的命令。比如,治安三(一○二三)年朝廷曾向"五畿七道诸国司"发文,责难其不遵守期限,或进贡之人气虚体弱无法进行相扑,而命令他们每年要挑选臂力强劲的"相扑白丁二人"按期限进贡朝廷。这便是其中的一个例子。

另一方面,尤其是到了十世纪前后,为了弥补由进贡滞怠而产生的相扑人的不足,朝廷经常会从进京上诉的百姓中挑选"容体长大者"征用其为相扑人,或是以"京中长大者及诸司史生、府生"来补足。总之,挑选一些看似臂力强劲的外行人,将其培养成相扑人的情形也非常多见。而在从各国进贡的相扑人的选拔上,也大多要求"以臂力而闻名",可以说至少在这一阶段,对相扑人的要求主要是臂力,技巧则为其次。这似乎说明,这一阶段的相扑还不具备作为格斗竞技所需的特定技术体系。

这种状况在十二世纪左右起了若干变化。相扑节相扑人的地位变得稳固了,或者说由特定姓氏世袭的情况开始变得引人注目了。关于十二世纪为中心的相扑节相扑人的出身阶层,以及代代相扑节相扑人辈出的家族等,野口实以地方武士为主进行了简要的整理,[1]下面将参考野口的成果,就其主要的内容进行叙述。

首先,可以举出以下野国为活动中心的东国的秀乡流藤原氏。

---

① 前引野口《相扑人与武士》。

如下野国的藤原姓足利氏一族，①在十二世纪就出了好几位相扑节相扑人。除了足利嫡系之外，上野国的左贯氏等旁系中也出了相扑人。再如保元三（一一五八）年"最手"足利家冈的孙子忠纲，也是一名以孔武有力而闻名的武士。另外，属于小山氏一族的大方氏，也是数代相扑节相扑人辈出的"相扑之家"。

其次，还可举出因幡国的伊福部氏。天永年间（一一一〇～一一三）以后，经常可以看到以"恒"、"常"或"经"（都训读作ツネ）为通字的因幡国相扑人，可以因此推定他们是担任因幡国的一宫——宇倍宫的社司，很有势力的"在厅官人"伊福部氏。其同族的高羽氏和长田氏，也担任过相扑节相扑人，其中还有被称为"谱代相扑"②的人。

摄津的渡边党嵯峨源氏，在十一世纪之后也出过几位相扑人。如《尊卑分脉》③中所记载的渡边党谱系图中，有的名字旁边就有"相扑名人"的旁注。

接下来还可以举出萨摩国的大秦氏。康和二（一一〇〇）年，大秦元平因在相扑节上立功而被任命为郡司，此后代代担任相扑节相扑人，在承安四（一一七四）年最后的相扑节上，还能看到相扑人大秦元光的名字。

此外，野口指出，骏河的大宅氏、肥后的阿苏氏、尾张的小熊氏等也是相扑人之家。这些家族大约从十二世纪开始，由于相扑节相扑人辈出，建立起了与中央的联系，获得了郡司等的职位，或许相扑节相扑人成为他们在当地发展势力的一种手段了。

另外，这些武士在担任相扑节相扑人的时候，登录姓名时往往会变更姓氏。比如，如果是藤原姓的话则写作"藤井"，是源姓的话写作"县"，是伊福部氏则写作"服"。对此，野口推测，因为相扑人被视为地位低下者，或许是为了避讳藤原、源等贵姓，才会用异姓来表记自己的姓氏。这个观点应该是可信的。

担任相扑节相扑人的出身阶层，绝不仅限于上文提到的武士

---

① 这里的足利氏，并非产生后来开创室町幕府的足利尊氏的源姓足利氏。
② 谱代为系谱之意，指世代仕于主家。——译者注
③ 汇集了诸家系谱的系谱集。其原型十四世纪由洞院公定撰写而成，后有增补。

们,但是,随着时代的推移,可以看到这些"相扑之家"的人们不断得到重用的倾向。承安四年,久违的相扑节再次举办时,左近卫府给安房国发了一封文书,要求"督促旧贡相扑人①之子,同时甄选臂力强劲之人,新点白丁进贡"。一般认为"旧贡相扑人之子"占据了相扑人的重要部分,而实际上在出任这最后一次相扑节的相扑人当中,相当一部分是来自大方、伊福部、大秦、丰原等家族中相扑节相扑人辈出的"相扑之家"。在这里,可以看到相扑节相扑人的门第固定化的倾向。至于这种倾向缘何而起,我们会在后文中加以考察,在这里首先想要指出的是,这种门第固定化的倾向预示着相扑节相扑人的职业化。

在十二世纪的相扑节相扑人当中,常有年龄在五六十岁的高龄人,还有做了四十多年的资深相扑人。保留这些高龄相扑人不是为了参与"角力"这样激烈的格斗,而是要从他们身上学习高度样式化了的技艺。在初期的相扑节中,存在着诸如激烈打击技术的应酬,或用长长的指甲去抓对方的脸为特长等情景,但到相扑节的后期,已经形成了与初期相扑节完全不同的"相扑",并开始得到推广。构成"相扑"原意的诸国的各式"格斗",在相扑节的历史发展过程中经过淘汰洗练,逐步浓缩为了特定样式的技艺。在这一过程中,其作为格斗的激烈程度有所减少,但作为用于观赏的娱乐技艺却得到了洗练和升华。

可以说,这就是相扑节到达的终点。"相扑"形成了。

## 相扑节的绝迹

作为平安朝廷的例行活动而举行的相扑节,进入十二世纪以后逐渐地销声匿迹了。之前因为水旱灾害、疾病流行、彗星出现及其他怪异现象,或是显贵被疾病困扰、死去等也常有停办相扑节的情形,但是,从保安三(一一二二)年一直到保元三(一一五八)年的三十六年间,相扑节一直处于停办状态。在保元三年的相扑节以

---

① 所谓"旧贡",应该是指以前曾作为相扑人被召集过的人。与此相对照的"白丁",原意是指无官无位的良民男子,这里是指新的作为相扑人的选拔对象。

后,至承安四(一一七四)年的十六年间,也没有举办过相扑节。终于,在承安四年以后相扑节就绝迹了。

保安三年的相扑节以后,实际上在天养二(一一四五)年是应该安排有一次相扑节的。据说在这一年的三月三十日、四月一日两天,左右近卫府也各自安排了"相扑使定",预定在七月二十七日举行召合,但正好这一年彗星出现,朝廷以为不吉,于是在七月二十二日改元久安,在这样的舆情骚动中相扑节没有了下文。之后也没有再重新举办,直至保元三年。

保元三年的相扑节因为七月、八月均为"忌月",所以改在了六月末举行。据说是藤原通宪(信西)建议举办的。据《平治物语》①记载,信西入道云:"内宴相扑之节,现久绝之迹,诸歌管弦之游兴,当相机而行。九重之仪式,勿以昔为耻,万事之礼法,当遵照古昔。"从中我们可以窥见,"保元之乱"以后,在信西主导下展开的朝廷政治、文化的重构,即所谓的以"保元新制"为核心的"德政"=复古潮流中,统治阶层开始试图通过在兴办诸社祭礼活动的同时复兴朝廷仪式,相扑节再兴也被当作其中的一环。

这一年,从五月左右就开始商议催征相扑人一事,主要将左右的最手足利家纲、高羽助恒等谱代的"相扑之家"出身的相扑人召集起来,于六月二十七日、二十八日两天分别举行了召合比赛十七场和拔出比赛三场。并且在七月四日,举办了款待相扑人的还飨。或许也有想以此为契机,将相扑节作为例行活动复兴的意图,然而第二年"平治之乱"爆发,在天下一片骚乱中,相扑节被再度湮没。

相扑节最后一次举办是在承安四(一一七四)年。这一年恢复旧制,于七月二十七、二十八日在紫宸殿举行了召合、拔出仪式。七月五日天皇下发召仰,谱代相扑人也被召集了起来,从二十五日至八月上旬,按照惯例程序举行了内取、召合、拔出、还飨等仪式。

这一年重新举办相扑节的契机虽不明确,但是从中可以发现末期相扑节的一个特点,除了作为相扑节举行的天览相扑之外,在相扑节的前后,也常常会依照与召合几乎同样的仪式程序,举行院(上皇)的相扑御览仪式。即便在相扑节中断的期间,院对相扑也

---

① 以"平治之乱"为题材的军记物语。成书于镰仓初期。

依然十分关心。比如仁安二(一一六七)年十月二十七日,后白河院在日吉社前观看了相扑表演,以对民间诸般艺能抱有强烈关心而闻名的这位上皇,似乎对相扑抱有浓厚的兴趣。在承安相扑节前后,后白河院也曾多次举行相扑御览仪式,由此可以认为,在举办相扑节的背后,或许是院的想召集相扑人的意向起到了一定作用。

后来的"摄关"九条(藤原)兼实在其日记《玉叶》[①]中,详细地记录了这一时期的仪式程序,对于因病未能到场观看的拔出,也特意向人打听后做了详细的记录。这是当时贵族们的习惯,他们希望通过在日记中仔细记录仪式程序,将应该遵循的先例传给后世的子孙。兼实或许也有将相扑节的仪式程序传给后世的意图,但不幸的是自那一年之后相扑节再也没有举办过。

并不是说相扑节就此而废止,朝廷完全不再举行相扑了。对比一下《明月记》[②]等当时的记录就会很容易地知道,在镰仓初期的朝廷周边仍时常举行相扑比赛,天皇、公家们都非常乐于去观赏。从中还可以看到诸如马场殿的相扑、御所内的相扑讲解,有"近日在二条泉,连连相扑"等记录。尽管相扑失去了相扑节这种形式,不再是伴随着飨宴、舞乐等的大规模的例行活动,但相扑本身依然在朝廷周边继续举行着。

这一时期负责管理朝廷相扑的是二条(藤原)定辅。关于这个人物,丰永聪美有篇论文,[③]其中提到了二条与相扑的关系。下面就以这篇文章为参考,对其做一些介绍。

二条定辅的祖上二条家是藤原摄关家的分支,定辅的父亲亲信从二条流的坊门家分出来另立门户,称为水无濑家。总之,定辅家只是中流贵族的末流分家。但是,定辅的父母十分擅长"今样"等艺能之道,是后白河院的近臣之一,定辅自己也精通琵琶等艺能,他完全是凭借这方面的才能得到重用,并且成为后鸟羽院的侧

① 也叫《玉海》。现存部分为长宽二～建仁三(一一六四～一二〇三)年间的内容。

② 著名歌人藤原定家的日记。除治承四～嘉祯元(一一八〇～一二三五)年间的内容已公开发行之外,近年从冷泉家又发现了新的部分。

③ 丰永聪美:《二条定辅考》,载《东京音乐大学研究纪要》十五,一九九一年。

近。这是一个被称为"从上皇(后鸟羽院)在世时起,就插手管领相扑之事宜,今又以遁世之身横行"的人物。

丰永注意到,在近世以后吉田司家的家传以及《翁草》①等随笔中,都记载着文治年间(一一八五~一一九〇)相扑节再兴、吉田家被指定为"行司之家"的传承等,他认为在该传承(其本身一定也有吉田司家的粉饰在里面)的背景中存在着这样的可能性,即在二条定辅的主导下,这一时期实际上也有过再兴相扑节的提案。后鸟羽天皇继位的寿水二(一一八三)年,定辅被任命为左近卫少将,丰永认为这一任命从定辅所属一门的晋升渠道来说是一个例外。近卫府处于相扑节运营的中枢位置,负责统筹管理相扑人,对此丰永推测,可能是通过在近卫府的任官,定辅才稳固了"管领相扑之事宜"的地位。

至少从现存史料中,还无法找到相扑节在文治年间实际上再兴的线索。但是,朝廷即便不是采取相扑节的形式,也依然一有机会便举办相扑活动,这一点是确切无疑的。丰永也举出了几个事例,表明定辅及其后继者作为"相扑奉行"参与了其中。

首先,定辅的三子兼辅拥有备后国内的领地,那块领地实际上是作为"桂宫相扑奉行"一职的附带利益而设定的。桂宫是位于京都六条北西洞院西的神社,从《拾芥抄》②中可以看到九月八日举行了"桂宫相扑"的记录。如果说兼辅的"桂宫相扑奉行"是从父亲定辅那儿继承来的,那么定辅这位"相扑管领"不仅负责朝廷的相扑,还涉及周边一部分寺院的相扑。只是,关于石清水八幡宫及其他的祭礼相扑,尚不能确认定辅一门是否参与,所以现在还无法推论其"管领"的地域范围及内容。此外,我们还知道定辅的嫡子亲定,也在建历二(一二一二)年十二月担任过西坊城相扑的"奉行"。

无论是兼辅还是亲定,都没有迹象表明其占据过近卫府的要职,撇开定辅不说,他的后继者们与相扑的关联似乎也不是出自与近卫府的关系。下一章将会介绍,建永二(一二〇七)年左近卫府

---

① 京都的町奉行与力神泽杜口,将古代至近世的传说、见闻以随笔形式写成的记录。成书于宽政三(一七九一)年。

② 编纂于中世的百科分类书。原型成书于永仁二(一二九四)年之前,现存部分一般认为是历应四(一三四一)年左右由洞院公贤改编的。

曾发出文书督促各国进贡相扑人,但这是最后一次,似乎在十三世纪初期以后,朝廷的相扑就由近卫府管领移交给了"相扑奉行"管辖。这意味着朝廷的相扑活动,更趋向于"临时小仪"化了。由近卫府派遣相扑使、各国国衙负责进贡相扑人的系统,到了十三世纪初期停止了运作,相扑不再像以往那样作为整个公家政权机构的活动来举行了。

至于其原因,可以举出很多。其中当然有在连年战乱和社会变动的背景下,督使各国进贡相扑节相扑人的系统难以维系的问题。此外,还有举办相扑节所需经费的调度问题。然而,比这些个别因素更为重要的是,欠缺克服障碍维持相扑节所需的努力。正如前面所提到的那样,九世纪末以后的相扑"召合",被认为是有别于作为恒例的重要"节会"的"临时小仪",可以依照事情变化,不必拘泥于按一定的日期来举行。对于相扑爱好者来说,这简直太索然无味了。平安后期的朝廷,并没有付出多大的努力把相扑节作为惯例活动维持下去。

到了十四世纪,即"建武新政"时期,为了把维持或者复兴的朝廷惯例、临时仪式程序记录下来,后醍醐天皇编撰了《建武年中行事》①一书,在这本书里面也没有提到相扑。由此表明相扑已经不再被认为是朝廷的正式活动了。

---

① 成书年代不详。与记录朝廷每天仪式程序的《日中行事》一道,同为阐述旧仪复兴的书。一般认为其内容有很多来自于《江家次第》。

## *专栏　相扑节相扑人点景

在跨越近世、近代的二百年间的大相扑演出的历史中,产生了从谷风、小野川到现代的曙等众多著名的力士。同样,在奈良、平安时代延续了四百年的相扑节的历史中,也涌现出了许多著名的相扑人,给后世留下了很多传说。在以《今昔物语集》《古今著闻集》为代表的从平安至镰仓时代的民间故事集中,有很多也记述了相扑人的故事。作为相扑节时代相扑人的代表,可以举出真发成村、海常世、萨摩氏长、私市宗平、三宅时弘、大井光远、真上胜冈、秦常正、日田永季、小熊惟远等人的名字。其中,萨摩氏长似乎在平安末期就已是传奇式的人物了。《新猿乐记》(十一世纪藤原明衡撰写的讽刺文学)中被设定为"著名相扑人"的"六君的丈夫"丹治筋男,据说其"母系即是萨摩氏长的曾孙"。在后来的《太平记》中,只要说到强力之士也会提到氏长(参照第四章)。另外,《七十一番歌合》(参照第五章)中"相扑取"的歌中,也提到了氏长的名字:"我的恋人啊,是萨摩氏长吗? 但愿也无人碰到,氏长那强力的手,但愿无人相遇。"

但是,对于现代的很多人来说,作为古代传说中的相扑人更为熟悉的不是氏长,而是传说与熊展开过相扑的"足柄山的金太郎"吧。金太郎后来跟随源赖光,作为"四天王"之一的坂田金时(公时),参与了消灭大江山酒吞童子的战役。据高桥昌明的推测,这里的金太郎的原型,应该是十一世纪初真实存在过的、擅长赛马的相扑使下毛野公时(高桥:《酒吞童子的诞生》,中公新书,一九九二年)。"相扑使"本身并不是参加相扑的人,而是调度相扑节相扑人的一个职务,也许是因为与相扑存在关联,所以才会在古代传说的形成中产生某些影响吧。

# 第三章  祭礼与相扑

## 寺社的相扑

　　每年七月在相扑节完事之后，相扑人也常常会留在京都，或是应邀参加贵族在私宅举办的相扑，或是参加奉纳给京都周边寺社的祭礼的相扑。根据平安末期的记录，八月有松尾大社、石清水八幡宫，九月有贺茂神社的祭礼等，京都周边这些大社的祭礼上都有相扑奉纳，而相扑节相扑人参加这些相扑是很常见的事。正是因为有相扑节相扑人的存在，才会有这些相扑活动的举办。

　　最能证明这一点的，是石清水八幡宫的相扑。前面引用过的源师时的日记《长秋记》，在保元元（一一五六）年八月十五日的这一条目中，记载了石清水八幡宫的放生会，其中有如下一节内容。

　　　　接下来是十七场相扑。厅头忠清曰，有节会时最手以下皆参加。没有节会时发放府牒①召在国相扑人前来。然而，由于已故上皇认为没有节会时不应召集相扑，其后便不再有相扑人前来。这是府之极重要大事。故在没有节会时，相扑之事可否交由寺家来办呢。云云。（原文是和式汉文）

　　石清水八幡宫的放生会相扑，原则上是由进京参加相扑节的

---

　　①　府牒是近卫府的牒。牒是文书样式的一种，是对等的或是上下级关系并不明确的官府机构间沟通时使用的文书。在这里应该指的是近卫府向各个国衙发出的要求"在国相扑人"进京的文书。

相扑人继续留京参加,如果当年没有相扑节,那么就会召集"在国相扑人"来举行。这就意味着参加石清水八幡宫放生会的相扑人,是由统辖相扑节相扑人的左右近卫府来征调的。但是,不举行相扑节的时候召集"在国相扑人"之事由于已被白河上皇明令禁止,即便像从前那样去请求近卫府提供相扑人其也很难完成任务,所以才有了在不举行相扑节时候的相扑人调度,是否应由祭礼主体的"寺家"①来负责进行的提议。

这里所说的"在国相扑人",从上面的经纬中也可以推测出,就是由左右近卫府召集的相扑人,很可能是在举办相扑节时预定要从各国召集的相扑人们。如前文所提到过的那样,在相扑节相扑人中,有的能力卓越者会被任命为左右近卫府的番长,而"在国相扑人"一词,则是指除这些人以外的平时在各自国内的相扑人。可以推测,在相扑节被当作每年例行的活动来举办的时期,原则上"在国相扑人"每年都要被召集进京,即便是相扑节因为某些事偶然停办的时候,他们也会被召集上京参加寺社的祭礼的相扑。但是,一旦相扑节本身都不举办了,那么"在国相扑人"进京参加相扑节也就成了例外,没有相扑节却还要为了寺社的相扑表演特意上京就可能会招人厌烦,根据上面记事的背景我们完全可以这样设想。在这样的情势下,"在国相扑人"又走过了怎样的道路呢?稍后再做进一步叙述。

实际上,看一看石清水放生会②的相扑实例,就可以知道在《小右记》的记事中有万寿四(一〇二七)年的放生会时,收到了"石清水放生会相扑人十人交名"(名单),其中就有"最手胜冈"的名字,这个"胜冈"正是当时任相扑节相扑人最手一职的真上胜冈。由此可知,放生会相扑是由相扑节相扑人来担任的。

此外,在相扑节绝迹后的建永二(一二〇七)年六月二十八日,左近卫府向纪伊、和泉、河内、摄津、播磨、伊贺、近江、若狭各国发出文书,要求进贡相扑人。这些文书要求或让"旧贡相扑人"上京,或是甄选"新点白丁",以使他们参加八月的石清水宫放生会以及

---

① 石清水八幡宫是神社,应称为"社家"而不是"寺家",但在这里作为一般说法来理解即可。

② 放生会上举行相扑在史料上有明确记载的,这一年是第一次。

北野宫御会的相扑。这里列举的"旧贡"相扑人中,也出现了曾在承安四(一一七四)年相扑节中登场的相扑人的名字。由此可知,即便到了这个阶段,相扑比赛的策划者仍然是沿用过去相扑节相扑人的方法来确保相扑人的。这让人觉得,石清水八幡宫放生会(以及北野宫御会)的相扑,原本就是以相扑节为前提才得以成立的。

这一点从相扑会的内容也能看得出来。如果参考从历代记录类文献中将石清水八幡宫的临时祭祀及放生会相关记事拔萃而成的《临放记》①,或者其他记录来看石清水八幡宫的放生会,不难窥见,将比赛场次设定为定例的十七场,还有奏乐等仪式,均是模仿了相扑节的仪式程序。而且,石清水宫放生会的相扑记录,虽有断续,但可以追溯到十四世纪末。本来,按照相扑节的基准来征召相扑人这一体系,在相扑节绝迹之后是不可能长期维持的,正如本章开头的史料所显示的那样,后来逐渐演变成由各寺社负责相扑人的征调。关于在这里新产生的相扑人征调的体系,我们将在稍后进行叙述。

京都贺茂神社的祭礼相扑,与相扑节之间的关系也十分紧密。天永二(一一一一)年八月二十二日,在举行"拔出"相扑的第二天,《长秋记》的作者源师时率领相扑人参拜了贺茂神社,并让相扑人献上了他们的相扑表演。另外,在同年九月九日的贺茂祭上,相扑节相扑人也奉上了"相扑十场",之后作为"胜负舞"演奏了"龙王"、"纳苏利"等舞乐。这些都是相扑节上的演奏曲目(参照第二章),看来贺茂祭的相扑也是按照相扑节的仪式程序来进行的。

总之,在平安后期这些有史实可考的京都周边大社的祭礼上的奉纳相扑,都是以相扑节(与神事分离的,已演变成武艺大会的相扑节)为前提,将其奉纳于祭礼的。用本书的用语来说,其已经不是"相扑神事",而是"奉纳相扑"。因此,认为这些寺社的相扑汲

---

① 藤原正稳编。成书年代不详。《临放记》的"临"指的是石清水临时祭,"放"指的是"放生会"。该书由"石清水八幡宫临时祭部类记"(从天庆五～应仁元〈九四二～一四六七〉年的各种记录中,将石清水临时祭相关的记事拔萃而成)和"石清水放生会部类录"(从养老四～明应七〈七二〇～一四九八〉年的各种记录中,将石清水放生会相关的记事拔萃而成)构成。

取了相扑节产生之前相扑神事的源流的主张,是很难成立的。

关于这一点,地方神社的奉纳相扑在一定程度上也可以说是如此。大和国的春日若宫神社以及常陆鹿岛神社、信浓诹访神社、丰前宇佐八幡宫、相模鹤冈八幡宫等,在各个神社的祭礼上奉纳的相扑仪式,或多或少地都包含了相扑节仪式的要素。

春日若宫祭在保延二(一一三六)年伴随着各种艺能的奉纳拉开了帷幕,第二年又加入了相扑等,据说诸般技艺争奇斗艳,显示出艺能祭的旨趣,场面极其盛大。关于春日若宫祭礼上的相扑,于近世编纂的《古今相扑大全》中介绍说,作为"古代朝廷相扑节的遗意",在相扑之后又演奏了"拔头"及其他舞乐。该书虽然不能说是优质的史料,但书中的记录还是能够说明一些问题的。关于鹿岛神社的祭礼相扑,据说过后留下了"部领使"①一词。另外,根据《诹访大明神绘词》的记载,诹访神社的祭礼相扑在四月十五日、五月六日、七月二十九日共举办三次,是向本国内各乡各地征召相扑人举办的,似乎还保留着"占手"等古代风俗。关于鹤冈八幡宫的相扑,后文还会提及,这里的相扑在正式比赛之前还举行过"内取"。这些奉纳相扑,除了起源明确的春日若宫祭之外,从史料上来看都不能追溯到平安末期之前,因此,可以认定这些相扑都是模仿了相扑节的样式而成立的。

总的来说,十二世纪以后,作为寺社祭礼的一种新的形态,都把田乐等艺能放在了中心位置而不再看重神事本身,这一倾向随后扩展到了各地。②春日若宫祭就是其中的一个典型代表,可以说为各项艺能的发展提供了一个平台。笔者以为,相扑应该也和田乐一样,是作为妆点祭礼的艺能之一在这个时期被采用,从而在各地的寺社举行的。

不过,从参加这些相扑的相扑人来看,地方寺社举行相扑时,当然不会是由相扑节相扑人直接来承担的。而像诹访神社那样,从本国内各乡各地征召相扑人的这种体系,在中世并不少见,如丰前宇佐宫、出云杵筑社以及大和兴福寺、法隆寺等都采用了这样的

---

① 接收相扑人的使节。——译者注

② 植木行宣:《田乐之村》,载艺能史研究会编《日本艺能史2 古代～中世》,法政大学出版局,一九八二年。

办法。为了探寻这种体系的起源，或为了明确寺社奉纳相扑的起源与相扑节之间的关系，都有必要先对担任地方寺社相扑的相扑人进行一些考察。

这里首先要关注的是，在描述石清水放生会相扑时所提到的"在国相扑人"。"在国相扑人"，是指举办相扑节时预定上京参加相扑的地方相扑人。这些"在国相扑人"之所以待在各自的国内，很可能与各国以"一宫"①为中心的国内支配体制有关。野口实着眼于因幡伊福部氏那样的一宫社家也曾经担任过相扑人的事例，试图由此说明诸国一宫的"本来的性格"，就是"在厅官人阶层的意志结集的场所"。他认为，"纳入一宫的头役和神事、仪式侍奉体系，与对国司馆的值岗、参勤一样，是组织'国之兵们'的有效方法"，进而推测，将国内的武士作为相扑人组织起来，在当时也可能被当成是通过一宫祭礼的相扑表演形成军事编制的一个契机。②

实际上，作为出云国的一宫的杵筑大社（出云大社），每逢迁宫神事③时，都会要求各乡献上"赛马五场、骑射五场、相扑十场"。在由国衙主导建立的这种神事赋课体制之下，以一宫为代表的地方大寺社的相扑人通过"在国相扑人"的方式组建起来，其作为供给相扑节相扑人的体制也发挥了一定的作用。石井进认为，各国一宫的神事服役体制形成于十一世纪末以前，④十二世纪的许多相扑节的相扑人来自特定的"相扑之家"，与此有着密切的关系。以诹访神社为首的各地方寺社向各乡课征相扑役、征调相扑人的体系，或许是模仿了由国衙征调"在国相扑人"的体系而成立的。

那么，这种相扑人征调体系在相扑节绝迹之后，又经历了怎样的历程呢？下面，将就这一点展开叙述。

---

① 诸国最高规格的神社。——译者注

② 前引野口《相扑人与武士》。

③ 在重建神殿时移出神体的仪式。——译者注

④ 石井进《镰仓武士的实像》（平凡社，一九八七年）中第一章"中世成立期的军制"。所谓"国之兵"，是指十一～十二世纪时，通过参加一宫神事等而被逐渐组织到国司之下的地方豪族们。

# 相扑人其后

如前章所述,朝廷对相扑节相扑人给予了免除其在本国课役的特权,并在往返京城途中提供便利,与此同时还为其开辟了一条仕途捷径,初期出任近卫番长,后期被任命为郡司,总之,作为相扑节相扑人供职后会获得各种各样对等的报酬。给予免于征税的田地①也是其中之一。《保元三年记》②记载,保元三(一一五八)年,在时隔三十六年再度举行相扑节的时候,近卫府要求各国给予相扑人一定面积的免税田地(最手为八十町,胁为四十町)。在传达这一要求的文书中,不仅给出了给予免税田地的具体先例,还称这样的例子"不胜枚举"。从中可以看出,给予免税田地作为相扑节相扑人的待遇来说是相当平常的。③

有了这些特权的庇护,也就出现了相扑人"横行作恶"的现象,并屡屡成为社会问题,朝廷曾下令要求惩处作恶的相扑人。另外,围绕这些待遇的诉讼也时有发生。此外,历代相扑节相扑人辈出的"相扑之家"的人们,还会通过不断累积作为相扑人的功绩,加深与院等中央权贵的联系,获得郡司等职位。从上述这些情形也可以看出,朝廷给予的这些特权对相扑人来说是重要的待遇,毫无疑问也是他们势力发展的契机。担任相扑节相扑人,是一件可以使他们获得重要酬劳以维持社会生活的事情。那么,十二世纪末期相扑节的最后绝迹,给他们带来了什么样的影响呢? 相扑节相扑人又走向了何处呢?

首先可以设想的路线,是他们中的一部分人可能成了镰仓幕府的御家人,得到了新的保障权益的后盾支持,逐步确立起了武士的身份。根据前章介绍过的野口实的研究,院政时期相扑人辈出的"相扑之家"的大多数,都是地方上有势力的在地领主阶层,镰仓

---

① 指定田地收益中的一部分免于上交国家,作为报酬给予个人。

② 《伏见官记录》中作者不详的日记。由于只有保元三年的记录保存了下来,所以被称为《保元三年记》。

③ 《新猿乐记》(参见第二章后面的专栏)中登场的"著名相扑人",也是"蒙最手的宣旨,赐八十町的免田"。

幕府成立后作为御家人被组织起来的不在少数。相扑力量强大经常被列为"勇武"的条件之一，畠山重忠，朝比奈义秀，武藏缀党的太郎、五郎兄弟等武士，据传就是著名的相扑达人。前文提到的因幡伊福部氏一族的长田广经，作为汲取相扑节相扑人源流之人，归属于源赖朝的麾下成了御家人，他的儿子也有说是孙子的广雅，曾经作为"谱代相扑"①被邀请至将军宗尊亲王处，为上览相扑担任过判断胜负的职位。

另一条可以设想的路线，是成为职业相扑人，与寺社等建立起联系。在本章开头介绍过，当石清水放生会举行相扑的时候，由于国衙召集"在国相扑人"被禁，所以有人提议由寺社来负责相扑人的征调。以相扑节相扑人的存在为前提而成立的京都周边其他寺社的奉纳相扑，情况也基本类似。为了应对这样的事态，寺社方面作为施策采取的方法之一，是从邻近领地的各乡、各村作为课役征发相扑人，贺茂神社的相扑就是一个实例，自中世以后其就是从邻近的乡村征发相扑人来举办相扑的。

为此，其采用了一个方法，便是雇用专业的相扑人，从这里产生了对拥有专业职能的相扑人的需求。现在还没有证据能够直接证明，在京都周边有通过这样的方法将相扑人雇用到寺社的，但诚如后文所述，镰仓时代就有过被称为"京相扑"的相扑人集团受雇下到地方，为寺社祭礼的相扑效力的事例。关于这一点，我们会在第五章进行详细的叙述。总之，可以设想，在京都周边，寺社祭礼的相扑就是这些相扑人集团的市场。而且，为了满足这些市场的需求而形成相扑人集团，应该是相扑节相扑人所走的"另一条路线"吧。

在国衙的主导下被集结起来的"在国相扑人"，从十三世纪以后就不再出现了。原因之一当然是因为相扑节的绝迹，维持相扑人征调体系的国家推动力已不复存在。另一方面，也受到了因镰仓幕府的成立，以国衙——宫为集结场所的"国之兵"体制被重新改编为御家人体制的影响。总之，原先由"在国相扑人"效力的诸国一宫等地方寺社的相扑，也是以向邻近乡村课赋相扑役和雇用

相扑的历史

---

① 意思是代代传承相扑技艺的人。

专业相扑人这两种方法，或者是以两者折中的形式，来应对"在国相扑人"体制的变质和崩溃这一新形势的。

首先，关于课赋相扑役这种形态，可以看几个颇有意味的例子。

在宇佐八幡宫的放生会上举行奉纳相扑的时候，向邻近庄园摊派了相扑人的名额，情形大致就是臼杵庄五人、富田庄两人……同样是宇佐八幡宫，在万灯会上举行相扑时，从日向国征发了相扑人二十七人。[①] 关于这个宇佐八幡宫放生会的相扑，传说自古以来都是由隼人族担任的。前文中已经述及，南九州的隼人族在朝廷中供职，担任卫士等职务，还时常在天皇面前表演相扑，这也可以说是相扑节的源流之一。中世承担万灯会相扑役的日向国，自古以来就是隼人族居住的地域，或许中世宇佐宫的相扑役是继承了这种"相扑节的源流"，也继承了相扑节相扑人的进贡体系，进而又对"在国相扑人"的集结场所进行改造，将相扑役的课赋对象从"国之兵"转向了庄、乡后形成的。另外，围绕宇佐宫相扑与隼人族之间的关系的传说，可能还与宇佐八幡宫的政治地位存在关联。

另外，在十三世纪前半期，出云杵筑大社（出云大社）举行迁宫神事时的左右相扑头役[②]，是与舞头一起作为"国中地头役"而向地头[③]课征的，这种形态无疑是直接地继承了"国之兵"的体系。派出在相扑头的带领之下参与相扑的相扑人，这个差事又是向国中各乡课征的，这不正是反映了过去的"国之兵"的赋役负担，被转嫁到各乡过程中的一种过渡形态吗？

这种由各乡各村负担赋役的形态，是整个中世各地方寺社普遍采用的征调相扑人的方法，不过，相扑人的专业化的浪潮很快也会波及这里。正如后文所述，最初靠乡民担任相扑人来完成的"赋役"负担，后来转化成了缴纳钱币的形式，因此，雇用专业相扑人的现象变得越来越常见了。除了镰仓鹤冈八幡宫可能雇有专业的相扑人之外，还有出云杵筑大社也采用了用各乡上缴的钱来雇用"社

---

① 引自建久八（一一九七）年左右成书的《宇佐神领大镜》。

② 头役是具体负责实施神事艺能的职位。

③ 镰仓、室町幕府时代的官名，主要负责在地方管理土地、征收租税、行使警察权等。——译者注

相扑”的形式。这些相扑人当中应该也有过去“在国相扑人”的后人吧。在寺社祭礼上出演奉纳相扑，对于中世的相扑人们来说，开始具有了使他们可以以相扑为职业的最重要场所的意义。

# 村落的相扑

下面，我们来看一下小规模的寺社。

镰仓时代以后，在纪伊国、纪之川流域的隅田庄（现在的和歌山县桥本市隅田）周边不断扩充势力的中小在地领主们，以藤原姓隅田氏为中心（也包括其他异姓氏）组成了被称为隅田党的武士团。他们通过参加庄内的隅田八幡宫的祭祀，具体来说就是作为“巡役”来分担祭祀相关的各种“头役”，以此展示并重新确认“一党”的共同性与团结。八幡宫的祭祀有很多内容，在一份列举了八月十五日举行的放生会头役的文书中，与“猿乐头”、“田乐头”并列的还有“相扑头”。在放生会上，除了猿乐、田乐、相扑以外，还举行了剑舞和流镝马，参加剑舞的每个舞童的名字和每一场流镝马的奉纳者都被一一记载了下来，但相扑以及田乐、猿乐却只有“头”的名字。

这种记载内容的差异，大概也体现了艺能奉纳形态的差异吧。剑舞和流镝马是由隅田党的成员自己来奉纳的，而相扑和田乐、猿乐则仅仅是一党的成员轮流做“头”来承担起奉纳的责任，也就是说，他们担当了从一党的外部聘请专业演艺人的角色。

同样位于纪之川流域的粉河寺，在六月会上也有奉纳相扑，其“头役”原来一直是由该寺领地内的各村担任的，但在十四世纪，围绕“相扑头役”的指派，东村与荒见村之间发生了争执。不过，争执的内容是两村的边界问题，即围绕着位于两村边界上的土地，究竟该由哪个村来“指派头役”，也就是说争论的焦点是究竟哪个村庄有权要求那片边界上的土地，去分担伴随着“头役”负担而来的支出。从这里也能推测出，“相扑头役”的职能是在负担费用的基础上召集相扑人，全权负责相扑奉纳。无须赘言，这种形式的“相扑头役”（田乐、猿乐也是一样）若要成立，被雇用来从事奉纳相扑的专业相扑人的存在是必备的条件。

对于承袭了相扑节相扑人源流的专业相扑人来说，祭礼相扑无疑也是重要的市场。但随着时代的推移，到了近世，以这种形式举办的祭礼相扑却促成了职业相扑团体的出现，最后演变成了商业演出的形式。相扑节的各种要素，很可能历经这样的历史演变，被很久以后的近世营利劝进相扑继承了下来。作为总论而言，这种可能性是不能一概予以否定的。

当然，村落寺社的祭礼相扑还存在另外一种可能，即在担当"巡役"的头役的率领下，由村民们来进行奉纳相扑。寺社的祭礼相扑由非职业相扑人的一般人来担任的事例，尤其在村社这一级的祭礼上绝非少见。下面我们就举一些实例。

十五世纪前半期，在京都近郊镇守山城国伏见乡（现在的京都市伏见区）的御香宫，伴随着每年九月一日至十日的秋季祭礼，在其中的一日和九日举行奉纳相扑已成为惯例。当时伏见宫贞成亲王居住在这个地方，他写的《看闻日记》①中经常会记录当时相扑的样子。根据日记记载，御香宫的相扑中聚集了"京边近乡之辈"，有时会彻夜进行数十场甚至上百场相扑比赛。对于当地的人们来说，这是晚秋极为重要的娱乐。

在御香宫祭礼上进行相扑的人当中，虽然也有"京相扑"这种专业气息浓厚的相扑人，但也有被称为"芹河土民"、"地下人"等的邻近村民，以及贞成亲王的近身护卫御所武士等，非专业的相扑人也不在少数。在这里，包括聚集而来的人们的"临时参加"，各种各样的人聚在一起举行相扑比赛。从农活当中解放出来的人们，将各自的心情以相扑的形式宣泄出来。或许是因为这种兴奋，据说相扑比赛中经常发生冲突事件，以致贞成亲王在观赏时也不得不对此有所忌讳。

虽说是奉纳于祭礼的相扑，其与神事的分离自不必说，与对被祭祀神灵的相扑奉纳也有区别，显示出人们为自己而相扑的姿态。虽然没有史料能够直接说明御香宫的祭礼相扑是如何运营的，但大致可以认为，御香宫本身是伏见乡各村共同维系的一个神社，祭

---

① 也称作《看闻御记》。作者贞成亲王是后花园天皇的父亲。现存应永二十三～文安五（一四一六～一四四八）年间的部分。

礼本身以及祭礼时举行的相扑,都是以各村为主体的活动。

另外,这个祭礼上奉纳的猿乐,"乐头职"由伏见乡领主伏见宫家担任。像矢田猿乐、榎并猿乐等,已经由在京都周边逐步确立起声望的专业艺人担任"乐头",从事猿乐的奉纳。但是在相扑中,却既看不到伏见宫家参与的迹象,也看不到专职人员长久供职的痕迹。御香宫的祭礼相扑,虽说是随着祭礼的举办而举行的,但实质上却带有"农事结束"的意思,是由邻近乡村人们自己进行的,是人们自己的自娱自乐的活动。

以寺社为舞台,但实质上却是作为人们的娱乐项目而举办的相扑,作为其早期的先例,我们可以列举出镰仓中期越前国丹生郡丝生村(现在的福井县福井市)大谷寺的相扑。文永七(一二七〇)年,该寺发出了禁止举行"七月十四日夜相扑"的禁令。按禁令的说法,该相扑既非佛事亦非神事,人群聚集一处,动辄会因小事发生争吵或利器伤人事件。而且,举办这样的相扑只会加重寺院的财政负担,所以责令今后停止。在七月中旬举行的这个相扑,正是人们在准备收获的后半年农忙时期到来之前的绝佳娱乐。

就这样,在寺社的祭礼上奉纳的相扑,逐渐带上了浓厚的集会人自娱自乐的性格,使其与本来的祭礼神事之间联系的必然性逐渐趋于淡化。这让人觉得,一方面相扑有可能作为一项独立的活动而成立,另一方面其与祭礼本身的脱离神事化,即向不是为了神佛而是为了人们自身的娱乐场所变化这一现象之间存在关联。

从相扑作为一项独立活动而成立的可能性所发展出来的,是以隐岐岛的"夜相扑"为代表的,现在依然在各地举行的村落间的对抗相扑,以及没有采用例行活动的形式,而是作为偶发性的纯娱乐活动来举行的相扑。形成从中世到近世屡屡成为禁止对象的"街头相扑"(参照第五章后面的专栏)的场所,即由城市各个街道不特定人群聚集起来形成偶发性相扑场所的这种形态,或许可以说是这种相扑发展的一个姿态。

另一方面作为方向性的祭礼本身的变化,实际上也与作为祭礼主体的村落共同体的构造和起源的问题相关。正如前面提到的那样,全国各地现在仍然保留着的大部分祭礼相扑,都没有能追溯到中世之前的确切记录。这与村落共同体的形成密切相关。也就

相
扑
的
历
史

是说,本应成为那些相扑活动主体的、从近世延续至近代的村落共同体,很多场合都是在中世后期以后成立的。关于近世村落的成立过程,虽然在这里无法详细叙述,但可以笼统地概括如下。

从中世后期到近世社会成立的这一过程中,在以领主—百姓关系为基轴的身份制社会构造的基础上,一方面,作为幕藩体制渐次得以确立,并逐步形成了集结领主阶层的国家机构;与此相对应,另一方面,村落的自律性组织也得到了发展。这些组织,并不仅仅是由内在性的原因形成的,也依靠外部因素的维持。即这些组织作为近世国家的构成要素,需要承担一定的社会职责,并被牢牢地固定在国家体制中。作为维持村落共同体结合的向心点,由共同体维持运营的村内神社及其祭礼就有了重要的意义。在这些村社中,有些是有着较为古老的起源和由来的神社被重新定位转化而来的,但更多的是随着村落共同体的形成,通过劝请①村外的神社等办法新创建的,祭礼以及其他的活动,也有许多是在这个过程中被引入的或是新创造出来的。这些活动被纳入村落的农事日历、生活日历中,发挥了维持共同体乃至近世社会的功能的作用。与其将它们称为神的祭礼,不如说是为了共同体成员自身的人的祭礼。

近世村落祭礼上的相扑,大多是这样开始的。大多数情况下,在秋天收获祭时举行的相扑不是神事,而是有着浓厚娱乐色彩的活动。这种相扑并不是在村落的祭祀活动中产生的,在其开始出现的时候,"相扑"已经以特定的形式存在于社会,专业的相扑人也已经开展活动了。村落的相扑就是在不断导入这种既存模式,有时也允许专业相扑人介入的情况下,逐步走向完善的。

当然,并不能否认有些村落相扑是有其原型存在的。如伊予大三岛的大山祇神社的"一人相扑"所代表的那样,对于那些保留了特殊形态的活动,或许应该设想其有别的,或许还是较为古老的起源吧。这些说到底也只是例外的现象,我们认为分布更为广泛的、采用了普通形态的村落相扑活动,还是经历了前文所述的历程而成立的。

---

① 将神佛之灵移来加以祭祀。——译者注

# *专栏　相扑钱

在中世后期的奈良史料中,"相扑钱"(或是"相舞钱","相舞"与"相扑"同音)一词随处可见。和歌森太郎曾将相扑钱解释为"对在神社前举行的相扑演出的课税",但这种理解是错误的。实际上"相扑钱"是效法相扑役分派的基准向各乡课征的税钱。这可以从奈良首次征收"相扑钱"的记录中窥见一斑。

> 兹向奈良中南北乡征收费用。按照祈雨相扑的场数,每一场一百疋,共计一百二十贯。出相扑一场的乡为一百疋,相扑两场的乡为二百疋,半场的乡为五十疋,按照应出的相扑场数出钱。指示完毕。(原文为和式汉文。以下同)

这是《大乘院寺社杂事记》文明四(一四七二)年十一月十四日的记事。中世社会频发旱灾,每逢旱灾来袭,兴福寺就会举行祈雨法会,奉纳"祈雨相扑"。《大乘院寺社杂事记》康正三(一四五七)年七月二十九日的记录中,提到"南北乡人的相扑,于马场举行。立愿祈雨。共一百二十场"。同书文明十七(一四八五)年七月二十四日的记事中,也记录有实际举行了一百二十场相扑的程序。由此可以看出,兴福寺的"祈雨相扑",奉纳一百二十场是一种惯例。这一百二十场相扑,是作为摊派给兴福寺所辖区域的奈良近郊各乡的课役来征收的,各乡都得派出相扑人。各乡应派的相扑人人数是固定的,取决于各乡的财力(规模和生产力),各个乡被称为"相扑一场乡"(应出相扑人两名)、"相扑半场乡"(应出相扑人一名)等等。刚才在引文中提到的"相扑钱"课税,是"每一场一百疋(一贯)",合计"一百二十贯"等,就是与此相对应的。

"相扑钱"课税是利用这种"相扑几场乡"的分摊基准,按照各乡的实力来征收相应份额的税钱。实际上,明应年间(一四九二～一五〇一)也有过为了猿乐酬劳而征收"相扑钱"的事例,不过,这似乎与相扑本身没有什么关系。

# 第四章　武家与相扑

## 镰仓幕府将军的上览相扑

在历来的"相扑史年表"类书籍中,很多时候都把中世归类为"武家相扑的时代"。不用说,这反映了在一般史的领域中,中世一直都被当作是以武士为主人公的动乱时代。由于围绕武士们的记录被视为是这个时代的主要记录,所以关于武士相扑的记录也就广为人知了。

当然,中世并不单纯只是"武家的时代"。在近年的研究中,京都朝廷所起的作用也开始受到人们的重视,更为重要的是,这个时代也是一个民间社会的构造发生很大转变,与现代有关的"日本文化"的诸多要素孕育萌芽的时代。毫无疑问,相扑也是其中的要素之一。

不过,既然武士们作为时代新的旗手登场了,那么在考察这个时代的相扑的时候,其与武士之间的关系自然就不能轻视。更何况,如果作为十二世纪相扑节承担主力的相扑人大多数都是武士的话,那么中世相扑史的叙述,就必须从考察武士与相扑的关系开始。这里首先需要关注的,是《吾妻镜》①中经常出现的与相扑相关的记录。

传闻镰仓幕府的创始人源赖朝很喜欢相扑,经常召武士、相扑人举行比赛供其观赏。《吾妻镜》中能看到很多诸如在鹤冈八幡

---

① 记述治承四(一一八〇)年至文永三(一二六六)年之间的镰仓幕府历史的书。是以幕府周边的各种史料和御家人家族中传承下来的文书为基础,在幕府的主导下于镰仓后期所编纂的。

宫、三崎社和热田社等神社的祭礼（放生会等）上奉纳相扑的记录，有时候源赖朝也会亲临观看。此外，也有不少关于在幕府御所等处举行的上览相扑的记录。

鹤冈八幡宫等的祭礼相扑，很多情况下都是与赛马、流镝马一起作为一整套流程举行的。十一世纪末以降，这样的组合成为在各国国衙的主导下，向国内各乡课以赋役而举办的一宫神事的核心组合。以鹤冈八幡宫为舞台，由源赖朝来主导作为国内武士集结契机的这样的神事，或许是掌握着关东各国国衙指挥权的源赖朝对武士行使指挥权的一种表现。源赖朝死后，他的后继者们也经常亲临观看鹤冈八幡宫的祭礼相扑。虽说大多数相扑人都是关东各国的武士，但也有值得注意的例外（后文叙述）。

在这些祭礼之外，源赖朝也会召集武士进行相扑比赛。在《吾妻镜》中，可以看到源赖朝前往三浦义澄新造的宅邸，让义澄的儿子义村等人表演相扑，或在佐贺海滨观看和田常盛、朝比奈义秀等人的相扑比赛等趣闻。

赖朝的后继者们也和赖朝一样，经常召武士们相扑，以此取乐。三代将军源实朝、四代将军九条赖经等人，也经常在御所观看武士的相扑比赛。另外，御家人在自家接受将军访问时，作为余兴也会让一族郎党①表演相扑。

以上，根据镰仓前期最为完整的记录史料《吾妻镜》中的记录，介绍了源赖朝等镰仓幕府将军们的上览相扑的例子，除此以外，文学作品中也有描写镰仓将军上览相扑情形的内容。比如，在曾我十郎、五郎兄弟复仇故事的《曾我物语》②的开头部分，就可以看到源赖朝观看相扑的情形：源赖朝被流放到伊豆的时候，周围的武士们为了排解他的郁闷而策划了围猎，并作为宴会的余兴表演了相扑。

宴会进入高潮，借着酒劲，也不知是谁提议让年轻人比赛相扑博众人一乐。自认为身强力壮的武士一一上前，柳下小六郎连赢六场，竹下孙八连赢九场。就在此时，一位名为俣野五郎景九的武

---

① 同族和从者等家臣们的总称。——译者注

② 描写曾我十郎祐成和五郎时致兄弟两人复仇的故事。故事以箱根一带修验者的传说为基础，成书于镰仓末期至南北朝时期。

士出场了，连赢三十一场。这位俣野曾上京任大番一职，积累了相扑的经验，三年中一次都不曾失手，是有日本第一名号的相扑高手。就在大家觉得无人能敌俣野的时候，这次狩猎的主办者伊东佑亲的嫡男河津三郎祐泰出场了。河津虽然没有相扑的经验，但是力大无穷，他抓起俣野的双腕一拧，使其膝盖着了地。俣野借口说"绊到了树根"，要求"再来一场"，但是这次又被河津单手举起，重重地扔在了地上。在相扑比赛中名声大噪的河津，就在这次狩猎的回程途中，却被与伊东氏素来有领地之争的同族工藤氏的手下杀害了。这件事后来发展成为河津的儿子曾我兄弟的复仇（另外，河津与俣野相扑的事情经常会被人误解，但其与曾我兄弟的复仇故事的主题并没有直接的关系）。

比赛中，不懂相扑技巧的河津用他的力量带来了惊人的结果，但是故事中却处处流露出"相扑并不是由力量来决定的，只要技巧精湛同样能够战胜力量超群的对手"的意识。正如故事中所讲，河津站在俣野面前，感觉俣野"不像传说的那么有力量"，被誉为"日本第一"的俣野的相扑，与"力大无穷却没有相扑技巧"的河津的相扑形成了鲜明对照。也许俣野的相扑，正是在相扑节的历史中由"格斗本身"洗练、特化而成，盛行于京都周边的格斗竞技。

另外，《古今著闻集》中记载的关于畠山重忠的力大无穷的传闻也与此类似。畠山奉源赖朝之命，与关东八国排名第一的相扑高手长居比赛，最终畠山依靠力量打碎了长居的肩胛骨。从中可以看出，与武士们在战场上的对阵相联系的所谓"格斗本身"，与洗练、特化后的作为格斗竞技的"相扑"之间，已经产生了不容忽视的差别。河津、畠山的强大力量属于前者，是以打倒对手、消灭其战斗力为目的的，而俣野、长居的相扑属于后者，是以相扑节为舞台而形成的、在一定程度上整备并双方知晓的规则下以区分胜负为目的而进行的比赛。两者的技术并非完全是两回事，有互相应用的可能，但是相扑作为样式化的技艺，它所需要的最大的正式舞台是相扑节，到了相扑节绝迹的时代，武士们的相扑发生了质的变化也就在所难免了。后文即将提到的"近年，相扑等武艺荒废"的北条时赖的叹息，大概就是发生在这样的背景下吧。

在以往的"相扑史"的记述中，言及中世，都会以《吾妻镜》的内容为主要材料来说明镰仓初期"武家相扑的盛行"。而《吾妻镜》仅仅记述到文永三（一二六六）年为止，关于此后的情形，因为没有其他成型的史书，也由于通览相扑相关史料不是一件易事，所以就借用北条时赖的叹息等为材料，来讲述中世即"相扑的停滞期"。这是以往相扑史既定的叙述形式。

然而，即便承认作为武士们"武艺"的相扑荒废了，单凭这一点就直接来论说"中世相扑"的整体停滞也是不恰当的。正如前一章提到的，寺社的祭礼相扑不是战场对阵那样的"格斗"，人们仍然需要从相扑节延续下来的样式化的技艺，亦即作为艺能的"相扑"，而满足这些需求的专业相扑人就是从相扑节相扑人中分化出来的。关于其经纬，前一章虽然已经有所涉及，但更多的内容还有待后面叙述。

# 作为技艺的相扑

在中世，如果说奉纳于祭礼、供人观赏的作为艺能的相扑，已经从武士相扑中分离出来了，那么，它一定也会在镰仓幕府周边的相扑形态中留下某种痕迹。

首先，我们来看一下《吾妻镜》建长六（一二五四）年闰五月一日的记事。

那是在当时的将军宗尊亲王的御所内，执权北条时赖率领众武士前来参见，将军则举办了丰盛的酒宴款待众武士。席间，北条时赖感叹近年武艺逐渐荒废了，提议弓马骑射以后再另找机会，眼下先举办一次相扑比赛。将军也赞同北条的提议，于是，相扑大会便匆忙开始了。所有武士都必须参赛，相扑比赛总共进行了六场。获胜者或是打成平手的人可以得到剑、衣服等奖赏，输掉比赛的人则罚其用大容器饮酒，这让当时的酒宴气氛高涨。

根据《吾妻镜》的记载，这次比赛的分组情况和结果分别是：三浦远江六郎左卫门尉对结城上野十郎（平局），大须贺左卫门四郎对波多野小次郎（结果不明），涩谷太郎左卫门尉对检仗中务三郎（平局），橘萨摩余一对服部弥藤次（橘胜），广泽余三对加藤三郎（广泽胜），常陆次郎兵卫尉对土肥四郎（平局）。这些人应该都是御家人或是北条家臣,是与特化了的、作为技艺的相扑渐行渐远的人们。

这次的相扑比赛,召了"谱代相扑"长田广雅来担任"胜负判定"一职。如前文所述,这位长田的祖先是因幡国一宫的神主伊福部氏一族,家族中出了好几位相扑节相扑人。在平日里远离作为技艺的相扑的武士们进行相扑比赛时,请精通相扑节故实的家族的人来进行指导,可能是认为有这个必要吧。

另外,上溯至元久三(一二〇六)年六月二十一日,参加将军源实朝的上览相扑的,是波多野、三浦等御家人以及御家人的从者等武士们,但奉命统辖这些武士,担任当日的"奉行",并"负责日后相扑事宜"的是结城朝光。结城氏是秀乡流藤原氏、下野小山氏的同族,该族中以大方氏为首,出了几个"相扑之家",涌现出不少相扑节相扑人。或许结城朝光也是作为"相扑之家"的一族而被传召的。

在镰仓幕府周边相扑的有关记录中,既有这样的由御家人等武士进行相扑,以供主人观览的事例,同时,由御家人的武士们所进贡的相扑人来进行相扑的事例也不少。比如嘉禄三(一二二七)年三月二十七日,将军藤原赖经的上览相扑,就是在城太郎所进献的相扑人和周防前司进献的相扑人之间,即由御家人进贡的相扑人间进行的。另外,安贞二(一二二八)年二月十九日,同样是将军赖经的上览相扑,御家人葛西三郎左卫门尉进献的芝俣平次三郎,作为特别精通相扑的人而获得了赏赐。

虽然不清楚这些相扑人到底是什么样的出身来历,然而,不管怎么说,由御家人亲自上场参加相扑的情形还是逐渐淡出了人们的视线,可以推测,表演作为技艺的相扑以供将军上览的职责,逐渐转移到了由御家人所进贡的相扑人身上。由此也可以推测,当时在镰仓幕府周边已经开始出现了相扑人专业化的倾向。

这种倾向,从以鹤冈八幡宫为代表的寺社祭礼相扑中也可以观察到。关于鹤冈八幡宫的祭礼相扑,《吾妻镜》中能够反映其相扑人组成的事例并不太多。在镰仓初期参加祭礼相扑的相扑人主要是关东武士,不过,当时已经出现了对"若宫相扑"①金子新三郎家真赐予田地而免除其"在家役"②等各类杂役的事例,由此可知,一边领取这样的俸禄一边从事相扑的相扑人已经存在了。这或许可以说就是专业化的职业相扑人的萌芽吧。

而且,十三世纪初期,在承元四(一二一〇)年举行的"马场仪"③的相扑中,出场的相扑人除了有名单中记为"相模太郎 侍"的冈部平六、广濑四郎助弘④那样的武士以外,还有记为"西浜住人"的"鬼童"或是"犬武"等看起来并不像是武士的相扑人。此后,《吾妻镜》里虽然没有了鹤冈八幡宫的相扑的记事,但是,众所周知,对鹤冈八幡宫的"相扑长"、"相扑奉行"等统辖祭礼相扑的职位,附带着田地赏赐均由八幡宫来任命,而且这个职位也已变成了世袭的对象,所以一般认为这一时期的鹤冈八幡宫的祭礼相扑,已不再是由武士担任,而是由"社家"主导下构成的组织来承办。而且,在描绘了镰仓时代鹤冈八幡宫周边各种各样"职人"(拥有专业技能的人)形象的《鹤冈放生会职人歌合》⑤中,也可以看到与"博劳"⑥成对出现的"相扑",由此也可以认为,此后的祭礼相扑已经不再由武士,而是逐步由专业化的"职人"相扑人来承担了。

结合刚才上览相扑的例子,不能否认,"武士相扑"的重要性整体上已存在下降的趋势。作为被样式化、特异化了的艺能,这样的相扑的作用开始离武士越来越远了。也可以说,在此时武士们的相扑变成了业余相扑,从专业的相扑人的相扑中分化出来了。在中世,武士与相扑的关系可能是出乎意料的疏远的。

相扑在现代经常与柔道、剑道、弓道等一起并称为"武道",其中只有相扑从很早开始就走上了职业化、商业化的道路,有着明显

---

① 可以认为是从属于鹤冈八幡宫若宫社的相扑人。

② "在家"指的是中世庄园公家领地中实际耕种土地、成为赋课对象的农民,"在家役"指的是对"在家"课征的劳役。——译者注

③ 伴随着放生会、临时祭等鹤冈八幡宫的祭礼,在马场举行赛马、流镝马、相扑等的仪式。

④ 在元久三(一二〇六)年六月二十一日的上览相扑中也担任了相扑人。

⑤ 是假托参加鹤冈八幡宫放生会的职人们歌咏比赛的书。关于成书时期有各种说法,但可以推测它是以镰仓中期左右的放生会为舞台的。

⑥ 伯乐,有中介之意。——译者注

的异质性。另一方面,从中世到近世,相对于作为武士技能的一般武艺而言,将相扑低看一等的观念相当的根深蒂固(详细情况后面叙述)。如果与上面所提到的,相扑逐渐向作为专业"职人"的"艺能"方向倾斜这一现象一起来考虑的话,也许会意外地发现,把相扑视为"武士的技艺"、"武道"的看法,其根基是非常浅的。我认为这种看法实际上应该是近代的产物,关于这一点放到后文中再加以叙述。

当然,臂力和相扑的技术等这些要求相扑人具备的资质,既然是在战场对阵时也能用得上的东西,那么对于武士们来说就不是毫不相干的。尤其是从镰仓末期到南北朝内乱期,擅长相扑的武士的活跃状况,在《太平记》①中可以看得到。

首先,是播磨国的住民妻鹿孙三郎长宗,号称"萨摩氏长之后",是一位力大无穷的武士。《太平记》中记载,"自生年十二岁春喜好相扑,日本六十余州中,遂无能胜其单手者"。萨摩氏长是越前人,也称佐伯氏长,活跃于仁明天皇时期(八三三~八五〇),是相扑节上传奇性的强手。其与妻鹿氏的系谱关系有些可疑,或许是为了强调长宗的豪壮程度才把氏长引为例证的吧。但是,建永二(一二〇七)年为了准备石清水、北野的祭礼相扑,命令邻近各国进贡相扑人之时,可以看到播磨国作为"新点"而进贡的"妻鹿四郎"的名字,或许妻鹿氏一族已经被看作是出相扑人的家族了。这位妻鹿长宗响应后醍醐天皇的倒幕之举,与一族共同参加了对六波罗探题的攻击而建立了功劳。

另外,武藏国人畑六郎左卫门时能,也是"自十六岁时好相扑,坂东八国更无胜者"的相扑强手,有着"能与萨摩氏长角力"的臂力,在这里也是将萨摩氏长引为例证来描写他的厉害程度。这位畑时能属于南朝一方,《太平记》中描写了他仅率领二十七人,便与北朝——室町幕府一方的斯波高经、高师重的七千多骑兵对峙奋战的场面。

但是这些武士的相扑情形,在《太平记》中只是作为展现其刚

---

① 描绘南北朝内乱的军记物语。其原型成立于历应元~观应元(一三三八~一三五〇)年左右,成书于应安~永和年间(一三六八~一三七九)。据传作者为"小岛法师",但到底是谁并不确定,也有认为那不是个人名字的说法。

强勇猛的材料来叙述的,未必说明他们日常就是从事相扑的。无论妻鹿还是畑,他们都是"日本六十余州之中"或是"坂东八国中"无人能胜的勇猛之士,这应当视为《太平记》记事的主旨。在以往的"相扑史"书中,虽然也能看到写有妻鹿长宗在日本全国进行相扑的内容,但那应该是对《太平记》记事的误读。

至少中世以后,对于武士们或是"武家栋梁"们而言,相扑是让专业的相扑人表演、自己来欣赏,而不是自己要上场一搏的事情。这是目前来说较为恰当的看法。

## 诸大名的相扑观赏

如上所述,比起是武士们喜好的"武道"来,中世的相扑更是由专业相扑人来表演的"艺能",观赏这样的相扑是中世很多武将们的娱乐之一。的确,这一时期的相扑观赏不是像平安朝廷的相扑节、近世的四季劝进相扑演出那样作为定期的例行活动举行的,所以史料中大篇幅的记载很少。即便如此,以往的"相扑史"从镰仓将军的上览相扑直接跳跃到织田信长的这种记述,也不得不说是不恰当的。其实从宗尊到信长的三百多年间,也还有各种各样的人在社会的不同场合进行着相扑。

在以往的"相扑史"之类的书籍中,屡屡出现"足利将军没有举行上览相扑"的说法,这也是错误的,或者说是因史料检索不充分而导致的认识上的不足。实际上,对照当时的史料很容易发现,不仅室町幕府的足利将军经常观赏相扑,而幕府周边的大名们也十分盛行从各国招来相扑人观赏相扑。下面我们就来举几个实例。

室町幕府第六代将军义教早年出家,继承青莲院门迹①,法号义元,但在正长元(一四二八)年因为兄长义持(第四代将军)死去(第五代将军义量死于义持之前)而还俗,继承兄长之位成了足利家的继承人。承袭将军之位后不久,义教就一一造访了幕阁各大名的宅邸。这大概是为了巩固政权基础而做的私下沟通,但是其造访时所用的名目却大多是"相扑御览"。

---

① 门迹指由皇族或贵族继承住持的寺院,或指那些寺院的住持。——译者注

六月十九日　今夕，室町将军殿下，启驾管领府邸。观赏相扑。

七月四日　今日，将军殿下，为观览相扑，驾临细川右京大夫府邸。

七月十日　今日，启驾赤松府邸。事先预定观览相扑。因降雨先观猿乐。其后因天晴，观相扑。

七月十九日　今日，本当启驾山名府邸观赏相扑，然天皇抱恙，已气息奄奄。……管领上奏，已准备妥当。不去恐对方无面目。虽说相扑应略去不看，但仍应前往，哪怕片刻也好。……（以上均摘自《满济准后日记》①，原为和式汉文）

以当时的管领畠山满家为首，细川持元、赤松满祐、山名时熙各大名形成了在任幕阁的核心，他们都以"相扑御览"的名目邀请义教造访。在室町时代的这一时期，京都的各大名之间盛行观赏相扑，为了满足这一需求，来自各国的相扑人纷纷来到京都，这可以在义持在世时的一件事上得到验证。

今听闻，就在刚才，室町殿下府前收到了匿名讽刺信。

信中写道，诸国相扑人虽纷至沓来，然王与御所却难以为继。

其后又来了一份匿名讽刺信。

信中写道，比起相扑，应禁之事有二：大内的下国，御所的黄衣。

室町将军因前一封匿名信而大怒，禁止了各大名的相扑。其后，在将大内氏解职，令其下国期间，又收到了上述的第二封匿名信。黄衣，指的是室町将军经常穿着的黄衣。（《看闻日记》应永三

---

① 是担任室町幕府第四代、第六代将军们的政治顾问，被称为"黑衣宰相"的醍醐寺三宝院的僧人满济的日记。现存应永十八～永享七（一四一一～一四三五）年间的部分。

　　这两封匿名讽刺信,尤其是前一封信应该作何解释,我也不确定（尤其是"难以为继"的意思不明确）,似乎有人是用"诸国相扑人纷至沓来"来揶揄"王及御所"（天皇与将军）。但其具体揶揄什么,就不是很清楚了。这一年,天皇的弟弟皇储小川宫和将军义量相继死去,朝廷、幕府都是后继无人,或许是和这个相关。总之,因门前收到这个匿名讽刺信而大怒的义持,禁止了"诸大名的相扑"。对此,第二封匿名讽刺信又予以了谴责。称比起禁止相扑来,大内氏（中国地方的有力大名）的下国①和义持经常穿着的黄色的衣服②,才是更应该禁止的。

　　正确地理解这封匿名信或许得先理解当时的政治状况,在此我们不介入这个问题,这里关注的是"各国相扑人纷至沓来",表现了以京都为中心的当时的相扑人活动的状况,说明召集他们来京的各大名经常观看相扑一事是事实。对于"来自诸国"的相扑人来说,在大名官邸举行的相扑意味着得到高额俸禄的机会,毋庸置疑,这种机会促成了各国相扑人进京的向心力。后来邀请义教亲临在各大名官邸举行的相扑,也一定是由这些来自各国的相扑人,或是在京都周边活动的相扑人进行表演的。

　　关于京都周边的相扑人集团,我们还会在后面的章节中详细叙述。关于他们的活动,从中世末期织田信长举办的上览相扑中也可以窥见一二。信长喜好相扑,经常召集相扑人在安土城下等处举行上览相扑,这些在《信长公记》③等著名书籍中都有记载,是历来就为人们所熟知的。据《信长公记》记载,元龟元（一五七〇）年三月,信长在近江常乐寺召集"江州国中的相扑力士"举行相扑。应召而来的相扑人有"百济寺的鹿、百济寺的小鹿、大统、正权、长光、宫居眼左卫门、河原寺大进、桥小僧、深尾又次郎、鲶江又一郎、

---

　　①　当时,除关东和九州外,原则上各国的守护大名都要在京都。这里的下国,与此时大内氏和九州的大友氏之间的纷争有关。

　　②　这或许和当时官仕等的大多数神官所穿着的黄衣有关。未考。（补注:这里的"黄衣",或许解释为僧衣更为恰当。义持好像在应永三十年出家之后经常穿着黄色僧衣。）

　　③　记录织田信长事迹的传记。太田牛一著。成书于庆长五（一六〇〇）年,刊行于元和八（一六二二）年。

青地与右卫门"等人。

天正六（一五七八）年二月，信长同样召集"江州国中的相扑力士三百人"到安土城，从中选拔出二十三人使之进行相扑，并赐给了他们扇子。列举的名单有"东马二郎、大统、日野长光、正权、妙仁、元净寺、地藏坊、力圆、草山、平藏、宗永、木村伊小助、周永、荒鹿、津康、青地孙二郎、山田与兵卫、村田吉五、太田平左卫门、大塚新八、麻生三五、下川弥九郎、助五郎"。在这些名字中，可以看到不少曾在元龟元年的相扑上出现过。

进而同年八月十五日，信长又召集"江州国中以及京都的相扑力士一千五百名"到安土城，从辰时到酉时（上午八点～下午六点），共举行了五场小相扑比赛和三场大相扑比赛。在这里依然可以看到一些熟悉的名字，如小相扑中的麻生三五，大相扑中的木村伊小助、津康、大统、长光、青地孙二郎等。

之后，在天正八（一五八〇）年六月和天正九年四月，信长两度在安土城举行了相扑。参加比赛的相扑人虽然有一部分更替，但名单中相同的名字相当多，可以推测参加这些相扑的相扑人，实质上大多是已经固定化了的、由专业相扑人为中心而构成的。当然，这些相扑人仅在京都近边及近江国就有数百至上千人，他们不可能都是专业相扑人，也就是说半职业化的相扑人也不在少数。但不管怎样，能有这样大批的相扑人为求丰厚俸禄来参加信长的上览相扑，说明在这一时期、这一地域的相扑是十分兴盛的。

而且，信长还从这些相扑人中挑选技术力量尤为突出的人，赐予俸禄加以聘用。在元龟元（一五七〇）年三月的相扑中取得优异成绩的鲶江又一郎和青地与右卫门二人，被信长召为御家人，并被任命为"相扑奉行"。另外，对于在天正六（一五七八）年八月的相扑中取得优异成绩的十四位相扑人，除了赐给长刀、短刀和衣服以外，据说信长还将"御领地中的百石"粮食及房屋分别赏赐给了他们。《信长公记》中记述的天正九（一五八一）年二月二十八日信长阅兵时出现的"御长刀持大统"，也就是在上览相扑记事中反复出现的相扑人吧。相反，天正八年六月也有"御相扑力士圆城寺源七"因小事不慎而遭到了解雇。他们都是以相扑为生，以其超群的技术力量作为"御相扑"获得聘用，以表演相扑为主要职责。其中确实有像鲶江、青地那样从相扑人转为武士的，不过，也不能就此将这些表述为"武士的相扑"。

像这样喜欢观赏相扑，或聘用相扑人的并不只是信长一人。丰臣秀吉也是如此，还有土佐的长曾我部元亲、九州久留米的毛利秀包等武将也都喜好相扑，经常召集相扑人来表演，这些记事在《义残后觉》、《元亲记》①等书中都能看到。

另外，丰臣秀次好像也聘用了相当多的相扑人。据《武将感状记》②记载，"秀次公手下相扑人百人"对阵"聚来的相扑人二三百人"，以供秀次上览。十八世纪编纂的相扑书籍《古今相扑大全》中也提到了秀次喜好相扑，虽然没有明确的史料依据，但是书中记述了立石、伏石等相扑人受到了秀次的聘用。实际上这些相扑人在《义残后觉》中也出现了，在那里，他们被列入受京都伏见地区的繁荣景象所吸引，而从各国聚集而来的"名誉的相扑人们"之中，在京都的劝进相扑中担任"劝进方的选手"的相扑人。秀次或许是聘用从各国来的优秀相扑人，让他们与附近的相扑人们进行对战的。如果把山科言经的日记《言经卿记》③中有关文禄二（一五九三）年的内容通览一遍，就会发现这一年言经经常拜访秀次，每次去都会陪他看相扑。

武将聘用相扑人的风气，到了近世也同样能看得到。人们知道，十七世纪，在加贺藩、盛冈藩、鸟取藩等多个藩里，都存在着称为"相扑组"、"相扑者"或是"相扑众"的供养相扑。在盛冈藩，不仅是"御相扑者"，就连"行司"也成了大名供养的对象。另外，据高埜利彦介绍，宽永七（一六三〇）年三月四日，在前将军德川秀忠的四女儿初姬临终之时，初姬的丈夫若狭小浜城主京极忠高，还在和摄津麻田藩主青木重兼等人在家中的院子里专心观看相扑。高埜这样评论道，虽然忠高与初姬感情不和，但在正室病危之时都在观赏

①　描绘土佐国的战国大名长曾我部元亲事迹的战记书。高岛正重作，成书于宽永八（一六三一）年。

②　以战国武将的事迹为题材的杂史。熊泽淡庵编。成书于正德六（一七一六）年。

③　以医生为职业终日混迹于市井中的、中世末期的另类公家山科言经的日记。现存天正四～庆长十三（一五七六～一六〇八）年间的部分。

相扑,可见对于武士来说观赏相扑是多么难以抑制的乐趣。① 另外,在《言经卿记》中还能看到公家贵族中也有人供养相扑人,可见相扑不只是武士的乐趣,也是公家贵族的喜好。

作为这样的"武士的乐趣"或是"公家的乐趣"的相扑,其重点在于"欣赏相扑人表演的相扑"。聘用技艺超群的相扑人,观看和欣赏他们的相扑,是大名们的娱乐。另一方面,被大名们所聘用,对于相扑人而言也就意味着生活的安定,所以不难想象这些技艺超群的相扑人都会争相上京,去争取被聘用的机会。正如丰臣秀次雇用各国上京的"名誉的相扑人们"那样,从中世末期到近世初期,由大名供养的相扑为培育和维持专业相扑人提供了土壤。

即便是近世中期以后,形成了以江户、京都、大阪这三个城市为中心的营利劝进相扑演出体制后,诸大名的供养相扑也仍然有着重要的意义。聘用那些显示出强大力量的相扑人,给予其俸禄扶持的同时,也期待通过本场所的比赛来提高藩的名誉。这种"供养力士"的体系,对于仅靠劝进相扑演出的收入无法生存的相扑人来说,是补充他们经济生活的不可或缺的东西,而这种体系的渊源,就在中世末期以来形成的这种供养相扑。

---

① 前引高埜《近世日本的国家权力与宗教》。

## *专栏　永享年间的日中决战？

　　小岛贞二在《相扑史的表与里　其三》(棒球杂志社,一九九二年)中,以《五百年前的日中力士对战》为题,介绍了永享元(一四二九)年十月初一,日本的吉田新左卫门与从吴国来的幸野我万在京都二条堀川对决的故事。其时,"在三间四方筑土俵,于四方设栈敷①,天子、将军高览,庶民、贵贱,如云霞",二人就在这样的气氛中展开了对战,最后新左卫门获胜。

　　据说这是《团左卫门赖兼纪事 附相扑由来·净琉璃戏剧滥觞》这本古书中记载的故事,如果是史实的话,就成了关于室町时代相扑的重要史料了。但是,该书明治二十五年的抄写本中又有这样的附记:"天正八庚辰(一五八〇)七月　天下第一相扑司京都堀川　吉田新左卫门后胤　吉田氏　鲶又市"。虽然这个抄写本我没有得到亲眼目睹的机会,但是不得不对它的可信性打上一个问号。

　　据小岛的介绍,内容与此几乎相同的故事,在吉田司家文书中作为弘仁元(八一〇)年的记事也可以看到。另外,作为相扑竞技场的土俵,应该是在十七世纪末才出现的。而且关于永享元年的相扑,在当时的一级史料中甚至无法找出只言片语。还有,附记中出现的"鲶又市"的名字和《信长公记》中出现的近江相扑人"鲶江又一郎"非常相似,再加上自称"吉田氏"又让人联想到与吉田司家的关系,所以这个故事人为编造的痕迹太过浓厚。因此,本书没有采信该故事。虽然如此,关于故事创作的背景还是值得考究的。这件事或许对考察吉田司家所传承的各种典故传说的由来,很有意义。

---

　　①　为了便于观看祭祀活动或相扑比赛等表演,高高搭起的观看席。——译者注

相扑的历史

# 第五章　职业相扑的萌芽

## "京都相扑"的活动

前文述及,在相扑节绝迹之后,就形成了半专业化的相扑人集团,他们继承了相扑节相扑人的源流,精通相扑节的故实样式,每逢京都周边的寺社祭礼时,都会雇用他们来承担祭礼时的相扑奉纳。这些相扑人集团被称为"京相扑"或是"京都相扑",他们也会远赴地方去担任各地方大寺社的相扑奉纳。来看几个事例。

将政权所在地定在镰仓的源赖朝,把源氏氏神八幡神从石清水劝请至镰仓的鹤冈,创建了八幡宫。鹤冈八幡宫的放生会模仿石清水八幡宫的形式,在放生会上奉纳的相扑也引进了石清水的式样,所以是通过间接继承相扑节的样式而成立的。在《鹤冈社务记录》①中,记录了建久三(一一九二)年八月十六日,鹤冈八幡宫举行"马场仪"时的相扑活动是由"从京都来的""相扑十人"承担,而在《吾妻镜》中,还记录了两天前举行的该年度鹤冈八幡宫放生会相扑预演的出场相扑人名单。

| | | |
|---|---|---|
| 第一场 | 奈良藤次 | 荒次郎 |
| 第二场 | 鹤次郎 | 藤塚目 |
| 第三场 | 犬武五郎 | 白河黑法师 |
| 第四场 | 佐贺良江六 | 仪仗太郎 |

---

①　鹤冈八幡宫各代社务所记的记录。现存建久二～文和四(一一九一～一三五五)年间的部分。

| 第五场 | 所司三郎 | 小熊纪太 |
|---|---|---|
| 第六场 | 鬼王 | 荒濑五郎 |
| 第七场 | 纪六 | 王鹤 |
| 第八场 | 小中太 | 千手王 |

这十六位相扑人中,值得注意的是"第五场"的"小熊纪太"。说到小熊,自然会想到以尾张国叶栗郡小熊保(今岐阜县羽岛市小熊町)为根据地的小熊氏。在《古今著闻集》里,小熊权守伊远和他的儿子伊成作为相扑节相扑人,出现在了"相扑强力"一项中。这里的伊远、伊成父子,很可能就是作为相扑节末期的相扑人出现在各种记录中的丰原惟远、惟成父子。如前所述,相扑节相扑人经常不用本姓而使用别名参加相扑,除了惟远、惟成父子,还有在保元三(一一五八)年的"召合"中出场的丰原惟长,在《醍醐杂事记》①有关此次"召合"的记录中惟长被记为"小熊七郎 尾张国人",而在《源平盛衰记》②中,他是以"小熊郡司惟长"的名字出场的。在第二章中业已提及,这个丰原(小熊)氏出身于相扑节相扑人辈出的"相扑之家"。如此看来,《吾妻镜》中的"小熊纪太"也与这一族存在关联,一定是承袭了相扑节相扑人源流的人。或许这个人物就是"从京都来的""相扑十人"之一,其参加了"马场仪"的相扑,也参加了放生会的相扑。

名单上所看到的十六位相扑人当中到底谁是"从京都来的",除小熊纪太以外都无法具体推测。不过,和小熊一样继承了相扑节相扑人系谱的人从京都应招来到镰仓,他们应该是发挥了将继承了相扑节源流的石清水八幡宫,以及京都周边大寺社相扑会的故实传播到镰仓的作用吧(从个人的"印象"来说,前面的相扑人名单上的名字大多感觉不像是武士,听着像是"职人")。鹤冈八幡宫本身,就是将源氏氏神石清水八幡宫劝请至镰仓而创建的,放生会以及其他的祭祀和例行活动,也都模仿石清水的样式来举行,所以

---

① 从平安末期到镰仓初期的醍醐寺僧庆延记录的关于醍醐寺的杂事。成书于十二世纪末。

② 描写源平会战的《平家物语》的异本之一。一般认为成书于十四世纪后半期。

祭祀活动中的附属项目相扑会也应该是以石清水为榜样,才会让"从京都来的""相扑十人"下到镰仓的。正如前一章介绍过的那样,《吾妻镜》中有关于之前鹤冈八幡宫祭礼相扑的记录,而且从其他史料中也能知道从属于鹤冈八幡宫的领取田地俸禄的相扑人的存在。尽管如此,这里之所以让相扑人从京都下到鹤冈,大概是因为期待京都的相扑,尤其是像小熊氏那样出身于相扑节相扑人辈出的"相扑之家"的相扑人,能够把相扑节正统的故实传到镰仓吧。在这里,京都相扑拥有专业性的价值,小熊氏等人发挥了来自于其谱系的专业职能,从而将相扑人推向了职人化。而且可以推测,以石清水八幡宫为首的京都周边寺社的相扑,大部分也是由他们来担任的。①

"京都相扑"的活动痕迹,在其他地方也能看到。

出云国杵筑大社(出云大社)的神事上奉纳的相扑,本来也是召国中各乡相扑人来进行的。然而,建长元(一二四九)年杵筑大社举行迁宫神事时的记录文献中却写有:"接着是相扑十场,按照先例本应由各乡充任,现改由各乡雇用,使社相扑一行人担任。"(原和式汉文)由此可知,此时的相扑奉纳已不再遵循各乡出相扑人的先例,而是各自负担相应费用,雇用"社相扑"来承担相扑之事。另外,对于围绕文永八(一二七一)年三月会的相扑、舞蹈奉纳过程中费用摊派出现的诉讼,镰仓幕府裁定的判决文书中有如下一节内容。

> ……而且相扑,往古由国中的白丁效力,近古以来,则雇京相扑前来,其间,往返之用途,禄物之奢侈,人民之窘困,皆源于此事。当永久停止京相扑下地方,而雇用本国之相扑……

即在杵筑大社祭礼上奉纳的相扑,过去都是从国内的"白丁"

---

① 石清水八幡宫的放生会在文明十八(一四八六)年之后长期中断,直至延宝七(一六七九)年时隔约二百年再次举办,根据这时的记录,"相扑"出现在队列中。如在后面第六章将会讲到的那样,这个时期劝进相扑被禁止,参加这次放生会相扑的相扑人等详细信息不详。

（良民男子）中征召相扑人来供职，最近却雇用远道而来的"京相扑"，费用高昂以致人民穷困，因此，幕府命令应当雇用"本国的相扑"。在这篇文书的其他地方，还规定了将出云国内的庄园和乡、保编成二十个"场"，每年按顺序来负担三月会的相扑和舞蹈的费用。也就是说在这个阶段，神事上奉纳的相扑不再是从国内征召相扑人，而是收取费用以其雇用相扑人来供职，这已经成了一种常态。在这种状况下，雇用谁就成了一个问题。

另外，这里所说的"本国的相扑"，是相对于"京相扑"而言的一种表现，指的是住在本国即出云国，成为"雇用"对象的相扑人。另一方面，刚才史料中提到的"社相扑"，似乎也是用从各乡征收的钱货雇用的相扑人，不过，从其名称来看，这时候指的应该是属于杵筑大社的相扑人。所谓"本国的相扑"的说法，也许是将该"社相扑"与"京相扑"对比而言的一种表现。

虽然国内有可供雇用的相扑人，但还是特意雇用"京相扑"前来，甚至不惜支付高额的费用。之所以有这样的动向，是因为像模仿石清水八幡宫来举办镰仓鹤冈八幡宫的祭礼相扑一样，肯定有着学习京都经由相扑节而形成的相扑样式，由此来完善杵筑大社相扑会的动机。笔者推测，可能是出于这个原因，才想由招来专业性更强的"京相扑"以把相扑会办得更为庄严些。从杵筑大社相扑会上"雇用"相扑人形态的固定化，可以窥见当时作为其前提条件的，即成为"雇用"对象的、拥有非专业的人无法企及的高度专业技能的相扑人（乃至集团）已经出现了。从"京相扑"的事例中我们也不难推测，被人以高额俸禄雇用而远赴各地的职业相扑人集团正在逐步形成。村社级小规模的相扑暂且不论，大寺社的相扑如果由非专业的人来担任的话，有时是无法满足专业方面的要求的，恐怕这就是原因所在吧。

正如我们刚刚考察过的那样，那些为参加鹤冈八幡宫的祭礼相扑而"从京都下到地方"的相扑人当中，可以推定至少有一部分人应该与相扑节相扑人在渊源上存在连续性，那么，杵筑大社所雇用的"本国的相扑""社相扑"又会是什么样的情形呢？

关于这些，虽然缺乏足以能反映其具体构成的史料，但如前所述，我们可以推测其与以一宫神事为集结场所而形成的"在国相扑人"有着某种关系。不妨假设,作为相扑节相扑人预备军的"在国相扑人",有可能和这些大寺社建立起了关系,通过参加他们的祭礼相扑走上了专业化的道路。但是,正如从杵筑大社的例子中可以看到的那样,在地方上形成的相扑人集团和"京相扑"相比,人们普遍认为其要低一个级别,而承认从相扑节的发祥地京都下到地方上来的相扑人拥有更高的权威,并将其视为憧憬的对象。前一章介绍过,"各国相扑人纷纷"上京的这种室町时代的状况,大概就是源于"京相扑"所拥有的这种向心力吧。

总之,可以认为,"诸国巡演的专业相扑人"的形成时期,比以往模糊认为的"中世末期"要早许多。

# 劝进演出成立的条件

从这样的专业相扑人的广泛登场可以推测,相扑作为"观赏"的对象,即作为"艺能"的一个领域已经为人们所认知和接受。在中世尤其是中世后期的一般艺能演出,其一个主要特征就是劝进演出的形成和发展。说起劝进演出尤其是劝进相扑,一般总会让人想起近世的作为职业营利性演出的劝进大相扑,但是劝进演出的原意并不是营利演出。

所谓劝进,就是向人们募集善款,其目的是为修建或修复寺社、桥梁等筹集资金。也就是说,这是为了社会事业而开展的募集资金活动,募捐者称这样的布施是积功德,以此来教化、劝化人们自主施舍,这是劝进的本意。这种劝进活动的实施者主要是被称为"劝进圣"的僧侣,这些人随身携带着一本写有劝进趣旨的劝进帐,行走各国向人们化缘。

然而,到了中世中期,劝进产生了新的形态。其一是出现了所谓"劝进体制化"的现象,即劝进背离了自主布施这种本来的性质,转化成了实质上由庄园、村落负担的赋课。其二便是劝进演出的登场,即通过表演猿乐等艺能招揽观众,收取观赏费充作募集的资金。当然,这里要说的是后者的劝进演出,从劝进主体一方来说,这是一种不用费功夫特意前往地方便能达到劝进效果的、效率很高的筹资手段。

作为劝进演出成立的条件,除了劝进主体一方的意愿之外,劝进演出的艺能还要具有能让观众愿意支付入场费来观看的价值。也就是说,需要演艺人展现出高度洗练的内容和技艺,有着与非专业艺能截然不同的专业性。过去在艺能史的领域中,劝进演出研究的兴趣主要都集中在这一点上。在劝进演出盛行的南北朝时代还未到来之前,就像以观阿弥、世阿弥父子的出现为代表的那样,以猿乐为首的各种艺能的内容、技艺就已经达到了相当的水准。另外,劝进的主要形态,也由启发人们的宗教心以寻求自发的布施,向体制性的负担赋课或作为艺能表演的等价交换收取费用的形式转变。在这背后,应该存在着响应劝进的人们的"公共"意识的变化。不过,如果要深入讨论这个问题就会偏离本书的主题,所以在此不做赘述。

另一方面,从向劝进主体领取报酬从事劝进演出的演艺人的角度来讲,以往他们的主要活动舞台局限在神事祭礼时的奉纳,或是为权贵们做专门表演,如今得到了开拓新的、而且是面向一般大众的广大市场的机会。这对演艺人的专业化及其安定意义重大。关于田乐、猿乐等,据说从平安后期开始就已经出现了职业演艺人。在各地的寺社,随着以艺能奉纳为中心的新的祭礼形态的成立,形成了受雇于寺社专门承包负责奉纳艺能的"座"。由演艺人组成的"座",在某些特定的寺社设有"乐头职"等职位,他们肩负着艺能奉纳的责任并以此来确保获得俸禄的权利,这是其存立的最大基础。劝进演出的成立为这些演艺人提供了新的市场。如果说到劝进演出的盛况,贞和五(一三四九)年在京都四条河原举行的劝进田乐可谓是典型的代表,据说当时由于观众过多造成了看台倒塌引发了一场大混乱。当然,在这种盛况之下,作为演艺人的收入也是很可观的。

这种劝进演出从十三世纪末期以京都为中心开始形成,到了十四世纪扩大到了近江、纪伊等畿内、近国的农村地区,其种类也扩展至农耕祭礼上奉纳的艺能曲舞等。也有人认为,这种曲舞是以农村地区的劝进演出为踏板进入都市的。以京都为代表的都市地区,人口集中,是对各种服务都会产生需求的巨大市场。其作为物资流通路径的焦点占据着特殊的位置,而且随着货币经济的发

相扑的历史

展，社会的剩余也会流入城市，从而使这些地方成了劝进演出的最重要的舞台。加之，幕府、诸大名举办的艺能演出等活动也应该表现不俗，所以经由十四世纪，便形成了以京都为最大中心的演艺市场，演艺人员的活动在这样的场所中也逐步趋于稳定。

关于相扑，由于受到严重的史料制约，很难以具体事例来说明职业相扑集团的发展。从镰仓时代到南北朝时期，依稀可见的职业相扑人集团的活动痕迹，大都出现在寺社的祭礼相扑的场合。而离开这些场合的作为演出的，即向观众收取等价报酬的相扑事例，依笔者的管窥之见，恐怕在十四世纪之前是无法找到的。不过，尽管无法给出确切的事实依据，但正如第三章中提及的，在与寺社祭礼的关系这一点上，相扑与田乐、猿乐类的各种艺能，是在十二世纪从极其相似的地方开始的。从通过祭礼服务获得寺社给予的报酬或是免交租税的田地等形态，到伴随着演出而来的入场费收入的分配，演艺人的经济基础的重心在不断发生转移。既然这种田乐、猿乐类各种艺能的动向与寺社祭礼的构造密切相关，那么其与相扑人的发展也不会是完全无关的。

前文提到，《鹤冈放生会职人歌合》中就有"相扑"的登场，其实，在其他的"职人歌合"中也能看到相扑人的身影。比如成书于室町时代的《七十一番歌合》①，其中的第六十三场就是在"赛马组"与"相扑组"之间展开的。相扑组图的配词为"忆今日之道，思相扑节也"，从中可以窥见人们在相扑节形成以来的传统中，是以相扑节相扑人为范型来认识作为"职人"的相扑人的存在的。就这样，在对已然废止了的相扑节的憧憬中，向艺能中心"京都"靠拢的向心力逐步形成了。可以认为，相扑也与其他艺能一样，在接近中世后期的时候，就以京都为中心，在相当程度上具备了收取入场费的劝进演出成立的基础。

## 劝进相扑的出现

实际上，相扑的劝进演出也是起源于中世。以往的"相扑史"

---

① 一般认为成书于明应九（一五〇〇）年。据《群书类从》底本所传，是土佐光信的画和东坊城和长的书。

在叙述"劝进相扑的出现"时，一直关注的是近世初期，特别是与现代大相扑演出存在直接联系的营利劝进大相扑的形成过程。如果仅仅限定在这个意义上的话，如后所述，可以说已经积累了相当多有成效的议论。但是原本意义上的劝进相扑，即为了筹措修建寺社等的费用而举行的相扑演出，早在十五世纪前半期就已经出现在史料中了。

应永二十六（一四一九）年十月，在京都郊外的山城国伏见乡，为修建法安寺举行了劝进相扑。《看闻日记》应永二十六年十月三日条中留下的下面这条记事，据我所知是一级史料中对"劝进相扑"一词的最早的明确记载。

> ……为营造法安寺，举行劝进相扑，于今夜开始。皆云应有三日。他乡人亦群集于此。秘密前往观看。……劝进相扑乃罕见之事。此间，诸地皆有此事……（原和式汉文）

前面业已提及，该日记的作者伏见宫贞成亲王当时居住在其领地伏见乡，观赏每年九月村庄的守护神社御香宫的祭礼相扑是他的一大乐趣。从日记的记述中可知，除了祭礼的奉纳相扑以外，当时已经有了为营造寺院筹集资金的劝进相扑演出。如前所述，当时的京都周边已处于相扑的中心位置，可谓是"诸国相扑人纷纷前来"，劝进相扑虽然仍是"罕见之事"，但已处在"此间，诸地皆有此事"的勃兴阶段。实际上，以这样的形式出现的有关劝进相扑的记录，在十五世纪的史料中目前尚未能找出第二例，但如果将其放在劝进艺能演出的一般过程中来看的话，这三日的劝进相扑（实际上因为下雨延长至六日）可以理解为其在京都周边萌芽时期的事例。

关于参加此次营建伏见法安寺的劝进相扑的相扑人，史料中没有什么特别的记载。但是，在从事劝进演出的其他各种艺能领域，演艺人的专业化、职业化到这个时期已经有了相当程度的发展。尤其是猿乐，到十五世纪中叶，已开始主张其对劝进演出市场的独占权，并获得了幕府的承认；还有"为了扶持观世大夫"，亦即为了给演艺人提供经济支持,以营利为目的的劝进演出获得认可的例子等。由此可知,以劝进演出得到的收入来维持生活的演艺人集团已经形成了。

另一方面,据《看闻日记》所述,永享四(一四三二)年九月十日,伏见御香宫的秋季祭礼上就有"京都相扑"的演出,以前贞成亲王由于顾忌人群的聚集和骚动,对观看御香宫的祭礼相扑一直保持着克制,但是这次也不禁抒发了"京都相扑令人怀念"的内心感受,一改先例秘密前往观赏。对于离开京都身居伏见的贞成亲王来说,"京都相扑"与当地的相扑相比似乎是别有韵味,具有"值得一看的价值"的。如此可以想象,相扑领域也是一样,不单单依靠寺社祭礼的报酬,而是拥有足以使收取入场费的劝进演出成立的本领,依靠演出的收入分配来维持生活的专业相扑人集团,可能已经形成了。

而且,从中世末期到近世初期开始散见于各种史料中的劝进相扑演出,以及同时期史料中所见的在诸国巡演并以演出收入来维持生活的职业相扑人集团,应该也处在这条延长线上。例如在《大友兴废记》①中,可以看到拥有雷、稻妻、辻风、大岚等艺名式名字的相扑人"从京都"下到地方,在丰后府内(现在的大分市)进行演出的记载。② 此外,文禄五(一五九六)年成书的《义残后觉》中也有这样的记事:"十五名优秀的相扑人,从京都获得许可证书,在西国巡演,至筑后",与久留米领主毛利秀包雇用的二十位相扑人对战,将他们全部打败了。该书还对京都举行劝进相扑的情形作了如下的记述:

> 要说京都伏见的繁盛,真可谓是诸国有名的相扑力
> 士纷至沓来,参加在内野七本松举办的劝进相扑。劝进
> 的相扑选手中,有立石、伏石、荒波、立波、岩先、反桥、藤

---

① 描写北九州的战国大名大友氏兴衰的战记。杉谷宗重著。成书于宽永十四(一六三七)年左右。

② 正如文中所见的那样,初期的相扑艺名大多用自然现象等,而使用山、川等地名的增加是在近世后期。以一部分人中盛传的"艺名＝地灵"的说法,并不能说明相扑艺名的起源。

兰、玉桂、黑云、追风、筋金、九椀拔等人,共进行了三十场比赛。其时,京都、近郊、畿内,以及诸国武家也会将相扑力士聚集起来进行相扑,然而只有能够参加劝进相扑的人才能保持常胜。

**野相扑**　从中世到近世,在城镇的街头、田野经常进行可随意加入的相扑比赛,由于其往往成为寻衅滋事的根源,被视为扰乱秩序而几次发出了禁止令。该图是近世初期在大阪住吉大社境内进行相扑的情景。引自《住吉祭礼·贺茂赛马图屏风》。(堺市博物馆)

前文已经述及,这里出现的立石、伏石等相扑人后来似乎都被丰臣秀次雇用了。由此而言,可以说到中世末期,京都周边已成了最大的中心,聚集了来自诸国的相扑人,并且形成了到诸国巡演的相扑人集团,劝进演出也非常盛行。另外,还可以推断,成为劝进演出核心的相扑人,此时已经是具有高度专业性的职人了。

而且,如果参照其他史料一并来看的话,可以指出这个时期的劝进相扑演出具有以下两点形态特征。第一,劝进演出是以劝进方与

**中世的相扑人**　《七十一番歌合》中描绘的与"赛马组"一起出现的中世相扑人。这幅图经常被当作"佐伯氏长的画像"来引用,但这是一个谬误。(财团法人前田育德会)

挑战方对抗的形式来进行的,这种方式在某种程度上也得到了近世营利劝进相扑演出的继承,虽然形式在不断改变。即劝进方(也称元方)相扑人在一方摆好阵势,对方则集结周边的相扑人与之对抗。有时是职业相扑人对半职业相扑人的比赛,这种时候呈现的力量对比或许是为了提升专业相扑人的价值吧。第二,比赛采用淘汰制的方式进行,最终获胜的人似乎被称为"取关"(这被认为是"关取"的词源)。

　　但是,在《信长公记》天正六(一五七八)年的上览相扑的记事中,作为"行事"可以看到木濑藏春庵、木濑太郎太夫的名字。木濑的名字在其后的营利劝进相扑中频繁地作为行司出现,《信长公记》中的记事应该是初次出现。人们经常以为相扑的行司是负责裁定胜负的裁判,其实这个理解未必准确。"行司"与"行事"同音,"行事"从字面上来看是"做事"的意思,原本指的是负责活动仪式整体进程的负责人。即使在现在的大相扑中,虽然行司担负初次判别胜负的职责,但实际上并不拥有判定胜负的最终权限(事实上在"商议"的时候行司并没有投票权),其基本职务是负责安排比赛及土俵上的进程。

　　也就是说,相扑行司的作用是掌控土俵上相扑的进程,而对胜负做出初次判定(并非决定性的)只是其职务的一部分而已。主持土俵祭等祭祀礼仪、执笔书写力士排名表这些职能之所以由行司来担任,是由于行司掌管着仪式程序的进行这一基本性格。不过,其中伴随着各种各样的故实礼法,当然也有粉饰的成分在里边。正如近世作为相扑故实的家元发挥了重要作用的吉田司家称自己是"本朝相扑之司御行司"那样,规范相扑活动的仪式程序这一核心职能是由行司来担任的。

　　相扑行司出现在史料中是在中世后期,除了上面《信长公记》的记事以外,近江国坚田(现在的大津市坚田)的由一向宗寺院本福寺保存的《本福寺迹书》①中,也有把居住在坚田的"伊于华之尉"视作"相扑的行司"的,这是较早的用例。前面提到的有关伏见御

---

　　① 本福寺僧明誓所记载的该寺的寺史。成书于十六世纪前半期。另外,"伊于华之尉"为本福寺的门徒。

香宫秋季祭礼相扑的记事中也能看到"行事"一词,但这似乎是负责祭礼整体的角色。另外,在《曾我物语》的相扑记事中,也有居住在伊豆国的三岛入道将监自称为"立为行司"的说法,虽说《曾我物语》的原型形成于镰仓末期至南北朝时期,但其现存通行本的成立时期难以确定,所以很难判断这是哪个时期的用例。

十六世纪末以后,木濑以及岩井、吉田、木村、长濑等行司流派开始出现在各种书籍当中。关于这方面的情形在后文中还会提及,但在《信长公记》中登场的木濑太郎太夫的名字,后来与吉田司家一起被传为某些流派的开山始祖。而最初与近江国相扑人一起被信长招来的木濑,也与后面将叙述到的作为行司活跃于京都等地的吉田一起被视为传承相扑故实的行司始祖,这一点暗示了应该得以传承的相扑式样和故实,在京都及其周边已经形成并保持了下来。而且,这件事也说明了劝进相扑演出的仪式性样式究竟来源于何处。

艺能的劝进演出不可缺少的就是栈敷(看台)。比如猿乐、田乐的劝进演出时,以足利将军为首的大名们都以购买"栈敷几间"的方式,拿出大笔的资金来参与劝进。栈敷席一般为六十间(一间约 1.82 米)左右,大规模的劝进演出有时会达到八十间以上。猿乐每间是两贯文至四贯文(大约相当于现在的十五万日元至三十万日元)的价格,[①]这为劝进主办方及演艺人带来了十分可观的收入。而没有财力购买栈敷的人们,据说可以在被称为"地居"的大众席观看演出,每人只需支付三十文至五十文左右(大约是两千至四千日元)。[②] 关于相扑的情形,史料中没有记载,但是现代大相扑演出中依然保留着的"栈敷席(桝席)"这种观众席的构造,其渊源可以追溯到遥远的中世的劝进演出,这是不难想象的。

就这样,演艺人一边期待着权势阶级的"祖护",一边举行着劝进演出。这种演出占据了相当规模的场地,很多情况下是在公权

---

① 依据后藤淑《能的形成与世阿弥》(木耳社,一九九六)的推算。与现在货币价值的换算则依据新田的观点。

② 依据前引后藤《能的形成与世阿弥》以及北川忠彦《劝进的时代》(载艺能史研究会编《日本艺能史 3 中世》,政法大学出版局,一九八三)的推算。与现在货币价值的换算则依据新田的观点。

力的认可甚至是庇护下举行的。"劝进"这种集资行为本身,在中世后期大多是在幕府的认可和援助下进行的,参加劝进演出的猿乐等演艺人因为得到了幕府的扶持,有时还会在其他艺人面前显示其优越性。这一点对于相扑来说也一样。在前面的《义残后觉》的记事中,曾提到从京都奔赴筑后的相扑人们拿到了"许可书",从这样的事情中可以窥见,有着高超技艺及渊源的专业集团不仅凭借其技艺的高超,更想仰仗着公的权威,来谋求与非专业相扑人之间的差别化,同时夸耀自身的正统性。此外,相对于寺社祭礼的献纳相扑,或是设置栈敷的劝进演出那样的在正规演出场所举行的相扑,在其余场所举行的街头相扑等,则被视为是不服从公权力的支配,可能扰乱社会秩序的非正统的相扑,逐渐成为取缔的对象。近世作为"正统的相扑"而固定下来的营利劝进相扑演出,正是从这样的根中生长出来的。

# *专栏　街头相扑的风景

街头相扑禁止令的历史，出人意料地与街头相扑的历史一样悠久。在十三世纪前半期，镰仓幕府就已经颁布在镰仓市中禁止街头相扑的法令。

在法令中与街头相扑一道成为禁止对象的，还有偷盗、旅人、强掳妇女、强买强卖等被认为威胁到城市秩序安宁的事项。街头相扑吸引许多人群集一处，可以即兴参加比赛。人们在兴奋中围绕胜败展开的争论或与赌博相关的纠纷，往往会上升为打斗事件，作为秩序紊乱的温床，当局的反感也是可以理解的。镰仓时代中期颁布的街头相扑禁令，实际上正是"街头相扑"一词在史料中的最早记载。

之后，虽然不是那么频繁，但在中世后期的市场公告中，以及近世的市内取缔令中等，还会不时地看到街头相扑的禁令。

这些法令中所说的街头相扑，应该是指在人来人往的城中路口街头，偶然聚集在一处的人们主要为了自己娱乐而进行的相扑比赛。作为"水户黄门"而闻名的德川光圀，年轻时也经常参加街头相扑，还曾被结结实实地扔到了地上晕厥过去。这些故事在光圀的侍医井上玄桐的《玄桐笔记》中都有记载。

与中世以来不断发展的相扑人的专业化、职业化（演员与观众的分离）的大潮流不同，在街头村落这些地方，演员与观众一体可以即兴参加的相扑正在不断地上演着。与村落祭礼的狂热相关联的这样的光景，也许是作为"国技"的相扑的原有风景之一吧。

# 第六章　三都相扑集团的成立

## 诸藩供养相扑的形成

关于职业相扑的形成,以前总有一种解释,认为"战乱平息,失业成了浪人的武士们开始以相扑为生计,在各国巡回演出,从而形成了职业相扑"。但是,从前文的叙述中可以明确,这样的解释是不恰当的。这是受到了将中世相扑视为"武家相扑的时代"这种成见的左右,试图以"失业→浪人"这种事情为前提,来说明中世武士向近世相扑取演变的过程。但是,中世的相扑主角实际上并不是武士,而是作为职人的相扑人。既然已经明确了这一点,那么关于近世相扑的承担者相扑取的登场,就没有必要再设定那样的前提了。实际上,成为营利劝进相扑的主角的相扑取们,并不是从武士,而是从中世的专业相扑人中产生出来的。

中世末期,在相扑人当中,有些人是以京都周边这一最大市场为据点,在诸国进行巡回演出,也有人在地方上受雇于武将为生。他们可以说是相扑人当中的精英。不过,除他们之外,可能还有一些不以相扑为生,而是以地方寺社的祭礼相扑等为副业的半职业相扑人,或是参加街头相扑、野相扑的非专业的相扑人等。当然,劝进相扑的市场并不只存在于都市地区,也存在于地方。比如,在《义残后觉》《大友兴废记》中就有九州地区的劝进相扑的记事;在《梅津政景日记》①中,也可以看到宽永年间(一六二四~一六四四)

---

① 近世初期的出羽秋田藩士梅津政景的日记。现存庆长十七~宽永十(一六一二~一六三三)年间的部分。

在秋田地区举行劝进相扑的记事，其中还记录着"出云的数马"以及大桥、根篆等相扑人的名字。

在这样的过程中，诞生了成为近世营利劝进相扑承担者的相扑取们，不过在这之前，还要走过一些迂回曲折的道路。

正如高埜利彦所提示的那样，近世初期，即十七世纪前半期的相扑是武士们的乐趣。① 高埜指出，庆安元（一六四八）年二月幕府发布告示，禁止被武士供养的相扑取使用奢华的兜裆布，同时也禁止非武士供养的相扑人的劝进相扑。同年五月又发布了禁止街头相扑的禁令，而且于宽文元（一六六一）年还禁止在"町中"举行相扑等，这一时期幕府采取了禁止在武家宅邸之外进行相扑的方针。

虽然高埜认为这一时期的相扑是"让供养力士在宅邸内进行较量，专供武士们观赏的相扑"，但是正如宽文元年的劝进相扑禁令所显示的那样，其禁止的对象是"町中"，所以可以推知，村落里的祭礼相扑等在这一时期也还是存在的。不过，这一时期是江户、京都、大阪三都劝进相扑演出的空白期，这也是事实。

前文已经述及，在《义残后觉》等书中还能够看到十六世纪末京都周边劝进相扑演出的记录。进入十七世纪以后，在《义演准后日记》②庆长十（一六〇五）年七月二十三日条中，仍然可以看到在山城国醍醐乡由乡民举行劝进相扑的记录。另外，在《古今相扑大全》中也记载着，宽永二十一（一六四四）年山城国爱宕郡田中村（现京都市左京区田中上柳町）干菜山光福寺（干菜寺）的住持，为了重建该寺的镇守八幡宫请求举行劝进相扑并获得了许可，第二年即正保二（一六四五）年在鸭凪之林举行了为期十天的相扑演出。但是，此后直至元禄年间（一六八八～一七〇四），劝进相扑的记录中断了。

关于大阪的劝进相扑，在正德年间（一七一一～一七一六）的《相扑家传钞》③一书中，有"称作波涛回声的赞州相扑"在大阪举行的记载，此外还有宽文年间（一六六一～一六七三）有一位叫小作

① 前引高埜《近世日本的国家权力与宗教》。

② 醍醐寺座主义演的日记。现存庆长元～宽永三（一五九六～一六二六）年间的部分。

③ 据传为江户的行司木村喜平次所著。

相扑的历史

兵库的行司在惠比寿岛参加相扑演出,因为口角之争比赛被停止了的记载。不过最早出现的确切记录,应该是元禄十五(一七〇二)年在堀江新地举行的相扑演出。关于这次演出的经过,稍后我们还会谈到。

　　至于江户的劝进相扑,《古今相扑大全》中最早的记载,是宽永元(一六二四)年明石志贺之助在四谷盐町笹寺举行的六个晴天演出,后来明石志贺之助被比拟为初代横纲。不过其根据并不明确,围绕明石志贺之助的各种传说错综复杂,一时间还难以采信。另外,根据前文提到的《相扑家传钞》的记载,最早的劝进相扑是一位叫作古关贯的相扑取在神田明神原举行的。这些事迹难以一一去具体证实,但在宽永年间出版发行的《吾妻物语》[①]以及《漫物语》[②]等书中都记载着,在江户町中劝进相扑与各种艺能一道频繁举行。显然,在宽永时期的江户是举行劝进相扑演出的。但是自庆安元(一六四八)年的劝进相扑禁令之后,再在江户举行劝进相扑,就要等到贞享元(一六八四)年了。

　　虽然庆安以前劝进相扑演出的细节没有史料记载,但如果看一看记录有举办经纬的山城光福寺的情况,我们便会注意到其是以遵循了"劝进"的本来旨趣的理由,即为重建镇守八幡宫而筹集资金,而在寺院的主导下举行的劝进相扑。进行劝进的寺院成了演出的主体,由寺院雇用相扑取作为劝进方,将周边的相扑取召集起来作为挑战方来进行演出。因为史料很少,大多要靠推测,这一时期的劝进相扑似乎是延续了中世以来的(本来意义上的)"劝进"演出,演出的事迹也是单个的,并没有形成定期举行演出的组织。从相扑演出的形态这一点来看,将其归在中世最末期似乎比较恰当。

　　另一方面,如前文所述,从中世向近世过渡这一时期,是武士们盛行聘用相扑取的时期。各地藩主们竞相聘用有实力的相扑取,组建了"相扑组"、"相扑众"等。例如,庆安年间以天下无敌自

---

①　据传为德永种久所著,江户市中的评判记。宽永十九(一六四二)年刊行。
②　据传为三浦净心所著,描写江户游廓风俗的见闻记。宽永十八(一六四一)年刊行。

夸、号称"日下开山"①的黑柳左茂右卫门（又名镰仓十七），作为鸟取池田家的"相扑众"获得了大米七十袋的赏赐，相当于八位武士的禄米。除此之外，在池田家的账本上，还可以看到作为"相扑众"的渡边勘太夫、熊谷五郎兵卫、筑岛关右卫门、二见三郎兵卫等的名字，他们各自获得了从二十袋大米（三位武士的禄米）到五十袋大米（五位武士的禄米）不等的薪酬，不过其作为相扑取的业绩却并不明确。在鸟取，据说在这些"相扑众"之外，家老和商人也都聘用相扑取，还曾将那些相扑取召集起来举行过劝进相扑。此外，在加贺前田家、纪州德川家等实力雄厚的大名中，聘用相扑取的也很多，大名们常常会让这些相扑取进行相扑，比赛输赢。前面提到的《日本相扑史 上》中，作为对抗相扑的例子，就介绍了在加贺前田家和越前松平家、越前松平家和若狭小浜酒井家之间的聘用相扑取的对战。

如第四章中业已提及的那样，在劝进相扑没有定期演出的组织，职业相扑人缺乏安定的生活基础的状况下，可以领取丰厚俸禄的各藩供养相扑，应该是一个充满诱惑力的职业。更何况由于庆安禁令的颁发，劝进相扑的演出被禁止，得到社会认可的技艺超群的相扑取们，更是纷纷选择了投靠各藩这条路。可以推测，以相扑为生的诸国相扑人，一部分成了各藩供养的相扑取。这样，便在诸国形成了相扑的精英集团。②

实际上，在《古今相扑大全》、《相扑鬼拳》③和《相扑今昔物语》④等书中所看到的这一时期的著名相扑取，以纪州的鬼胜象之助为首，几乎无一例外都是各藩供养的相扑，而与劝进相扑演出相关的

---

① 为开辟寺院的宗祖开山的意思，在相扑社会作为代替"天下第一"的称呼而使用，之后多用于指称获得横纲资格的力士。当然，并不是说"日下开山＝横纲"。

② 在近世初期，相扑力士一般要在本名之外取一个艺名，但是在庆安元年的劝进相扑禁令之后，接着在庆安四（一六五一）年发布了禁止相扑力士的"艺名的别名"的法令。这应该是取缔以演出谋生的相扑力士政策的一环。这是什么时候解除的并不明确。

③ 大阪的相扑头取雷藤九郎和他的儿子、也是相扑力士的雷富右卫门两人所编的相扑书。成书于宝历十一（一七六一）年左右。

④ 子明山人所著。书中记载了以大阪为中心的相扑演出的沿革、著名相扑力士的传记和传说等。成书于天明五（一七八五）年。

事迹可以说完全不为人所知。在这些书中,记载相扑取名字最多的是《古今相扑大全》,其所列举的"中古"相扑取被分类为纪州以及九州平户、丸龟、势州津、明石、高松、南部等"众",大概是这些藩里供养了众多的相扑取,形成了相扑集团吧。

在这个过程中,各地也逐渐形成了相扑技术的独自性。这是一个不断给相扑技术带来革命性变化的时期(参见本章末尾的专栏),在这个时期,出现了作为竞技场的"土俵"这一重大发明。在纪州,以著名的镜山冲之右卫门为中心展开了活跃的相扑技术研究,这虽然是稍后一些的事情,但不难想象,如果各地诸藩相互夸耀各自优秀相扑取的对抗意识增强了,那么无论在哪家,都会叱咤激励自己的相扑取,鼓励他们去练习钻研。作为被供养的相扑取,其生活基础得到了保障,这给了他们理应战胜别家相扑取的强烈动机。由于这些相扑取的努力,相扑技术无疑获得了更高的发展。

另外,南部的著名方形土俵也是起源于十七世纪末,并获得了独自的发展。肩负着南部方形土俵故实传承的,是一位叫作长濑越后的行司。一般认为,长濑是承袭了前文提到过的木濑太郎太夫的源流,不过,据说其很早就追随南部家,倡导称为长濑流的独自的相扑场法式,直至近代确立起了自己的地位。此外,虽说不似长濑这般有鲜明的特色,但各地也产生了诸如纪州的尺子等行司的流派,他们也讲说相扑故实,指导各地的相扑取。关于相扑故实和行司家的问题,我们还会在之后的章节中叙述。

这样一来,在武家供养的相扑取与非武家的相扑取之间,无论是经济上还是技术上,或者是故实格式等方面,都产生了很大的差距。不具备足够的技术力量被诸藩发掘成为供养相扑的那些人,作为所谓的二流相扑取,一边参加地方寺社的祭礼相扑,或是街头相扑、野相扑那样的非合法相扑,一边谋求成为武家供养的相扑人,他们应该是作为半职业性的预备军而存在的。一流的相扑取向武家集中这一倾向,促成了"相扑取"的阶层分化。

稍后的正德元(一七一一)年,发布了禁止町人供养相扑的布告,理由是"听闻各市有町人供养相扑取,召集起来使之相扑",这种情形"与町人身份不符"。在这里,指责町人供养的相扑取"非正规的真正的相扑取",而是让消防员等非专业的人在表演相扑。在幕府的认识中,供养相扑取是武士的特权,在町人风情中是不能允许的。另外,只有武家聘用的才是"真正的相扑取",与非武家的人们是有区别的。幕府的这种姿态,也从体制上促进了相扑的专业化。

劝进相扑禁令就是建立在这种潮流基础之上的。

## 公许劝进相扑的成立

如果我们反过来推测前面所说的正德禁令发布的缘由的话,从中应该可以看到町人们欲将相扑作为一种娱乐来欣赏的欲望的高涨。在庆安、宽文的劝进相扑禁令之后,幕府也多次发布了街头相扑禁令。尽管禁令一再发布,但在各市街的十字路口和大街上,一到夜晚还会聚集大量的人进行相扑,似乎根本没有停歇过。

此时正是元禄文化逐步走向繁荣的时期。以成为物资流通焦点的京阪地区为中心,社会财富累积,消费文化迅速走向成熟。与此同时,道路、桥梁、运河等的修建,沿岸地区的填海开发,以及城市区域的经济活动的振兴等,社会资本的充实完善成为急务,因而作为补充公共投资的一种方法,以消费文化为背景的"劝进"再次受到人们的瞩目。这样的社会背景原因,再加上人们对于娱乐的需求,于是到了元禄年间,幕府改变了方针,即从一律禁止劝进相扑转变为有附带条件的许可统制。

作为京都劝进相扑复活的确实事例,最早可以举出元禄十二(一六九九)年为修复冈崎天王社而举办的为期七天的劝进相扑。之后,同一年为修复吉祥院村天神社举行了为期五天的劝进相扑。元禄十三年,为修复五条武田八幡社举行了为期五天的劝进相扑;为修复光福寺八幡宫,在高野川原举行了为期七天的相扑;以及为修复朱雀权现寺堂举行了为期七天的相扑。到了元禄十四年,由于"东寺四冢町驿站供应来往行人,町中穷困",进行了为期七天的演出,以此为契机共计举办了三次劝进相扑。就这样,劝进相扑逐渐走向了繁荣。这些演出无一例外,都是以修复寺社、修建道路桥梁或救济町中穷困等名义,即在带有公共性的资金调度的名目下举行的。

关于其中的元禄十二年修复冈崎天王社时举办的劝进相扑，在《大江俊光记》①中留下了相关记录。据该书记载，这次相扑在五月二十八日到六月十九日之间，共举行了七天。宫本（劝进方）有大关两国梶之助等二十人，挑战方有大关大滩浪右卫门等二十人，行司有吉田追风、岩井团右卫门等四人参加了比赛。② 最后一天由两位大关上场对战，结果两国胜出，书中记有"两国取弓也"（或许这就是弓取的原型）。此时的演出场地有栈敷六十三间，此外还设有草地席，在中央建筑了土俵。据说相扑场的周边茶室、客栈鳞次栉比。相扑竞技演出场的构造，在这个时候似乎就已经定型了。据说此次演出收益中有五十两用于修复天王社，十两下拨给了当地地方。

另一方面，在大阪周边，为了町的繁荣举行的劝进相扑演出也获得了许可。作为早期的例子，可以举出元禄四（一六九一）年为救济堺的海船町等三个町的不景气而得到许可的劝进相扑。堺在此后的元禄六年、宝永三（一七〇六）年，又同样以町的穷困救助为名目获得了劝进相扑的许可。在大阪，以元禄十一（一六九八）年开发堀江新地为契机，为了筹措土地费用和地方的繁荣昌盛，元禄十四年，由伊丹的大山次郎右卫门作为劝进方提交了劝进相扑申请，元禄十五年以后，便经常举行劝进相扑。

至于江户，在《相扑家传钞》等近世中后期的书籍中，都会把贞享元（一六八四）年雷权太夫等人向寺社奉行本多淡路守提出申请，以深川新开发地繁昌为名在深川八幡宫境内举行的八天劝进相扑，作为江户劝进相扑的再兴而列举出来。该演出的申请人名单上打头的雷权太夫这一名字，现在依然作为年寄名迹③"雷"而保

---

① 引自《古事类苑》"武技部二十"。

② 大关、关胁、小结这"三役"的名称出现于文献史料中，实际上以这个番付（排名榜）为最早。中世末期在淘汰式的相扑演出中将最终胜出称为"取关"，一般认为大关的称号来源于此。关胁的称号则可能来源于"取关"的"关"，和相扑节相扑人最手之下的地位"胁"的称呼。关于小结，在《古今相扑大全》中解释为"在相扑取三役中最早结束的一场比赛"，但不能确定。

③ 从祖上历代传下来的名字、家名、称号等。——译者注

留着，据说当时雷等十五人结成"株仲间"①取得了相扑演出的许可，便是相扑年寄的原型。如果仅从《劝进相扑愿控》②、《祠部职掌类聚》③等史料来看的话，贞享元年以后，几乎每年都会有劝进相扑演出的许可，从元禄末年到正德年间（一七一一～一七一六），大概每年会有两次到五次的样子。由此可以看出，与京都和大阪一样，从这一时期开始江户的劝进相扑演出也开始趋向稳定了。

这样，从十七世纪末期到十八世纪初期，在京都、大阪、江户三都，得到公许的劝进相扑演出的基础应该是形成了。不过，这里还有一个前提条件。

如前所述，在近世初期，诸藩聘用相扑取的现象很多，实力雄厚的"真正的相扑取"们拿着俸禄为各藩效力。然而，胜冈南部家在元禄七（一六九四）年，作为缓解藩财政窘迫措施的一环废止了"相扑者"，一部分人解除聘用回到了出生地，一部分被编入了"足轻"④。就是在继续供养相扑取的藩中，如鸟取池田家等，与宽永到庆安年间（一六二四～一六五二）相比，在十八世纪给予相扑取的俸禄，水准也有了大幅降低。从整体上可以看出，各藩出现了力图减轻由于供养相扑取而造成的藩财政负担的动向。

与这种动向相呼应，在元禄以后的劝进相扑演出中，各藩供养的相扑取频繁登场了。比如，元禄十二（一六九九）年，在京都冈崎天王社的劝进相扑中作为大关出现的两国梶之助，在元禄十五年又以大关的身份出现在大阪堀江的相扑演出中。在同一时期举行

① 同业者集结起来向幕府缴纳一定的营业税，在其许可下谋求经营的垄断，属于一种卡特尔。从十七世纪中期开始出现，天保十二（一八四一）年曾一度发布了解散令，但嘉永四（一八五一）年又发布了再兴令直至幕末。但是，劝进方由相扑力士出身的年寄所独占，是十八世纪中期以后的事，相扑会所是否是严格意义上的"株仲间"，这一点还有怀疑的余地。

② 将江户的劝进相扑演出申请文书的底单集在一起的书籍。现片段性地残存着贞享元～享保二（一六八四～一七一七）年间的记录。

③ 将江户寺社奉行相关的法令、记录加以集成、分类的书籍。在第八册"开帐愿差免留"中，记载着元禄十五～安永十（一七〇二～一七八一）年间（有中断）的劝进相扑申请书类的抄本。

④ 最下级的武士。——译者注

的江户牛込弁天社的相扑演出中,他也曾以"相关"①的身份登场。这名相扑取是鸟取池田家所供养的,在排名表中标注为"因幡"或"因州"。此外,在元禄时期的排名表中可以看到很多标注为"赞州"的相扑力士,还有肥前、筑前等,某一地域的相扑取集体参加演出的例子有很多。虽然很难说这些人都是当地各藩的供养相扑,但以供养相扑为中心而培育起来的相扑取集团,应该是开始集体参加演出了。在这背后,可能也存在着用参加演出得到的报酬来弥补藩的俸禄削减的意图吧。三田村鸢鱼指出,"武家出借相扑取参加町内的演出,是元禄中期以后开始的"②。在《相扑今昔物语》中,也讲述了纪州的供养相扑取从元禄、正德时期开始参加三都的劝进相扑的故事。这样一来,元禄以后的劝进相扑就成为有"真正的相扑取"参加,具有更高水准的演出。

不过,主办这些相扑演出的,最初是那些专门以组织比赛为职业的町人经纪人。比如在大阪,第一次劝进演出的主办者大山次郎右卫门就是町人出身,而且他自己也从事相扑。其后,袋屋伊右卫门、河内屋伊右卫门、江畑五郎右卫门等邻近的町人经纪人,也都主办过劝进相扑演出。在江户,从元禄到正德前后,像异国三太兵卫、吉方传二、道芝七太夫、柳原文左卫门等,都是由町人经纪人担任劝进方的例子。这一时期的劝进相扑演出,并不是相扑取集团自己主办的演出,而是由一般的经纪人充当演出主体,与诸国的相扑取集团交涉,从而把参赛者召集在一起的。在元禄至宝永年间(一六八八~一七一一),即便取得了演出的许可,有时也会以"相扑人有误,演出难以进行(预定的相扑力士因差错没有到齐,演出无法举行)"为由,中止或延期演出。③

在进入十八世纪后,劝进相扑演出只要申请就会获得许可,在三都几乎成了定期举行的活动。虽然打着"劝进"的名号,但明确写有"为了生计"的申请也会得到批准。在演出主体中也开始有相

① 位于大关与关胁之间,用现在的话来说大体相当于准大关吧。在元禄时期的排名表中经常出现,相同的还有"里关"这样的名称。

② 三田村鸢鱼:《相扑的故事》,载《三田村鸢鱼全集 第十五卷》,中央公论社,一九七六年。

③ 依据前引《祠部职掌类聚》。

扑取出身的名字出现,相扑取通过劝进演出赚取生存资本的体制,终于逐步走向了成熟。

然而,就在这个时候,却颁布了刚才提到过的正德相扑禁令。也就是说,正德禁令是针对武家供养的"真正的相扑取"与非武家的相扑取之间的区别开始变得模糊,冠以劝进之名举行演出赚取生存资本的相扑取开始登场而颁布的,其体现了幕府试图维持旧时的区别方针。高埜利彦指出,与此同时,不仅限于相扑,对于冠以劝进之名而实为获取生活资金的其他一般演出,幕府的态度也变得极为严厉,从享保末年到元文、宽保初年,包括相扑在内的一般劝进演出在江户几乎都没能获得许可。①

这样,在江户的劝进演出出现一时的停滞不前之际,诸国的相扑取便纷纷向京都、大阪转移。对于已经将演出作为谋生手段的相扑取们来说,如果江户不行,那么到京都、大阪赚钱是理所当然的行动。从享保年间(一七一六～一七三六)开始,在京都、大阪举行的劝进相扑演出的排名表很多都被保留了下来,北起津轻、南部、仙台,南至肥后、萨摩,相扑取们从全国各地赶来参加演出。不仅仅是相扑取,行司们也从诸国纷纷前来参加,比如在大阪举行的主要有南部相扑取参加的演出时,作为行司就有长濑越后等的名字载于排名表上。从享保到宽延、宝历年间(一七四八～一七六四),京都、大阪的演出对于各国的相扑取来说是最好的舞台,据说谷风梶之助(与横纲资格的谷风不是同一人)、八角楯之助、相引浦之助、丸山权太左卫门、阿苏岳桐右卫门等拥有相当实力的相扑取们的角逐,博得了极高的人气。

这期间,劝进相扑演出的体系发生了三个重要的变化。第一,演出的许可已无须以劝进的名义去申请,以谋生的名义申请也能通过已成为一种常态。第二,作为劝进方提交演出申请的主体,由寺社、经纪人转变成了相扑取出身的头取(在江户称为年寄)为中心。第三,参加演出的有实力的相扑取阵营在一定程度上较为稳定,逐渐具有了演出的连续性。此时的排名表还不像现在这样按照前一场的成绩来排序,而是每次把从诸国前来参加比赛的相扑

① 前引高埜的《近世日本的国家权力与宗教》。

相扑的历史

取们划分成不同的等级,虽然参加演出的相扑集团每次都有变化,但是有实力、人气高的相扑取渐渐地每逢演出都会受到邀请,他们便经常占据了排名表的上位。

这样,到了十八世纪前半期,劝进相扑逐步形成了常规演出的组织体制,其作为相扑取的谋生手段,另外作为提供给都市居民的娱乐形式,开始趋向稳定。就是在曾经一时禁止过演出的江户,也终于在宽保二(一七四二)年解除了一般劝进演出的禁令,劝进相扑演出迅速得到了复活。此后江户的劝进相扑全部都是以谋生为目的的演出,劝进方也都由相扑取出身的年寄来担任,与京都、大阪一样,演出体制逐渐走向了完善。演出禁令解除的翌年即宽保三年,很快在京都演出的排名表上,就出现了源氏山住右卫门、绫川五郎次等标注为"江户"的相扑取。大概在江户禁止演出期间,相扑取出身的年寄就已经以某种形式参与了相扑取的培养和相扑演出吧。有了这样的基础,江户便迅速地发展成了与京都、大阪齐名的相扑演出中心。

已然繁荣兴盛的京都、大阪,再加上复活后的江户,三都的相扑演出被称为"四季劝进相扑"。在天保九(一八三八)年斋藤月岑所著的《东都岁时记》中,关于劝进相扑记有:"春秋二度。乞请官府,晴天十日之间,于寺社境内演出。夏于京都,秋于大阪演出。合计四季各有一度,一年四度。"这是宝历之后大相扑演出的基本周期,最初演出时间为八个晴天的江户相扑,从安永七(一七七八)年开始也和京都、大阪一样改为十个晴天,至此确立了三都的大相扑演出体制。

# 从京都、大阪到江户——相扑集团的统合

前文业已述及,三都四季劝进相扑体制的确立并不是说江户、京都、大阪形成了各自独立的相扑集团,且各个集团的演出已经被固定。所谓四季劝进相扑体制,是指将诸国的相扑集团集聚在一起,作为大规模的合并演出的"大相扑"每年举办四次的体制,登场的相扑取们每次都要依据与劝进方的契约应招参加演出。设在三都的并不是各自独立的相扑演出团体,而是相扑集团集合在一起

举行大规模演出时的演出中心。在相扑取们当中，日常居住在地方的也不在少数。诸藩的供养相扑就更不用说了。

江户的年寄轮流担任劝进方和"差添"①，是劝进相扑演出的责任者。关于年寄的人数，在贞享元（一六八四）年"株仲间"成立的当初有雷权太夫等十五人，后来逐步增加，《古今相扑大全》中记载有三十人，到宽政三（一七九一）年德川家齐举办上览相扑的时候，提出的年寄联名上有三十八人。最初好像也有非相扑取出身的人做年寄的，但是在十八世纪后半期，通常是由相扑取或行司出身的人成为年寄。年寄的名号分代代世袭名号和仅限一代的名号，变动很大，作为年寄名迹被固定下来是很久以后的事了。京都、大阪的头取与江户的年寄基本相同，尤其是大阪，侠客等加入头取的情况似乎也不少。四季劝进大相扑的演出，就是由这些年寄、头取们来组织的。

当然，无论是江户的年寄还是京都、大阪的头取，都不仅仅是劝进相扑演出的工作人员。相扑取出身的他们也会把相扑取作为弟子来培养，与其弟子们一起组成小规模的相扑集团。这个小集团即相当于现在所说的"部屋"，平日里成员们一起进行日常训练等活动，参加寺社的相扑奉纳等小规模的演出，而在参加大规模演出的时候，则被视为一个单位或者归属集体。这样的小集团集合在一起，很有可能就构成了如同"江户相扑"的核心部分。

话虽如此，但在四季劝进相扑体制确立的这个时期，地方相扑集团依然健在。如果看一下三都演出的排名表，便可以看到标注有仙台、南部等奥羽地方，以及九州各地、云州等相扑取的名字。这些演出也大多采取了集体邀请各地的集团参加的形式，排名表上通常是"九州"的相扑取占一边，"奥州"、"秋田"的相扑取列在另一边，也经常能看到"江户"的相扑取被安插在中间的排名表。京都、大阪的演出，也是同样的情形。

要想理解这种状况，不妨与现代的摔跤演出体系做个比较。现代的摔跤演出也有多个独立团体并存，有演出的主办团体，其拥

---

① 劝进方是代表所有年寄申请劝进演出许可的责任者。差添是辅佐劝进方，或承担连带责任的角色。

有直属的选手，但是光有这些仍无法举办演出，还需要从有合作关系的海外团体中邀请选手，或是邀请国内的其他团体和自由人选手来参加，以达到一定的人数和规格来举行比赛。当时的相扑演出体制，正好与这种摔跤比赛有着同样的构造。

自然，当时观众的兴趣所在和要求与现代也有一些不同之处。比如，如果是在大阪的演出，那么观众会认为以大阪为活动中心的相扑取就是好人，而外来者则被认为是坏蛋。就是在江户、京都，也是这样来分别好人和坏人的。让好人中最有人气的获胜，这样的操作也成了演出政策上心照不宣的默契。例如，在活跃于以江户为中心的地区的谷风与在京都、大阪度过学徒时代的小野川的对战中，在江户谷风是好人，而在京都、大阪小野川就变成了好人，与其在对方领地上取胜，不如留下一个让双方都满意的结果。这一点也与现代职业摔跤相类似，在同为人气选手的比赛中，为了不给双方留下瑕疵，很多时候都会出现平局、保留等不分胜负的结果。

观众也未必期待真正的胜负较量，在熟知这些内情的基础上，人们一般都会将土俵上的表演当作"艺"来欣赏。而且，如果在这里再掺杂进供养大名的面子之争的因素，事情就会变得非常复杂。所以，如果极端而论的话，与其列举各种江户时代相扑取的胜负来比较其实力强弱，还不如认真讨论现代职业摔跤选手的胜负更有意义。从地方带来体格健壮的人，一举成为"三役"①的所谓"招牌相扑"的存在，也应该结合上述这些因素来理解。其主要发挥"招揽观众"的功能，由此也可以推测出当时观众的主要兴趣在什么地方。②

另外，以招待地方相扑集团进行联合演出的形式开始的三都大相扑演出，也随着演出体制的稳定，出现了优秀的相扑取向三都的大舞台集中的倾向，其面貌也在不断地发生着改变。到了十八世纪末期，大多数有实力的相扑取会经常性地出现在四季劝进相扑的演出上，排名表的阵容也逐步趋于固定。三都成为培养相扑

---

① 指大关、关胁、小结。——译者注

② 十八世纪后半期，通常将招牌力士置于大关位置，而实质上的最强者为关胁。谷风梶之助最早用达关的名字作为招牌大关登场，在实力得到承认后一时退居平幕（指一般的幕内力士，即非三役和横纲的人。——译者注），之后以关胁的身份获得横纲资格。

取的中心,隶属于地方相扑集团的人们为了职业发展来到三都,重新选择年寄(头取)拜师入门的例子也增多起来。三都与地方相扑集团之间的差距,可以说犹如一流(一军)和二流(二军)的关系那样越来越明确化。演出的排名表,也开始由三都的部屋所属的相扑取,再加上各藩供养的相扑取来编成了。[①]

在三都轮流举行演出的体制下,只拿一个地方例如江户举办的演出对排名表的变化以及成绩等说三道四并不恰当。这就好比在一年六次的本场所比赛中,只拿东京举行的三次来讨论现在的大相扑就不全面。不仅是江户,在京都、大阪举行的演出同样也是大相扑演出的"本场所",如果再算上大相扑间歇期间由小集团举行的地方演出的话,那么经常被引为例证的川柳"好男儿一年工作二十天"的说法,决不能说是反映了实情。这句川柳只不过反映了江户人意识、见闻的狭隘。

在这样的三都演出体制中,江户作为相扑的中心也逐渐占据了优势地位。其中一个很重要的原因,就是诸藩宅邸的存在。供养着众多优秀相扑取的大名,其基本的行动模式便是往来于本国与江户的宅邸之间,即所谓的参观交代,[②]而供养的相扑取也会随着大名的移动以本国和江户为中心进行活动。因此,大名们出于训练等目的为相扑取选择部屋时,比起京都、大阪来更容易选择江户,而本来以江户为中心进行活动,对于相扑取来说也更容易获得被供养的机会。因此,即便是已经入于京都、大阪的头取门下,作为弟子积累了训练经验的相扑取,在参加江户的演出时也要与江户的年寄之间结成师徒关系,也就是说在从属于京都、大阪部屋的同时又寄留在江户的部屋,以双重属性来累积经历的情况越来越多了。

江户与京都、大阪的相扑在演出体制上明确分离,是遥远的幕末时期的事情了。当时的相扑第一人阵幕久五郎对江户的未来失去了信心,转而前往大阪寻求发展。在此之前,京都、大阪都是作为以江户为中心的相扑取培养体制、大相扑演出体制的一环,而占有着重要的地位。

---

① 关于诸藩供养相扑的体系,将在下一章中论述。

② 诸国诸藩的大名,轮流居住于江户与本国的制度。

相扑的历史

# *专栏 "土俵"的形成

土俵作为相扑的竞技场,其出现的时间实际上并不算早。用装有泥土的草袋堆砌成竞技场,这种土俵究竟是在什么时候形成的,至今也没有确切的说法。有说是织田信长时期,或说是近世初期,有各种不同说法。在近世初期的相扑画中有很多都没有描绘土俵,不过,在《大江俊光记》关于元禄十二(一六九九)年五月在京都冈崎举行的劝进相扑的记录中,可以看到"土俵四根柱"的记载,所以可以肯定,最晚在这个时期,土俵作为相扑的竞技场已经成立并固定下来了。另外,在被推定为延宝年间(一六七三~一六八一)之物的相扑绘马(传兴福寺旧藏)中,也有描绘土俵的,但推定绘马为"延宝年间之物"的根据还不能确定。

据说土俵的起源是围绕相扑场的观众的圈(人方屋)。无论是相扑节时代,还是中世的祭礼、劝进相扑时代,虽然没有特别的征兆表明当时设有明确的竞技场的界限,但是从史料中的一些记述可以窥探出,在中世末期以前人们已经产生了境界意识,即出了一定范围的人判定为输。比如《元亲记》中把对手逼到了"一侧边上"等的记述,《大友兴废记》中一名叫原大隅的大力武士把竹子掰弯做成圈,想以此作为胜负分界线的逸事等。在近世初期的街头相扑中,据说也有被推入人圈中者判定为输的情形。这一时期也存在四角支起四根立柱,中间用绳子连接的比赛场,据说从这里也发展出了四方土俵(四方土俵残存于南部地区,直至近代)。在贞享三(一六八六)年出版的井原西鹤《本朝二十不孝》的插图中,所呈现的大阪相扑的土俵也是四个角。相扑画中出现圆形土俵,一般认为是在元禄(一六八八~一七〇四年)时期,但前文提到过的《大江俊光记》中有"土俵四根柱,三间四方,其内圆形二间,离地约三尺高"的记述,这种土俵已经很接近现在的在堆土上设圆形土俵的形态了。

不难推测,作为一决胜负的竞技场土俵的形成,带来了相扑技术的大变革。从元禄到享保年间,有关相扑技术的书籍开始陆续出版,其背景不用说有相扑演出的盛行。由于土俵的形成,在以往的"放倒"技术上又发展出了将对手"推出"土俵外的技术，使作为竞技的相扑的面貌发生了很大的改变。另外，据人们的传言，元禄时期纪州有一位叫作镜山冲之右卫门的相扑名人，以他为中心的纪州相扑取们潜心钻研技术，给相扑技术带来了一大改革。虽说其详细情形并不是很明确，但可以想象，与土俵相对应的技术革新肯定是其中的重要要素。另外，"只要推出即获胜"的规则，也可能促进了"立会"①的技术革新，不过，在此无法展开详细论述。

①　力士起身交手。——译者注

# 第七章　江户相扑的兴盛

## 德川家齐的上览相扑

作为三都四季劝进相扑的一环，江户相扑春冬二次的公演被固定了下来。在十八世纪末，这种例行的比赛演出逐渐走上了轨道，作为庶民的娱乐活动，也在江户的岁时记里深深地扎下了根。宽政三(一七九一)年六月十一日在江户城吹上苑举行的第十一代将军德川家齐的上览相扑又将相扑比赛一举推向了空前的兴盛。

那一年春天，江户本场所比赛的首日按照排名表本来预定在四月二十二日，但由于连日下雨，比赛一拖再拖。这时，举办上览相扑的指令下来了。

在本场所比赛仍然处于延期状态中的五月二十一日，南町奉行池田筑后守长惠将本次劝进比赛的筹办人锹山喜平次、侍从伊势海村右卫门两人唤来，传达了上览相扑的内意，同时下发文书，命令他们要将诸国前来参加春季比赛的相扑取们留在江户参加上览相扑，并提交一份按东西分组的相扑取的名单。文书中特别提到："承右之趣旨，切记叮嘱，勿仗权威，行胡乱之举"。"前书所示趣旨，应特别交代相扑人等勿随意外传"，叮嘱相扑取们不要因为有上览的指令便倚仗权威胡作非为，也不要将上览的指令随意外传。

在举办上览相扑之际，由将军下令给掌管劝进公演的相扑年寄们而不是供养着众多相扑取的诸藩，这充分说明幕府是将劝进相扑演出集团作为相扑的统辖组织来认知的。也就是说，曾经将相扑限定为"武士的娱乐"，除武士供养的相扑取以外，将其他人都视为"非真正的相扑取"而加以禁压的幕府已经转变了态度,能够允许劝进相扑演出存在了。在京都、大阪地区,从元禄年间(一六八八～一七〇四)以后幕府就不再下发禁令,江户也从宽保年间(一七四一～一七四四)以后不再限制劝进演出。这意味着至此幕府已经明确承认了这些相扑集团是承载相扑技艺的正统存在。

　　在此之前,相扑集团也出现了一些别的问题。在不久前的宝历八(一七五八)年,相扑集团与"秽多"①之间围绕相扑观赏的争论也有了结果。十八世纪前半期"为了谋生"的劝进相扑公演开始在各地盛行,从那时起,渴望观赏相扑的"秽多"一方与试图拒绝秽多观赏的相扑一方屡屡出现纷争。其原因大概是在元禄到正德年间(一六八八～一七一六)劝进表演之际,相扑演出方一直给"秽多"支付"橹钱",②但从享保年间(一七一六～一七三六)起,却出现了相扑演出方拒绝支付"橹钱"的情况。宝历八年,对于在武藏国多摩郡八王子村(现东京都八王子市)演出时产生的纠纷,町奉行所全面肯定了相扑演出方的主张,并敦促秽多头弹左卫门提交了今后全国各地不允许"秽多"观赏相扑的"请证文"③。这场判决不单是对八王子村纠纷案的裁决,结果还一举确立了相扑集团对于"秽多"的优越地位,既有袒护、强化对于"秽多"的社会性歧视的一面,同时也具有相扑集团通过对"秽多"的差别化对待来提升、确立其社会地位的一面。

　　这一时期的相扑集团对于通过相扑比赛来赚取生活资本、确

---

　　① 近世社会被置于"士农工商"身份制度最底层,受体制和社会歧视的贱民。中世以屠宰、刽子手等为职业的人,在近世国家,其职业作为身份被固定了下来,由此而形成了贱民阶层。近世的"秽多"被置于秽多头弹左卫门的支配之下,不仅职业,就连居住地和服装打扮等都受到严格的统制。根据明治四(一八七一)年的解除令,法律上"秽多"身份已被消灭,但即便是在现代社会,种种歧视的阴影也并未完全消除。

　　② 至中世中期为止,在相扑、戏剧等劝进演出之际,都有给"秽多"缴纳称之为"橹钱十分之一"费用的惯例。战国时代,"秽多"曾被赋予了对周游各国、募集施舍的本来意义上的"劝进"者进行盘查和统制的职责,缴纳"橹钱"的惯例即起源于此。"秽多"主张对以"劝进"名目举办的演出也要征收一定的费用,同时他们享有免费入场的权利,据说这些主张作为惯例得到了认可(塚田孝《近世贱民制与天皇——朝廷权威》,《讲座　前近代的天皇3　天皇与社会诸集团》,青木书店,一九九三年)。在某种意义上,也可以说诸如此类的劝进演出曾一直都处在"秽多"的管理之下。

　　③ 民事裁决书。——译者注

110

立自己的社会地位一下子变得积极起来,其中也包含上述的一些经纬。在这一过程中,正如我们即将在下章描述的那样,相扑集团正在努力使由各流派行司传承下来的"故实"而形成的渊源礼法向着庄严化的方向发展,而渊源礼法的庄严化除了在与"秽多"的论争中被当作杠杆来使用,令相扑集团所谓"具有辉煌渊源礼法的相扑不容卑贱者观赏"的主张站得住脚以外,同时还发挥了另一种作用,成为将没有"故实"的业余相扑集团差别对待的依据。对于站在这一立场上的相扑集团而言,将军上览的意义之大非比寻常。正像高埜利彦所做的精确评论:"相扑人们具有充分的夸耀权威的基础。"①

指令下达以后,五月二十四日(相扑集团)提交了土俵绘图和相扑分组文书,开始了上览相扑的准备工作。但是对于上览相扑能否如期圆满举行,相扑年寄们似乎也有不安。于是劝进演出的筹办人锯山请求起用肥后熊本细川家的家臣吉田善左卫门追风。吉田出身于号称"本朝相扑之司"的行司之家,二年前的宽政元(一七八九)年,他给谷风、小野川两人授予了"横纲"资格,通过这些活动确立起了其对以江户为中心的劝进相扑演出集团的指导地位,对此我们将在下章详细叙述。相扑年寄们是试图仰赖吉田家传承的"故实礼法"。相扑年寄呈递上去的起用吉田追风的申请起初并没有被采纳,但在六月十日,老中户田采女正氏教忽然召见了吉田追风,命其出任上览相扑的总指挥。其间,当初定于六月五日举行的上览相扑被延后到十一日,或许有关"故实礼法"的问题便是其理由之一,为了完善故实礼法,不得已才在比赛迫在眉睫之时传召了追风。比赛前夜急急忙忙重筑土俵,水引幕、柱子的布置以及行司的装束等所有都按照吉田家的故实重新筹备,其中的缘由可见一斑。

就这样,迎来了上览相扑的日子六月十一日。

关于当天上览相扑的情形,儒者成岛峰雄(衡山)的《相扑御览记》②中有详细的记录,甚至连每一战的技法都有记载,所以笔者将

---

① 前引高埜的《近世日本的国家权力与宗教》。

② 详细记录宽政三年上览相扑情形的书。也叫《相扑记》、《相扑私记》。

以此为参考进行叙述。劝进演出策划人、侍从等年寄，获得横纲资格的两位大关谷风、小野川等相扑取，行司等人，于拂晓六时左右进入城内，巳刻（上午十时左右），在江户城吹上苑特设的相扑场，吉田追风作了"方屋开"的开场白①后，上览相扑的盛典拉开了帷幕。在入土俵的仪式之后，就是相扑的对决了。除却幕间休息，前后共计进行了八十二场比赛，完全没有出现"引分"②、"预"③等情况。每场对决都明确分出了胜负，这与当时"引分"、"预"的结果占高级别力士对决十分之一以上的本场所比赛的情形大不相同。此后，在宽政六（一七九四）年再次举办上览相扑之际，据说小野川称"与外边的相扑不同，上览相扑中平局很难成立"，想要避开与强敌谷风的对决，从中可以窥见其对于当时在本场所比赛中胜负的意识，耐人寻味。

在江户的土俵上出道不久的豪强雷电为右卫门也出场了，但在倒数第二场的对决中却败给了阵幕岛之助的"堵喉"。而在吉田追风亲自担任行司的最后一场对决即东西两大关小野川与谷风的较量中，对小野川的抢先出手，行司追风叫了暂停。随后谷风出手，小野川没有接招，而就在小野川还处在"暂停"的瞬间，追风即宣布"决出胜负"，为谷风举起了军配团扇④。面对对这一裁决持有怀疑的人们，追风解释道："起初在行司还没有发出交手的指令时小野川就抢先动手了，所以叫了暂停。随后，行司推测双方均已气势饱满，于是发出了指令，但小野川却疏忽大意，没有交手，这说明谷风在气势上已是先声夺人，而小野川的气势则缺少勇猛，弱了一些。"

这场比赛的结果在当时的记录中被记述为小野川"败于气势"，吉田追风的权威也缘此给人留下了特别强烈的印象。这是借着第一次上览相扑的机会力图使自己的权威和"故实"更加庄严的追风一个人的胜利场景。

另外，文政十三（一八三〇）年上览相扑举办之际，在东西两大

---

① 祭祀新筑成的土俵之神、讲述相扑和土俵由来的开场白。现在在本场所前的土俵祭等场合由行司来完成。

② 平局。——译者注

③ 不做胜负裁决，不分胜负。——译者注

④ 行司所用的指挥扇。——译者注

关阿武松绿之助对稻妻雷五郎的最后一场较量中,阿武松对稻妻的抢先出击因"暂停"未予理睬,而再次交手的结果却是阿武松胜出。对此,后来将军家齐询问道:"难道不是稻妻赢在气势上吗?"于是,行司、年寄发了"不调法书"①(这时的行司是木村庄之助)。吉田追风虽然在最初的宽政三(一七九一)年和第二次宽政六年的上览相扑中担任过行司,但是以后这样的场合,无论是他自己还是后继者都没有露面。可以看出追风利用第一次上览相扑的机会赌一把的干劲。

当然,通过上览相扑受益的并不只是吉田追风。对于相扑集团整体而言,上览给演出也带来了非常大的影响。据说是遵照当时的老中松平定信的命令记录市井杂说的《水野为长杂记》里记录了一首狂歌,"博弈一般的胜负有将军上览,赤身裸体是为相扑吗"。动辄被鄙视为"博弈一般的"劝进相扑,由于供将军上览而镀了金,带来了相扑繁盛的气运,正所谓"世上角力盛行,连小儿都在到处模仿角力,前几日的上览极大地激发了人们的热情,真乃奇妙之事"。(同前《杂记》六月二十九日条)。

在本场所比赛延期状态下举行的盛典圆满成功。六月十五日,全体年寄和相扑取的代表谷风、小野川,还有行司总代岩井嘉七受到了町奉行的召见,获得了白银三百枚以作为顺利完成上览相扑的褒奖。这些白银由年寄、相扑取、行司等按比例进行了分配。由于比赛比当初的预定大约晚了两个月,在二十二日拉开帷幕的本场所比赛据说也蒙上览的好评吸引了很多观众,赛场呈现出爆满的盛况。恰好在这个时期,成为后来《宽政力士传》②等讲评素材的谷风梶之助、小野川喜三郎(才助)、雷电为右卫门等著名力士不断涌现,江户相扑迎来了空前的兴盛。

将军家齐也似乎钟情于相扑观赏。此后在宽政六(一七九四)年、享和二(一八○二)年、文政六(一八二三)年、文政十三年,又先后举办了五次上览相扑。第十二代将军家庆也在天保十四(一八四三)年、嘉永二(一八四九)年两度举办上览相扑,相扑作为可供

①　承认过失的文书。——译者注
②　讲述以谷风、小野川、雷电三力士为中心的力士们的角逐,夹杂着各种各样的逸闻,是相扑讲评的代表性作品。

将军观赏的、具有礼法格式的技艺获得了认同。当然,作为相扑演出方,既然获得了这样的资格,达到了目的,那么对于以后即使中断既定的演出,来承担不容许有丝毫失败的上览相扑,似乎也未必会不高兴。

**谷风与小野川(高见泽版)** 魁伟肥满的谷风梶之助(左)与轻量技能派小野川喜三郎的对决,带来了相扑表演的黄金期。胜川春章 画(池田蝶子氏)

**回向院境内相扑场** 回向院境内逐渐成了江户相扑比赛的固定场所。图为19世纪初相扑比赛的场景。左手边用栅栏围起来的就是相扑场。(墨田区立绿图书馆)

# 大名与相扑

就这样,在十八世纪末,以三都尤其是以江户为中心的比赛体制得到了完善。劝进大相扑的演出每个场所都有稳定的参赛者,以卓越的技能为荣耀的专业力士们展开了角逐,劝进相扑成了相扑的主舞台。如此一来,在这个舞台上取得优异成绩,在排名表上占据上位就成了测评专业力士们价值的基准。随之,各藩供养相扑的意义也起了不小的变化。比起在藩邸表演相扑,让力士在本场所的土俵上参赛更能提高藩的名誉,这成了供养相扑的主要目的。也就是说,以与比赛体制并存为前提的供养相扑体系逐步建构成形了。

十八世纪末以后,拥有众多优秀专业力士的著名相扑藩有仙台伊达家(名义为支藩白石片仓家。有谷风梶之助、秀山雷五郎等)、云州松平家(雷电为右卫门、稻妻雷五郎等)、久留米有马家(小野川喜三郎等)、熊本细川家(不知火诺右卫门、不知火光右卫门等),此外还有长州毛利家、鸟取池田家、阿波蜂须贺家、姬路酒井家、萨摩岛津家、丸龟京极家等。受这些藩供养的力士不仅仅归属于藩,他们各自也师从相扑年寄。比如谷风师从伊势海,雷电师从浦风,他们都以所属部屋的资格参加比赛。简言之,各藩的供养相扑更愿意供养扶持参加比赛的专业力士,而不再是参加相扑演出的一般相扑人,这或许也可以说是十八世纪末以后供养力士的一个特色。[1]

因此,就像纪州相扑所代表的那样,各藩供养的相扑集团本身一直作为相扑人的培养机构在发挥着作用。而另一方面,在这个阶段,以年寄(头取)为师傅的各部屋则承担起了培养力士的职能。各藩的留守人及其他负责人要对相扑表演进行观摩调查,发掘出有潜力的力士,收在藩内供养(偶然也有将在藩本地发现的年轻人送往某个部屋训练的情况)。所谓"供养",其内容有两种。首先,

---

① 但是,在对力士进行排名上的东西配置时,优先考虑的是供养主之别而非师傅。为此,也有属于同一师门的力士被东西分开进行对战的情况。

是称为"御出入"者，即不支付扶持米等俸禄，但允许其出入藩邸并赐予刺绣围裙，在排名榜上署上其所属藩名。其间，技能得到进一步认可者，才可成为领取扶持米的真正的"供养力士"。也有说法认为一般要在入围"幕内"①以后才能领到扶持米。对于实力雄厚的力士，有意供养的藩之间有时候也会展开争夺战。

如此看来，力士与大名的关系，初看似乎可以比作职业运动员与赞助商的关系，但在实际上作为供养主的大名在地位上非常的强势。在劝进大相扑演出之际，筹办人要向各藩呈递申请，采用拜借供养力士的形式，请求在大名参觐交代归藩之时让其随行等。根据藩的不同情况，有时候也会让供养力士休场，排名榜上也不署其名字。另外，因雨天等演出需要顺延的时候，每次都要重新呈递借用申请。有着如此地位背景的供养主对于供养力士在比赛中的胜负判定插嘴的情形也不少。遇胜负微妙、存在异议或引发纠纷等情况，常常能看到筹办人为求取各藩派出调查的武士的谅解而辛苦奔波的情形。如果是供养力士之间的对决，也会牵涉到双方当事藩的面子。对于不合自己心意的判决，藩便会使出最后的撒手锏："以后我藩力士取消出借"，屡屡从中作梗。

另外，后文将会述及，隶属各部屋的力士们在大相扑演出之余，通常还会在部屋师傅的率领下去地方进行小规模的巡回演出。但是被各藩供养的力士却不能随意这么做。这种时候，要由力士向藩提出临时休假的申请，获得准许之后才能参加演出。

各藩的供养相扑与对以技艺谋生的艺人的扶持基本上属于同质的东西。大名与供养力士的关系，与建立在武士身份基础上的大名与家臣之间的封建主从关系不同，是一种以相扑这种特殊技艺为基础的，大名对以相扑为谋生手段的人施以庇护、援助的关系，原则上限定在现役力士的范畴。因此，力士在退役之后，很多情况下都会解除供养关系，成为专职年寄（头取）。有时候也会继续保持原来的供养关系，担任藩内相扑头取的职务，负责管理藩的供养力士。雷电为右卫门便是一个例子。雷电引退后没有成为年

---

① 位列排名榜最上段的力士，包括前头、小结、关胁、大关、横纲等。——译者注

寄,而是依然以雷电之名担任云州藩的相扑头取,也负责栽培弟子。这个云州藩,曾供养过很多力士,在某种程度上,似乎已经形成了独立的相扑集团。雷电作为相扑头取,也率领云州供养的力士在各地演出。①

如此说来,藩的供养相扑与作为演出的相扑在某种意义上都处于一种相互补充的关系。所以,一般的力士自不必说,即便是被藩供养的力士,也只是从事相扑表演的"相扑人",在与大名会面的礼节等方面,未必会受到武士的礼遇。在劝进相扑作为营利表演开始在民间扎根的当初,关于相扑存在这样的一种认识:"具有近世战法而不好扭打,故不能视之为武艺,是故今成下贱之业。"(《夏山杂谈》)②也有人认为"相扑人欲像武士般决胜负乃失礼也"(《明良洪范》)③。与那些不曾从事表演而专门养在武士宅邸从事相扑的"相扑众"等不同,以相扑表演为谋生手段的"相扑人"动辄就会被当作轻贱的对象。在幕府那里,也曾有人将劝进相扑视为"如乞食之类"。④

当然,经过上览相扑的盛典,比赛提高了相扑的社会地位,将相扑视之为"下贱"、"失礼"的露骨的说法也渐渐地销声匿迹了。但是,这其中所走过的道路绝不是平坦的。因为以收取入场费的演出为谋生手段本身被视为卑贱行为,所以必须与此做斗争原本就是相扑演出集团所背负的严峻的宿命。所谓"相扑是武道","传承了朝廷相扑节的故实","所以与其他表演不同",这些都是相扑

---

① 关于雷电和云州相扑的动向,可以从《诸国相扑控帐》、《万御用觉帐》窥见一斑,这两本书一般认为是由雷电或其周围人物记录而成。另,云州松平家的供养相扑力士,作为"御水主"即划船的船夫被编入到了藩的职务分工制度里,其住所被安排在称为"御舟屋"的排房里。十七世纪,为了重建藩的财政,人们要求解雇相扑力士,松平家为了供养相扑采用了这种将其编入"御水主"的权宜之法。在藩的职务分工制度里,"御水主"虽说处于最低级,但作为供养相扑力士,其待遇绝对不差。因为相扑人一旦作为"御水主"被供养,那么在引退以后他也可以继续留任其职,而且还有可能建立起一个能够将武家奉公人的地位传给子孙的"家"。如,雷电在退役以后仍然继续侍奉松平家,在他过世以后,由养子继承其本名关家,直至幕末。这种规定形成了"云州相扑"独特的基础。

② 也叫《夏山闲话》。是小野高尚撰写的随笔。成书于宽保元(一七四一)年。

③ 真田增誉之作。成书年代不详,但是取材于庆长~正德年间(一五九六~一七一六)武士的事迹,阐述了武士的思想觉悟。

④ 参见前引高埜的《近世日本的国家权力与宗教》。

集团试图从自己的宿命中摆脱出来的主张。

当然,对照本书前面的阐述,"相扑是武道"、"传承了朝廷相扑节的故实"、"相扑人是力士,也就是武士"等主张,至少其中的一部分不能说没有历史依据。即使是在现代,这些主张有一部分依然根深蒂固。相扑有着平安朝廷相扑节的渊源,而平安末期主要由武士来承担。中世的武士们在扭打的技术方面也应用过相扑。但是,始于中世、在近世社会扎根发展起来的,作为表演的相扑却未必是与之同质的东西。有人主张,相扑的"本质"表现为"相扑道",作为通过肉体锻炼和精神修炼来达到自我完善的"武道",娱乐要素在其次。甚至对于眼前的胜利也要求禁欲。这些论调在近乎"行家"的有经验的"相扑爱好者"中间有相当的市场。这种看法是对作为表演的相扑的存在方式的否定,与以"相扑不同于观赏物"为由,试图与其他的表演技艺拉开距离的意图有着密切的关系。这里所面临的困境,与确立起了表演地位之后才迎来兴盛的近世后期的相扑所面临的一样。

实际上,将相扑视为"武道"的意识乃至主张,即便其根源在近世,但也是到了近代才开始真正广泛流传进而为人们所接受的。特别是承袭了水户藩弓术师范血统,出身于士族的明治后期的横纲常陆山谷右卫门,他对自身的血统引以为傲,所以积极主张相扑是武道。常陆山在投身相扑世界的时候,曾经遭遇到了一族近亲的强烈反对。可能是因为他有过这样的经历,才对低看相扑的社会眼光产生反感的吧。常陆山虽然将相扑作为谋生手段,但却试图从非"观赏物"的表演中去寻求"相扑的本质"。

明治时期的常陆山遇到困境,曾试图从"武道"中寻求解决;现代的"相扑爱好家"们遇到困境,欲从"相扑道"中寻求解决;而遭遇到同样困境的近世后期的相扑表演集团却试图通过与将军、大名这些统治阶层建立联系,获得权威,通过"故实"的庄严化来寻求解决。关于"故实"的问题我们将在下一章论述。总之,是从"故实"的问题中产生了对相扑以外的艺能表演以及业余相扑人的歧视意识。另外,近代历史与近代国家的"国策"是一脉相承的。正如我们在下下章中即将详细阐述的那样,相扑在近代的发展过程与对近代历史的重新解读有着极为密切的关系。这也是不容忽视的。

当然，要求大相扑力士们保持高贵矜持不是件坏事情。但是，完全没有必要过度地强调精神性，贬低"观赏物"。相扑就是一种值得欣赏的娱乐，一种以经过锤炼的肉体和技能而自豪的"观赏物"，力士的矜持就是这种到达了"观赏物"顶峰的矜持，这有什么不好？相扑是有着悠久的演出历史，有值得自豪的高度完善的技术和雅致招式的优秀的"观赏物"。贬低"观赏物"，试图依附"武道"等做法，只会是误读历史，贬低了"相扑"本身的价值。

## 相扑会所的成立

现在，统辖大相扑比赛的组织是日本大相扑协会，由退役力士担任的相扑年寄和力士代表四人、立行司①二人构成。这些成员作为评议员，负责协会的运营。不过，实质上，被称为"某某亲方"②的相扑年寄可以说独占性地握有运营的实权。

关于相扑年寄的起源，前一章中业已述及。这里我们再作一些确认，同时对相扑年寄发展到现代的历史作一个大致的梳理。

在这里，我们从池田雅雄《相扑的历史》中引用一节关于相扑年寄起源的最标准的说明："曾经作为力士被大名、旗本所供养，上了年纪后被闲置起来，无所事事，这些人被称为相扑浪人。在相扑表演时，以这些浪人为中心，是监督相扑集团、约束他们不争吵打架的责任人。在贞享元年的公许表演中，连同劝进相扑筹办人雷权太夫在内，共有十四人组织起了'株仲间'。'株仲间'每年向幕府呈递申请，终于在这一年获得了认可。……这些相扑年寄也是以相扑为职业的人，所以才给予了其演出的许可。幕府决定这一方针，是从享保年间开始的。从此以后，年寄株仲间团结在一起，年寄名迹逐渐受到了人们的敬重"。京都、大阪的相扑头取估计也是差不多同样的起源。

---

① 在相扑的行司中级别最高的人。——译者注
② 亲方指相扑的年寄等拥有指导、培养后辈责任的人。——译者注

引退后的力士可以继承古来的名迹，①此外还有力士以现役名出任年寄，其名再由弟子承继，所以，年寄的人数在不断增加。到近世末期，已超过了五十人。进入明治时期，又进一步增加到八十多人。明治二十二（一八八九）年，在东京大角力协会设立之际，在力量互角的力士的训练规章中，固定了八十八个年寄名迹，形成了现在年寄名迹的基础。此后，在大正末期合并大阪相扑协会时，又加入了大阪方面的十七个头取名迹，后经过若干变动，现在年寄的定员共有一百零七位。除了一百零五个年寄名迹以外，还有因现役时代卓越的功绩被认可为一代年寄的大鹏、北之湖。②

现在，引退后的力士中只有在现役期间具备了一定的资格③，取得了年寄名迹的人才可以作为年寄参与协会的运作。以前取得这些资格的审查未必严格，但像现今这样买卖名号之类的事情是不被容许的。原则上，要由弟子中被师傅看好的人作为养子来继承师名。正如前面讲述过的那样，虽然都是师父和弟子的关系，但在近世，一个力士有时候会有京都、大阪、江户多位师傅。不过，在师傅名号的继承上，还是会重视本来的关系。比如，从大阪到了江户、活跃在江户相扑界的力士，引退后很多人会回到大阪继承师傅的名迹。年寄名迹的取得和继承好比户主权的承继，扶养隐居的上一代是弟子的义务。现在，买卖年寄名迹也被理解为一次性付清扶养费的一种形式。另外，在昭和三十五（一九六〇）年以前，行司在引退后也可以继承年寄的名号。更有甚者，还没引退就在兼任年寄，如立行司木村庄之助、式守伊之助两位。还有，昭和二十

①　也有还在现役中便继承师傅的名迹，以年寄名参赛的情形。另外，还有同时拥有现役名和年寄名的，被称为"二枚鉴札"。近年，横纲枥锦在师傅春日野死后到引退的约一年时间，曾兼用"枥锦"和"春日野"两个名号，不过，现在的方针据说是不承认二枚鉴札。

②　二战中和战后的一段时期，有过横纲引退后也可以以现役名成为年寄的特殊恩典，但是，现在只有在引退后的五年之内这一特权有效。大鹏、北之湖两位一代年寄是特例。另外，千代富士是辞退了协会赠予的一代年寄。现在，横纲引退后限定五年，大关三年，即使没有年寄名号，也允许其享有以现役名出任年寄的待遇。另外，一代年寄"大鹏"在大鹏退休之后便消失了，新有"贵乃花"被公认为一代年寄。

③　幕内力士一个场所全勤，或十两连续二十个场所在位，或总计二十五个场所在位。现在年寄名迹的继承变得严格了，原则上要求满足下面条件的其中之一：(1) 三役一个场所；(2) 幕内二十个场所；(3) 幕内、十两共计三十个场所。

六(一九五一)年以前,世袭了排名表制作一职的根岸家户主尽管并非力士出身,却也获得了年寄的待遇。

这些年寄们为了培养后继人都在自己的宅邸内培养力士,这是惯例。由作为师傅的年寄和作为弟子的力士构成的"部屋"是培养力士的单位。部屋在充当力士们参加本场所比赛时的归属机构的同时,作为相扑演出的最小单位,有时候也参加村落的祭礼相扑等,从事地方演出。高埜利彦以武藏国比企郡野本村(今埼玉县东松山市)八幡宫的祭礼相扑为素材进行了研究。他指出,这种祭礼相扑雇用了江户的职业力士,谈判以及礼金的收受,在延享四(一七四九)年是在村庄和现役力士之间直接进行交接的。但到了明和六(一七六九)年,礼金却是以师傅年寄为中介进行交付的。① 由此,似乎可以认为,在这大约二十年的时间内,由师傅年寄率领的、作为小型演出的最小单位集团的部屋逐步确立起了自己的一套制度。十八世纪末,职业力士参加这种地方小演出,也是服从于年寄统治的。

大约在同一时期,从事三都劝进演出的相扑集团,作为以相扑为生存手段的职业力士集团的资格刚刚获得承认,便将举办相扑比赛、收取入场费的资格限定在了这个集团的成员范围之内,业余相扑人的演出被禁止了。促使这一现象发生的一个重要契机,便是明和九(一七七二)年发生在越后国蒲原郡新城村(今新潟县燕市)的诉讼。

村子里的业余相扑人为了筹集村内寺院的修复费用举办相扑表演。为此,正在附近参加相扑比赛的两名江户力士赶了过来,爬上土俵,将业余相扑人打倒,并且试图没收他们的入场费,于是双方扭打了起来。这件事情最后变成了一场诉讼。对于打架,双方都有人进了牢房,并被处以过失罚款。但围绕演出权,幕府也作了一番细致的考量。第二年即安永二(一七七三)年十月,幕府发布通告,旨趣包括:(1)禁止不属于正规相扑集团的业余人士通过举办相扑演出收取入场费。(2)但,允许业余相扑人在与正规相扑集团进行"对谈"的基础上举办劝进演出。正如高埜利彦所说,这里

———————————

① 前引高埜《近世日本的国家权力与宗教》。

所谓的"在对谈的基础上"实际上意味着要支付金钱获取"土俵证书"，也就是说，这意味着业余相扑人要作为门弟归到统管相扑集团的某一位年寄（头取）门下，服从其支配。[1]

关于"相扑故实"在幕府的考量过程中所起的重要作用，我们将在下一章中叙述。就这样，操办相扑比赛的资格便被年寄（头取）们所独占，随着这种体制的逐步形成，由相扑年寄集体管理相扑比赛的组织也在不断走向完善，形成了现在的日本相扑协会的古老前身"会所"。

下面，我们将以江户为例进行叙述。起初，作为相扑年寄的集合而构成的比赛管理组织，其运作形式是这样的：从年寄中确定二名负责人来进行全体统辖，而且年寄中称为"步持"的人要轮番担任劝进筹划人、侍从，成为比赛的责任人。刚开始的时候，是由雷权太夫和另外一人担任负责人，他们要随着赛季轮值。但自从宝历十三（一七六三）年雷权太夫和锯山喜平次郎担任负责人以后，雷便不再随赛季交替轮值了，而是一直担任负责人到引退。其他人也都一样。如果一人引退，则另外选人补充进来。这些负责人大约从文政年间（一八一八～一八三○）起被称为笔头、笔胁，渐渐掌握了相扑会所的实权。

会所原本就是由年寄组成的，在管理力士及其他相扑相关人员的同时，也共同独占了比赛的权益。由此而言，会所就是一个以分配从比赛中获得的收益为目的的组织。力士和其他相关人员从始至终都要受与师傅年寄之间师徒关系的约束。尽管每次比赛都会领到一定的薪金，但是关于会所运作、会计等几乎没有任何发言权。实质上，力士们的经济生活很大程度上要依靠偏爱他们的客人以及供养大名的援助。

随着近世末期的临近，掌握会所实权的笔头、笔胁的专横越来越明显。一旦就任这些要职，直到引退都不用轮值。会所的会计事务，不用说对力士们，就连一般年寄都不予以公开，而是由笔头、笔胁独自处理，比赛收入中扣除掉各种经费、薪金等以后所剩的收益金也被会所中枢的少数年寄独占。而且，排名表的编写也由笔

① 前引高埜《近世日本的国家权力与宗教》。

头、笔胁再加上制作人三河屋（后来的根岸）来运作，相扑会所（当然有时候也会受到来自组织外部的、供养着优秀力士的大名的干涉）在机构方面变成了一个由一小撮年寄操纵着并支配着相扑比赛的组织。[1] 随着时代向近代的推移，会所也更名成了协会，但是，从根本上来说，这种相扑会所的特性依然顽固地残留着。而且，正是这些特质成了明治到昭和年间一些纠纷事件发生的根本原因。

作为"正统相扑"言说的"故实"的存在强有力地支撑着由年寄形成的相扑支配体制。"相扑故实"体系与幕藩国家体制的构造紧密相连，在十八世纪末得到了快速的完善。关于这一方面的内容，我们将在另外的章节中叙述。

---

[1] 近世的会所，与其说是一个永久性的组织，毋宁说其具有合资经营的性质。每次本场所比赛时，由年寄们聚集在一起组成。在明治十一年，围绕本场所比赛的收益分配，还发生过年寄藤岛状告会所干部的事情。对于要求精算过去十几年本场所比赛收益的原告，被告以本场所比赛期间的会计事务没有连续性，也没有留下记录为由推卸责任。一审采纳了被告的主张，驳回了原告的请求。原告提出了上诉，但后来达成了和解。（参见新田一郎《明治前期围绕相扑演出的一起诉讼》，载林屋、石井、青山编《明治前半期的法律与裁判》，信山社，二〇〇三年）。当时的会所依然带有临时合作经营的性质，但是，在此前后，会所的组织完善工作进展迅速。这段时期是由合作经营向永久性组织过渡的转变期。另参见第九章。

# *专栏 "相扑四十八手"

俗称"相扑四十八手"。这一说法也可见于古代的《源平盛衰记》《异制庭训往来》（采用了十四世纪中叶出现的往来物＝往来书简形式的学习书）、《节用集》（室町末期成书的国语辞典）等，原本说的并非是具体的"手"的数目，而是表示相扑的手法非常复杂，种类繁多。到了元禄，开始给这"四十八"配以具体的手法，尤其是为"投"、"捻"、"挂"、"反"各配以十二手，合计"四十八手"，而广为流传。

但是，相扑的制胜手法，若要细分的话可以分出无数。近世的出版物里就有过"技法八十二"、"手法八十六"等对制胜手法进行详尽分类描述的例子，如果网罗各种书籍里记载的手法，大概总数会超过二百吧。

当然，这些制胜手法的分类并不是"官方"的。日本相扑协会制定官方的制胜手法分类是出现在昭和三十（一九五五）年五月。说起来，以前的制胜手法分类依存于习惯和常识，未必有一定的基准。起初协会制定的六十八手制胜手法，后来经过了若干修改，从昭和三十五年一月起，成了与现行标准相同的七十手。"勇足"[①]、"腰碎"[②]、"不战胜"[③]则别当别论。[④]

大相扑的扭搏，无论以什么样的技法、身体姿势决出胜负，发表时都将其归类于七十手中的某一手。比如，有"挂投"的制胜手法，只要用自己的脚将对方的腿绊住，从内侧跃起摔倒对方的话，所有的动作都会视为"挂投"[⑤]。但是，摔倒对方是用"上手"还是"下手"[⑥]，是否抓住了对方的兜档布，根据这些细节当然也有可能

相
扑
的
历
史

---

① 相扑中把对手推到场地边缘，但因用力过猛，自己的脚先迈出场地，输掉比赛。——译者注
② 因腰力不支摔倒。——译者注
③ 轮空，不战而胜。——译者注
④ "制胜技法"后来又有追加，现在应用的是八十二手和五种"非技"（非"制胜技法"的绝招。"勇足"等）。
⑤ 中插内挂腿，摔的一种。——译者注
⑥ 从对方胳膊的外侧抓住对方腰带为上手，从内侧为下手。——译者注

将其视作别的手法。有家报社重视这些细节,广泛搜寻江户时代古书中制胜手法的解说,对制胜手法分类达一百八十二种,摆出一副要独自进行判断的架势。就"挂投"而言,如果是用"上手"抓住对方的兜裆布、用脚将对方绊住摔倒的话,是"上手绊腿摔","下手"则是"下手绊腿摔",单手绕住对方的胳膊为"挂投",不去抓对方的腰带而是将手插入对方的腋下将其抱起摔倒称为"里挂",诸如此类。

的确,越是细分,个别制胜方法再现的可能性就越高。如果这种细分是建立在对制胜技法完全理解的基础之上,那么,理解起来可能的确会更容易一些。但是,反过来说,"制胜技法"只不过是较量的最后形式,不可能体现相扑技法本身。即使是以同样的"上手提带挺腰摔"决定了胜负的相扑,很多情况下也是以完全不同的技法还击的结果。也有一种见解认为,拘泥于最后的制胜技法,列举出制胜技法的名称,却越来越搞不明白其缘由,岂不是没有意义?总之,最终采取什么样的态度,也许还要看人们的兴趣所在。

# 第八章  相扑故实和吉田司家

## "横纲"的问世

横纲,现在意味着大相扑力士的最高级别,但在过去指的却是腰间系上粗绳举行相扑入土俵仪式的资格,而非地位,这是众所周知的事情。"横纲"两字第一次出现在东京相扑的排名榜上是在明治二十三(一八九〇)年。[①] 据说这也是为了平息由于新大关的诞生而成为"副榜大关"(仅次于正位大关的准大关,名次被写在排名榜的副榜上)的西海嘉治郎(初代)的不满。清楚地记载获得横纲资格,只是为了与大关区别。东京的相扑协会将"横纲"作为"最高位力士",亦即作为地位进行明文规定是在明治四十二(一九〇九)年,不过,横纲资格授予的权限依然掌握在吉田司家手里。决定横纲的形式上的最终权限由吉田司家移交给相扑协会,其实是第二次世界大战之后的事情了。

虽说是"众所周知的事情",但关于"横纲"的起源,实际上未必解释得那么清楚。吉田司家作为相扑掌管人,以故实传承的本家自任,而"横纲"正是构成其"故实"的核心。因为横纲是数年来一直束缚相扑界的"故实"体系的核心,所以,我们就不能不对其做一个大概的考察。

现在,比如说到曙是"第六十四代横纲"的时候,依据的是相扑协会公认的历代排名表。在这份排名表上,明石志贺之助为初代,

---

① 在京都相扑、大阪相扑的排名榜上,早从明治初年就在获得横纲资格的力士旁边标注着"参加横纲入土俵仪式"字样。

以下依次是绫川五郎次、丸山权太左卫门、谷风梶之助等。① 明治中期，原横纲力士阵幕久五郎想到了要在深川、富冈八幡宫境内建立横纲力士的彰显碑，在其起草的趣意书中，从初代的明石到十六代西海嘉治郎，罗列了十六个人的名字。此即相扑协会历代排名表的由来。其中，第四代谷风以后的十三人，其事迹、战绩等都存有详细的记录。关于授予横纲资格的事实，也不存在太大的争议。但是，明石、绫川、丸山三人的横纲资格却存在着很大的问题。

关于明石志贺之助，人们并不知道其有何业绩能够与"横纲"关联在一起。不仅如此，就连其人是否真的存在过也无法确认。自古流传着一种说法，认为"宽永元（一六二四）年，明石在四谷盐町笹寺举行了演出，是江户劝进相扑的奠基人"。而且，传说他因为没有敌手而颇感自豪，并获得有"日下开山"的称号。由此可以推断，他大概是作为劝进相扑的鼻祖被列在其中的吧。

将绫川、丸山二人列入"横纲"的根据，出自宽政元（一七八九）年在授予谷风、小野川横纲资格之际向官府衙门提交的一份文书。上面记载着，作为先例，"前几年丸山权太左卫门、绫川五郎次二人也有过右边所述横纲传授之事，虽记录等被烧毁，但有上了年纪的年寄们口口相传"。但是，正如能见正比古也指出的那样，将其看作是向衙门解释横纲的传授仪式已有完善的先例大概要更恰当一些吧。② 无论是绫川，还是丸山，都是得到了吉田司家相扑故实的传授、成为"故实门人"的力士，但这与横纲不是一回事。关于绫川，除了这份文书以外，也找不出任何能与"横纲"关联在一起的根据。可能是吉田司家以为有必要依循先例来粉饰自己，遂在过去的故实门人中利用了在江户很受欢迎的绫川之名。这样去理解应该是合乎情理的。而关于丸山，还有另外一点值得人们质疑，我们会在介绍完关于横纲起源的诸种说法以后，回过头来再进行叙述。

对横纲起源的诸种说法做一个大致分类，可以举出四种：

---

① 对于同时有可能存在多位横纲的情况，也有人主张不用"第几代"而应该用"第几人"来数。这种主张合乎道理，但暂时无须讲究。

② 能见正比古：《横纲物语》，讲谈社，一九七五年。

（1）薑①说；（2）"三韩征伐"说；（3）结神绪②说；（4）创作说。

（1）"薑"说是明治以后吉田司家自己流布宣传的。传说在摄津住吉大社的相扑会上，有一个叫"薑"的近江相扑人异常厉害。此人腰间缠着稻草绳，比赛时规定有谁能够触碰到稻草绳便可获胜，但没有一个人能做到，甚至用单手都无法触碰到。这便是横纲的起源。这一说法历来被视为无稽之谈，但是，"近江薑"的名字在平安末期的《新猿乐记》中列举著名相扑节相扑人时却出现了，可见，不能对古老传说的存在一概予以否定。最近也有人将"薑"的名字与被公认为相扑始祖的野见宿祢的后裔土师氏联系在了一起，认为"土师神"③可能意味着"像土师的始祖野见宿祢那样的强者"。

（2）"三韩征伐"说依然与住吉大社的相扑会有关联。传说神功皇后兴"三韩征伐"之兵的时候，腹中已经怀有后来的应神天皇。为了祈愿平安生产和战争的胜利，神功皇后在住吉大社的神前腰缠"神绪"举行了"清祓"④。这便是横纲的原型。宽政八（一七九六）年刊行的《摄津名所图会》"住吉大神社"一项中解说道：每年九月十三日在举行住吉大社相扑会之时，都要"在'犊鼻裈'上缠稻草绳，合掌"，"此即表击退三韩之体"。

当然，（1）（2）的起源故事本身都不被认为是真有其事，但是两个故事背景中都出现的"住吉大社相扑会的稻草绳"却相当的耐人寻味。不过，近几年却很少有人能回头关注这些，因为第三种起源说，即彦山光三的"结神绪"说在昭和初期国家神道气运全盛的背景下出场了。

（3）"结神绪"说以安永二（一七七三）年的《地理宝鉴横纲之图》为典据。这部书事先被宣称是吉田司家的秘传文书，出于式守五太夫之手。此说将神功皇后故事中出现的"神绪"解释为其本身即为神圣的"结神绪"即"产灵神绪"，而非表示神圣物禁忌的稻草绳。彦山光三将其视为幻化成造化三神的宇宙力量"产灵"的象

---

① 日语读音为ハジカミ。——译者注
② 稻草绳。——译者注
③ 读音为ハジカミ，与"薑"相同。——译者注
④ 在祭神活动前后为了辟邪进行的祓禊。——译者注

征,而且认为由身缠这种"结神绪"(稻草绳)的相扑人举行奠基的祭神仪式是横纲入场仪式的原义,亦即横纲的本义。①

将(1)斥为荒诞无稽之说,然后动员神道、阴阳道的教义用另一种方法来解读(2),彦山的观点很快便席卷了相扑界。《相扑宝鉴横纲之图》中记载,宽永元(一六二三)年在东叡山宽永寺创建之际,还有元禄十一(一六九八)年该寺根本中堂创建之际,都有腰缠稻草绳的相扑人举行过奠基的祭神仪式。人们抓住了这一点,便出现了各种各样的议论,有人认为宽永时期的相扑人才是明石志贺之助,有人认为元禄时期可能是两国梶之助,有人认为除此之外一定还有过获得过这种资格的"横纲"等等。

但是,这种说法有诸多难解之处。第一,从"结"(むすび)和"产灵"(むすひ)发音的不同来看,很难将"结神绪"与"产灵神"连接起来。第二,《地理宝鉴横纲之图》所主张的由相扑人进行的奠基祭神仪式,从其他资料中无从确认。而且,在谷风、小野川以后,根本没有记录可以显示具有横纲资格的力士举行过这种祭神仪式。第三,从署名等情形来判断,《地理宝鉴横纲之图》这部书籍本身的史料价值就有很多令人怀疑的地方。第四,就像明治以降吉田司家本人提出"薑说"那样,就连吉田司家内部,对"结神绪"说也不是非常确信。指出"结神绪"说的诸种难解之处,主张创作说的是能见正比古,他认为横纲就是由吉田司家创作出来的。②

能见首先关注的是比谷风、小野川获得横纲资格还要更早一些,在大阪一带的力士们中间流行的"黑白横纲"。这种"黑白横纲"在鸟居派画师描绘的相扑绘里常常可以看到。从延享到安永年间(一七四四～一七八一),很多力士腰间都缠着这种东西。富士岳岩右卫门、源氏山住右卫门、大鸣门淀右卫门、雪见山坚太夫、稻川次郎吉、千田川吉五郎等许多力士都留下了腰缠"黑白横纲"的肖像画,这些横纲全部都用黑、白粗绳搓在一起,没有垂下"币"③。

---

① 彦山光三:《横纲传》,棒球杂志社,一九五三年。其原型在战前和战争期间在杂志上连载。

② 前引能见《横纲物语》。

③ 也写作"四手",指挂在稻草绳上垂下来的纸条。——译者注

关于这种黑白横纲,在安永五(一七七六)年大阪行司岩井左右马著的《相扑传秘书》中有如下的记述。

## 横纲之图

以黑白丝绸编成双重粗绳,用力缠两圈拉紧,于左肋作结。

横纲总尺壹丈二尺三寸。

此横纲之事多口传,若成日本无双之关取,即由吉田家与之……

其后授予丸山权太左卫门、阿曾岳桐右卫门两人……

文中的"丸山权太左卫门"就是授予谷风、小野川横纲资格之际被作为先例举出来的两位力士的其中之一,是元文到宽延年间(一七三六～一七五一)被赞扬为天下无敌的仙台力士。按照吉田司家的家传,据说此人是在宽延二(一七四九)年秋天长崎巡回演出之后路过熊本,由吉田司家授予其横纲资格,但在同年的十一月客死在了长崎。其长崎巡回演出的排名榜被传了下来。根据这份排名榜,丸山与阿曾岳曾有过对峙,丸山为东大关,阿曾岳(阿苏岳)为西大关。传说阿苏岳桐右卫门是熊本的力士,被细川家供养,引退后被指定为肥后国中的相扑头领。历史上有种推测认为,这位阿苏岳因为是吉田司家的老家熊本出身,所以才与相扑第一人的丸山一道被授予了横纲资格。关于阿苏岳没有被列入历代横纲这一点,一直有人试图将其解释成"阿苏岳可能是被限定在九州一带的横纲"等,这多少有些牵强附会、勉为其难了。

但是,如果按照这些记述,丸山、阿苏岳被授予的"横纲"也应该是同时期流行的黑白横纲才对。丸山后来被列为历代横纲,或许是因为其业绩受到了人们关注的缘故。但是,就此将丸山、阿苏岳作为"横纲"与谷风、小野川以后的横纲力士排列在一起是不合适的。他们的"横纲"与谷风、小野川以后垂着"币"的白色绳子不同,是没有垂下"币"的黑白相间的粗绳。在申请为谷风、小野川授予横纲资格的时候,如前所述,实际上除了丸山、阿苏岳之外,还有许多几乎处在同一时代的力士腰中都缠着黑白横纲,但他们却并没有被当作先例受到关注。

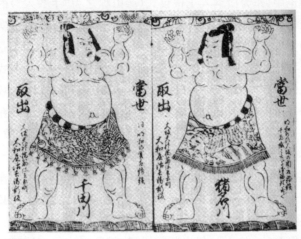

**黑白横纲**　兜裆布上面系着黑白横纲的猪名川(稻川)次郎吉(右)和千田川吉五郎。二人是明和年间(1764～1772)活跃在大阪一带的力士。这幅画是天保14(1843)年刊行的《力竞表里　相扑取组图绘》中的插图。(小池谦一)

　　因此,不能说这就是"横纲"的直接"先例",不过,如果对《相扑传秘书》中这种所谓黑白横纲由吉田司家授予的记述姑且信之的话,那么,当然可以推测当时的吉田司家在为谷风、小野川授予横纲资格的时候,是以此为参考的。但是,《相扑传秘书》中并没有将其作为横纲的起源、原型或者是先例进行叙述,从这一点,我们嗅到了人为的可能性。吉田司家没有使用已经过多名力士之手的"脏兮兮"的黑白横纲,而是画了一条线与此隔开,另创造出了一个新的"横纲"。我们也可以推测,这或许就是吉田司家策划的一种战略。

　　而且,黑白横纲曾在大阪一带流行,这种地理方面的特色会让人联想到其与住吉大社相扑会上的"在'犊鼻裈'上缠稻草绳,合掌"的习俗之间的关系。想到在兜裆布的上面系绳,这背后或许有"ハジカミ"的说法在起作用。对此,能见阐释道,这是将"ハジカミ"传说中表现的"系着稻草绳的强手"这一印象和京阪一带流行过的黑白横纲作为构思的原型,在此基础上又施以了阴阳道的粉饰,新的"横纲"就是这样被创造出来的。

　　能见的"创作说"应该是关于横纲起源的最稳妥的解释。在彦山的理论中,作为横纲入土俵仪式(彦山称之为"手数入")的本义而加以倡导的阴阳道的"反阅"①仪式,在《内里式》等书中,实际上是作为平安前期相扑节上由率领相扑人入场的阴阳师而不是相扑人本人举行的仪式来记述的。毋庸置疑,关于相扑入场仪式的阴阳道式的解释即来源于此。另外,无论横纲还是幕内,其入场仪式的动作基本上都是相同的。所以,将入场仪式与横纲联系在一起的做法显然不甚妥当。② 如此种种,都是吉田司家虚构的"故实"的典型事例。

　　从一些民间记录中也可以看出横纲是吉田司家人为创作出来的。据说,在谷风、小野川获得横纲资格而备受舆论关注的时期,一些年纪较大的相扑爱好者曾感慨:"横纲这个名称根本没有听说过。"天保九(一八三八)年出版的《相扑起显》③中也有记载:"吉田司家有授相扑行司力士之资格,先年为谷风梶之助、小野川才助授横纲资格。此番延续其例,为阿武松绿之助、稻妻雷五郎授横纲资格",将谷风、小野川视为第一例。总之,在当时的人们看来,谷风、小野川的"横纲"令人耳目一新,这是确凿无疑的。

　　而且,把"横纲"作为一种新的策划推出来,既是应了相扑集团方面的请求,同时也反映了吉田司家想利用"故实"的武器来确立自己地位的意图。相扑集团方面曾作过一番观众动员的策划,称"我等不揣冒昧,当作渡世之助力"(写给寺社奉行的志愿书)。对此,前面引用过的《水野为长杂记》里也有记载:"此间,角力缺乏人气,看客稀少,遂请求右侧挂绳。有了口碑,观赏者亦会稍有增加。"可见相扑集团在演出方面的这种策划与横纲的构图是完全一

---

　　① 天皇或贵族外出时,会有阴阳家一边念咒一边舞蹈,为其祈祷途中平安无事,"反阅"即是阴阳家念咒舞蹈的动作。——译者注

　　② 幕内、十两的入土俵仪式现在才被简略化。拍手然后举起右手是上段的姿势,捏住刺绣围裙的底边为四股,举起双手是尘手水,这些是基本动作。到近代,由于力士人数增加,场所变得狭窄,于是就以这样的形式来进行了。

　　③ 担任江户排名榜制作人的三河屋(后称根岸)治右卫门刊行的排名榜、附胜负情况的集大成。天保九(一八三八)年发行初辑,安政元(一八五四)年发行至第十辑。

致的。关于吉田司家的意图,我们也将作进一步详细的考察。

## 吉田司家的系谱与战略

宽政元(一七八九)年十一月,在江户深川八幡宫境内举行的冬季大相扑比赛的第六天,在土俵上举行了对谷风、小野川的横纲传达仪式。接着,在翌日即相扑比赛的第七天,上演了两位力士的横纲入土俵仪式。

据说起初预定的是只为谷风授予横纲资格,但好像小野川的供养主有马家提出了异议,最后才变成了两位力士的资格授予。[①]颁发横纲资格证书的是"细川越中守大人的家臣近习头吉田善左卫门"、吉田司家第十九代追风。这位十九代追风正是那位带着先祖传承而来的相扑故实,携横纲这一卓越的构思,策划整饬诸国相扑集团并试图君临其上的人物。

根据家传,吉田家的先祖是越前国的武士吉田丰前守家次,归属在木曾义仲的麾下。吉田得相扑行司之祖志贺清林[②]的身传,继承了故实礼法,在后鸟羽院再兴相扑节之际,奉召出任行司,被赐予了追风的名号。在那之后,由于相扑节再次中断,一直到永禄年间(一五五八~一五七〇)正亲町院举办相扑节之际,十三代追风才奉召担任了行司。十四代追风也侍奉过朝廷,不过,到第十五代的时候,由于相扑节的再次中断,从万治元(一六五八)年起吉田家便开始侍奉细川家,并代代为诸国行司、力士授予相扑故实的资格……

当然,该家传的大部分作为事实是很难令人信服的。也有一种说法,认为其是京城自称为"相扑之家"的五条家的代理人。不过,这一点并没有确切的根据。但是,细川家的记录里有万治二年吉田追风在京城被供养的文字,其在近世初期成为细川家的家臣是确凿无疑的。在那之后,据说还在京都活跃过一段时期,元禄十

---

① 或许是因为有这些缘故,在比赛前举行资格授予仪式之际,小野川被授予的是故实门人的证书,正式的横纲资格证书大约一个月之后才交付到其手上。

② 根据吉田司家的家传,其为近江人,奉圣武天皇之召担任相扑节的行司,制定了相扑的规则。当然,这不能视为是史实。

二(一六九九)年,在冈崎天王社的劝进相扑排名表上曾出现过"行司吉田追风"的名字。大概因为其祖上是活跃在京都周边的行司之家,而其关于相扑故实的见识也受到了赏识,缘此才被细川家供养的吧。在这方面,其与被南部家供养的长濑越后等走过的路是相同的,所以我们并不认为吉田家作为相扑之司有什么特别之处。

从中世末期到近世初期,木濑、吉田、长濑以及木村、式守、岩井、尺子、吉冈、服部等众多流派大都曾认为自己在理念上与相扑节也存在着渊源。作为传承"相扑故实"的行司之家,他们以各自的渊源互相竞争。尤其是在整个中世,京都一直都是相扑的核心要地,所以我们可以推测它也是相扑故实的中心,在京都周边应该有过很多行司之家。吉田家大概是作为这些行司之家的其中之一立业,尔后脱颖而出,控制了其他流派,并采取战略,开辟出了一条走向"本朝相扑司"之家的道路。

吉田家开始与中央,尤其是江户的相扑界形成密切关系是在享保到宽延年间(一七一六～一七五一)。宽延二(一七四九)年八月,江户相扑的木村庄之助和式守五太夫二人作为故实门人进入吉田家第十六代追风的门下。① 木村是江户相扑行司中的第一人,而式守则与年寄伊势海一家别名,二人都是江户相扑集团的核心存在。因此,此二人的入门可以说意味着江户相扑集团与吉田家的门下有了关联。事实上,此后他们都在以吉田追风门人的资格为其他行司、力士们发行故实门弟的证书。在前述《相扑传秘书》中可以看到,安永年间(一七七二～一七八一),包括"关八州支配  式守五太夫"、"同断 木村庄之助"在内,吉田家门下的行司遍布九州、五畿内、大阪、肥后、长崎和各地,这种情形意味着吉田家已将全国的行司都纳入了其伞下。吉田家主张的"本朝相扑司"的实质大致在这个时候就已经具备了吧。

基于这些关系,宽政元(一七八九)年,十九代追风在为谷风、小野川授予横纲资格的同时,还以江户相扑司请求的形式让寺社奉行询问幕府,请求指派吉田追风去实地检查相扑比赛场地。当

---

① 关于式守,也有一种说法认为其是在享保十四(一七二九)年进入追风门下的。

时，追风试图夸耀其君临相扑集团之上的企图被寺社奉行驳回了，但是却获得了以答幕府问的形式提交"由绪书"的机会，得以展示刚才提及的家传内容，阐述其作为"本朝相扑司"的来历。二年后他一手操办上览相扑，并亲自担任行司，夸示其权威。吉田司家作为相扑"正统"故实的旗手，其存在借由幕府的"御墨迹"得到了天下人的认可。

吉田家现在已经将相扑演出的最大集团江户相扑纳入自己的伞下了。另外，从一条家①拜领了"越后"国名的使用权，拥有独自立场，是吉田家最大对手的盛冈藩南部家供养的行司长濑越后家，也在文化年间（一八○四～一八一八）被一条家以及南部家禁止参加劝进相扑演出，事实上被封锁在了南部领内。② 就这样，对于由行司第一人逐渐转变成了具有更高权威的存在的吉田司家而言，在各地的行司之家里可成为其对手的人已经不存在了。不过，在不久的将来，他还会面临来自别处的挑战。这便是自称"相扑之家"的公家五条家的登场。

五条家属于以野见宿祢为始祖的土师氏的后裔菅原氏一族，镰仓时代从高辻家分离出来。这个家族是从什么时候开始以"相扑之家"自称的并不是很清楚。显然，其与镰仓时代初期朝廷的"相扑之家"二条家没有什么关系。实际上，五条家与相扑之间的关系是在文化年间才以明确的形式体现出来的。因为从那时开始，出现了木村庄之助等行司们在利用与吉田追风的门徒关系的同时也自称是五条家门人的事例。③ 看起来似乎是五条家对日益兴盛的相扑表演起了贪心，所以就从这个时候开始利用其血脉主张"相扑之家"，而相扑界也出现了响应其主张的动向。在文政年间（一八一八～一八三○），五条家又进一步对吉田司家的权威发起了积极的挑战。文政六（一八二三）年八月，在京都举行劝进大相扑表演之际，幕府下达了由五条家对玉垣额之助和柏户利助二名力士授予横纲资格的命令。

---

① 藤原氏，摄关家之一。

② 但是也可以说正是因为如此，长濑家可以长期处在吉田家的支配之外，保持着其独特的"四角土俵"。

③ 前引高埜《近世日本的国家权力与宗教》。

虽有幕府的指令,但据说柏户并没有参加这个时候的比赛,而玉垣也出于对柏户的尊重,没有举行系纲仪式,特意准备的横纲最后还是被原封不动地装饰在了比赛场的入口处。第二年,还是现役的玉垣去世了,柏户也已引退,所以,这个横纲最后也就不了了之了。

即便如此,这件事还是深深地刺痛了吉田家。因为自从谷风、小野川的资格授予以来,已经三十年没有横纲授予的指令了。吉田司家感受到了其作为相扑故实掌门人的地位受到了威胁。经过一番努力,文政十(一八二七)年,吉田司家被幕府任命为江户相扑管理人,其对江户相扑的支配权获得了正式的根据。又在翌年即文政十一(一八二八)年二月,为阿武松绿之助授予了横纲资格。吉田司家希望通过这些来确认其地位。对此,五条家发起了逆袭。

实际上,这个时期,力士在旅行之际都会从其供养大名那里得到"绘符账面"①,而没有人名供养的力士则习惯请五条家发行"绘符账面"。② 这无疑映衬了五条家的主张,即五条家是"相扑之家",一般力士都处在其支配之下。③ 五条家拿出这件事,主张阿武松是其"本家家臣",对吉田司家授予其横纲资格提出了申诉。本来,阿武松是长州毛利家的供养力士,所以,"绘符账面"也应该由毛利家而不是五条家发行。但是,阿武松这边并没有抗辩的迹象。这件事最后由年寄与阿武松一道向五条家致歉作了了结。同年七月,相同的事情又上演了。这次是五条家为稻妻雷五郎授予横纲资格,而吉田司家对此提出了申诉。吉田司家甚至搬出了主家细川家的权势,最终五条家表示了屈服,提交了一份以后不再进行横纲资格授予的保证书,了结了此事。至于稻妻,二年后的文政十三(一八三〇)年九月,由吉田司家重新对其进行了资格授予。但是,在此期间的文政十三年三月举办的上览相扑上,稻妻依然进行了

---

① 保证其在驿站住宿等时方便的一种证明书。

② 五条家与相扑社会的这种联系大致始于什么时候并不明确,史料上能够确认的是文政年间(一八一八~一八三〇)以后的事情。

③ 另外,根据当时的史料,五条家的分家桑原家,蹴鞠、和歌的宗家飞鸟井家也有过给力士发行绘符账面的事情,不过,没有形迹表明这两家有过"相扑之家"的主张。

横纲入土俵仪式的表演。无论幕府还是江户相扑,没有偏袒他们中的任何一方。

文政年间吉田、五条两家的这次纷争,历来被解释为"旧五条家对新进吉田司家进军相扑界进行反击,结果却是吉田司家赢得了胜利"。可是,这种解释并不恰当。根据能见正比古的考证,据说在这场论争的过程中,五条家试图从原横纲力士小野川那里收购有关横纲授予的文书,但事情却遭到了曝光。① "横纲"本来就是吉田司家的创造物,如果按照本书的这一解释,五条家原本就与横纲故实没有任何牵连。不过,不与吉田司家的故实虚构进行正面对决,而是完全听信其所言,然后以自己的主张去争夺"相扑之家",这样的五条家很难让人想象其有作为"相扑之家"的古老渊源。高埜利彦指出,文化时期以后,由于形形色色的社会集团不满足于幕府的权威,开始从朝廷、公家那里寻求权威支撑,所以,幕府的权威相对衰落而朝廷权威开始相对上升成了当时的一般社会状况。高埜认为,五条家进军相扑界,也可理解为是这种社会发展趋势的一种表现。②

在记录公家家业的《诸家家业》(成书于宽文八〈一六六八〉年)一书中,五条家位列"儒家纪传道"之家,并没有看到其与"相扑"有关的记载。及至文化十一(一八一四)年,由于时代的变化,该书内容与实际情况已经不相符合,遂有与田吉从编写《附录》对其进行了补遗。《附录》中有"称五条家为相扑之家"的说法,对此该作者解释说,因为五条家是野见宿祢的后裔,所以不知不觉间这种称呼就被传开了。由此也可以推察出,五条家是"相扑之家"的这种主张,与其说是基于其具有朝廷正式承认的历史渊源,毋宁说是在相扑比赛兴盛和朝廷权威上升这一背景下,大致是从十九世纪初开始慢慢地流传开来的。

如果将这些事实联系起来考量,那么,五条家与吉田司家之间一连串的论争便可以重新解释为:在劝进相扑作为一种表演形式固定下来以后,围绕着其支配权,新兴的"相扑之家"五条家借

---

① 前引能见《横纲物语》。
② 前引高埜《近世日本的国家权力与宗教》。

着"朝廷权威相对上升"的机会,对掌握着"故实"的"本朝相扑司"吉田司家发起了挑战,最后败北。而且,取得了胜利的吉田司家也正是在这场论争中才确立了其作为"本朝相扑司"的地位。五条家要想再次挑战吉田司家确立的"相扑故实"的支配体制,就只能等到近世的社会体制本身发生动摇亦即明治维新动乱的时候了。

## 故实体制与相扑的正统

毫无疑问,决定吉田、五条两家论争最后归宿的,应该就是五条家与吉田司家的主家细川家的势力差别。不过,即便是抛开这一因素,也不得不说五条家战胜吉田司家的希望渺茫。因为吉田司家在全国各地布下了许多网点,这些网点支配着地方上的相扑,也支撑着吉田司家的相扑故实体制。而这些是新兴的五条家完全不具备的。

对于相扑集团而言,编入吉田司家的故实体制也给他们带来了很大的实际利益。

前面述及,在享保至宽延年间(一七一六~一七五一),江户相扑集团被纳入到了吉田司家的故实体制之中。当然,这并不是说此前江户相扑集团就缺乏故实。这种"入门"意味的是,之前依据木村、式守这些地方行司家传承的故实从事演出的江户相扑集团,被统合在了更加洗练的故实之下,这种故实有着公认的、不凡的历史渊源。此后,随着江户逐渐成为相扑演出的中心,吉田司家保持的故实也逐渐占据了相扑故实的"正统"地位。"入门"也意味着这一过程的开始。而且,对于江户相扑集团来说,"入门"还意味着其有了一套有效的言说体系,可用来阐明自己表演的相扑具有"正统"性。

这种效果其实早在十八世纪后半期就已经显现出来了。前一章中介绍过,在宝历年间对"秽多"的诉讼中,吉田司家的故实门人行司木村庄之助面对奉行所的调查员,详细阐述了朝廷相扑节以来的相扑故实,以及行司、年寄家的故实等等,进而主张以辉煌的历史渊源夸耀于世的相扑表演不能容许"秽多"观看,赢得了相扑

相扑的历史

方的胜利。另外,也是前面提及过的,明和至安永年间围绕相扑演出权提起诉讼之际,年寄伊势海(式守)五太夫和行司木村庄之助应町奉行召见,向其阐述了相扑故实。结果,安永二(一七七三)年幕府发布的文告中,承认了具备相扑故实的相扑集团和不具备故实的业余相扑人之间的差别,并承认了前者对演出权的独占。

就这样,以相扑故实为依据,不仅明确了由江户所代表的职业相扑集团与地方业余相扑集团之间的差别,而且也确立了前者对后者的支配体制。因为只有依据正统的相扑故实举办的相扑比赛才是允许收取入场费的正统相扑,所以,地方相扑集团只有在接受正统相扑集团的故实指导之后方可进入其列。江户相扑集团之所以能够主张这种作为"正统"的故实,其原因就是他们通过进入吉田司家的门下而引进了"正统的故实"。力士们只有与这一体制建立起了联系,才意味着获得了非业余的、正规的专业力士资格。

相扑故实体系在吉田司家的运作之下走向了一元化,这意味着辨别相扑中正统与异端、职业力士相扑与业余相扑(土相扑)的基准正在逐步形成。职业力士们离开这一体系便难以靠相扑谋生,这是理所当然的。然而,地方上的半职业性相扑集团也不得不作为门徒进入具备正统故实的相扑年寄,或是与年寄有同等资格的行司门下,服从其指导和支配,由此来谋求自身的正统化。

十八世纪末以降,江户的相扑年寄给地方半职业性相扑集团的指导者颁发故实资格,使其成为自己的门徒,目的并不是要给地方相扑提供故实和正统性,而是要将他们置于自己的支配之下。这些各地的"门徒"被称为"负责人"等,是所在地方相扑表演的主体。在为地方演出招募职业力士的时候,他们扮演着渠道的角色,在地方上地位举足轻重。而另一方面,从年寄们来看,安排这样的一些负责人也有好处,可以确保地方巡回演出的基地。而且,通过这样的操作,还确立起了一种可以说具有局部改革(预备军)性质的体系,或是为中央提供力士,或是反过来为曾经是中央力士、后来逃往外地的人提供落脚点,形成了贯通中央与地方,而不是地方相扑集团零零散散、处于并立状态的"相扑社会"体制。

这样,以故实传授为媒介而形成的联结中央与地方的师徒关系网,使江户年寄实现了其对相扑集团的统制,同时也保证了其对地方相扑集团的统制。江户成了高水准力士云集的劝进大相扑表演的最好舞台。在这个时代,统括江户相扑集团的体制,事实上依然还是作为统括整个劝进大相扑表演的体制在发挥作用。而位于故实传授体系顶点的吉田司家,则通过年寄、行司们编织起来的相扑支配网,成为整个相扑社会的君王。

以吉田司家为顶点的一元性故实传授,即相扑集团的统制体系,对于幕府而言也有很高的利用价值。这是因为,试图以相扑为谋生手段的人,很多都有着过人的腕力,血气方刚,其中被流氓组织吸收的也不在少数。对于这些"相扑落伍者"、无赖汉的横行,幕府也是无计可施。高埜利彦指出,相扑统制体系可以将所有的相扑集团,连同在乡业余集团一并管理起来。这一体系的确立,可以收到统制这些"相扑落伍者"的效果。这或许正是幕府所期许的。高埜利彦的这一推测①有着充分的说服力。也许幕府就是抱着这样的意图,承认了以故实传授为媒介的相扑统制体系,从行政方面保证了其对演出权的独占。就这样,以江户为中心的职业相扑集团与幕府的支配体制密切结合,以这样的形式保证了其权益的获得。而作为代价,地方相扑演出与流氓组织之间的关联则变得更加根深蒂固了。②

但是,要说全国的相扑组织都被包摄在了以吉田司家为顶点的故实体制之中,事实也绝非如此。前面述及,长濑越后家虽说被限制在了南部家领地内,但是,其一直主张与吉田司家不一样的故实,直到近代还健在。此外,比如土佐国(今高知县),也曾存在过与中央体系性质不同的相扑世界。近世的土佐国,也许是依凭其地理条件,从来不为中央的舞台推送力士。在土佐藩当局的操持下,藩国内各地频频举行半职业性的相扑比赛。进入明治以后,土佐出身的力士才开始出现在中央舞台上。在土佐以打遍天下无敌手而自豪的肋矶,经由大阪相扑进入了东京相扑玉垣的门下,以海山太郎之名晋级到幕内,这是土佐力士第一次活跃在中央的舞台

---

① 前引高埜的《近世日本的国家权力与宗教》。

② 这种关系以大阪相扑为中心,一直残存到近代。

上。近世土佐的相扑规则与中央稍有不同，如允许抓头发等，形成了独自的相扑世界。但是，这早已不是相扑的正统比赛方式了，只不过是异端、支流而已。

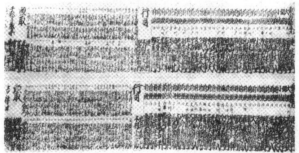

**竖式排名榜与横式排名榜** 像现在这样的竖式一张纸的排名榜是宝历 7(1757)年在江户相扑中第一次采用的。京阪相扑的排名榜是东西各一张的横长型排名榜。上面是宝历 8 年 3 月的江户排名榜，下面是宝历 9 年 4 月的大阪排名榜。（西尾市岩濑文库）

# *专栏　相扑与江户文化

三都营利劝进相扑表演开始步入轨道的元禄时期（一六八八～一七〇四），是以京阪为中心的近世町人文化的第一次繁荣期。而从江户相扑的兴盛期，即宽政时期到文化、文政时期（一七八九～一八三〇），则是以江户为中心的近世庶民文化的第二次繁荣期。当然，这并不仅仅是时期上的偶然一致。正是因为相扑作为庶民的娱乐渗透并扎根于社会，承担起了文化的重要一翼，相扑表演的兴盛才与整个文化的兴隆相吻合，从而成为一种现象展现在历史的画卷中。尤其是近世后期，在文化、文政时期所谓的"化政文化"时代，在文化的各种领域，都能够窥见相扑的身影。

从那些撰写于近世而流传到现在的庞大的随笔类中，想要寻找出有关相扑的记述并不是件难事。单口相声（《千早振》等）①、评书（《宽政力士传》等）、歌舞伎（《关取千两帜》等）中也有很多以相扑为题材的作品。还有，十八世纪末，与相扑表演的兴盛几乎同一时期完成的彩色浮世绘版画中，"相扑绘"与演员画并列，也占有着重要的位置。相扑前三名大力士自不必说，几乎所有幕内级力士都有近似于照片的肖像画在发行。从歌川丰国等歌川派以及以胜川春章为首的胜川派画师，到年轻时的葛饰北斋，当时的著名画师几乎都在画相扑绘。"梦幻画师"东洲斋写乐也以专门从事相扑入土俵仪式的"怪童力士"大童山文五郎等为模特，留下了数幅相扑绘，可以从中寻找有关写乐作画时期的启示。

这些都是文艺领域内将相扑作为题材使用的事例。此外还可举出相扑社会体系对一般社会文化产生影响的例子。如文化史学家竹内诚用"见立、番付文化"②来表述相扑对整个江户文化产生的最显著的影响。"番付"大概是从"番文"（分组表）演变而来，不用说，这是作为展示力士级别的一览表来使用的，力士的等级、名次从上到下一目了然。这种排名的形式在各种各样的场合都被模

---

① "千早振"为神的枕词，意为威风凛凛、庄严肃穆。——译者注
② 选择、排名文化。——译者注

仿,衍生出诸如名胜古迹排名、名产排名、演员排名、艺妓排名等形形色色的"选择"性排名。日本人是不是特别偏好"等级",笔者不敢妄下结论,但是在将"等级"表现为一种看得见的形式方面,"番付"为其提供了合适的标本,这是确凿无疑的。

　　另外,近世的相扑排名榜形态,京阪是东西各一张的横长型"二枚番付"①。今天我们看惯了的竖长型一张纸的排名榜,是宝历七(一七五七)年江户相扑第一次使用的"新机轴"。明治以后,京阪的排名榜也效仿起了这种形式。

---

　　①　二页纸的排名榜。——译者注

# 第九章　近代社会与相扑

## 明治维新与相扑

如前所述,近世的相扑体系是在近世社会以及幕藩体制的架构中形成的。而装点相扑的多姿多彩的文化,其生长根基也存在于近世文化之中。正因为相扑深深地扎根于近世的社会、文化之中,社会的巨大变动也给相扑界带来了深刻的影响。自从嘉永六(一八五三)年美国使节佩里提督来航以后,胚胎于近世社会中的变革动向便迅速蔓延开来,向着明治维新、文明开化突飞猛进。在这样的社会潮流中,相扑也迎来了其急剧变革的时代。

明治政府把建设欧美式的近代国家作为一大课题。在政府的摇旗呐喊之下,欧美文化迅速流入日本,其带来的"脱亚入欧"①的社会气象使相扑界发生了剧烈的动摇。当时,旧有的各种各样的风俗习惯都被当作了妨碍文明开化的前近代的旧弊遭到了非难,在社会上遭到了驱逐。在这样的风潮中,相扑界也面临着巨大的危机。

比如,以断发令、废刀令为代表的旧俗的改废,可以说直接关系到了相扑界的生死存亡。因为与日本风俗密切相关的样式性是相扑故实的一个重要因素,而相扑比赛又是靠"故实"来支撑的。庆幸的是,新政府内部了解相扑的人比较多,所以免除了断发令等在相扑界的适用。但是,在这个时代,人们对相扑的攻击还是相当的严苛。

---

① 脱离落后的亚洲,与欧洲先进国家为伍,是近代初期日本的国家口号。

相扑的历史

甚至有人提出"（相扑乃）野蛮风俗，理应废止"。在这些责难声中，明治九（一八七六）年，东京相扑会所向政府提出了设置"力士消防别手组"①的请求，主张通过给予力士们"奉公"（消防）的名目来缓和世人的评论。由幕下、三段目的力士组成的"力士消防别手组"在东京市内从事消防活动约两年，为避开相扑废止论发挥了一些作用。

另外，在稍早前的明治二（一八六九）年，在九段招魂社（今靖国神社）进行火神祭祀之际，相扑会所安排力士奉献了一场相扑表演。明治五年营造神殿的时候，力士们又被派来参与施工。在这一时期，相扑作为一种有助于发挥军人精神的武艺被军部推着向前走的同时，春秋例行的神社祭祀活动中举行奉纳相扑也成了常态。还有，明治三年四月，在明治天皇参阅的第一次陆军阅兵仪式上，有鬼面山、境川等高级力士受命参加，并捧持锦旗。如此这般，相扑社会一面依附政府、军部等当时的权势阶层，一面顶着社会上的逆风拼命地想要生存下去。这种努力随处都可以看得到。

明治二（一八六九）年的版籍奉还、明治四年的废藩置县与文明开化的社会风潮，极大地动摇了相扑社会。旧藩主中，有不少人借着这个机会解除了对力士的供养，这对那些依靠供养主扶持的、有望夺魁的力士的经济生活造成了直接的打击。职业相扑也好，以相扑糊口之徒也罢，近世的相扑组织未必是一个靠演出收益就能支撑其成员经济生活的自我完善的组织。很多情况下，力士们都会依靠大名等相扑组织以外的经济势力来谋生。这是一个虽置身于相扑社会之外，但对相扑社会的成员来说却是事实上不可或缺的补充性的体系。失去这一体系的支撑，对于相扑社会而言是一个重大的冲击，但同时也应该说是一个机遇，因为力士们可以靠自己的演出收益和经营努力站稳脚跟，向自我完善的体制蜕变。可是，在最初他们几乎没有朝这一方向做任何内部机构改革的努力，只是简单地将庇护他们的主体替换成了在新政府"富国强兵"的政策之下培育起来的商业资本等新兴经济势力。其依存于外部的本质被原封不动地保留了下来，到很久以后这就变成了纷扰的

①　力士消防大队。——译者注

火种。

　　另一方面,江户幕府体制在动乱中的崩溃也意味着以吉田司家为顶点建构起来的故实支配体制失去了重要的支柱。五条家捕捉到了这个机会,迅速展开了反攻。自从因稻妻的横纲资格事件被迫写下了不再从事横纲资格授予的保证书以来,五条家一直悄然无声。但是,庆应三(一八六七)年一月,五条家却为当时最有实力的力士阵幕久五郎授予了横纲资格,再次开启了对吉田司家的挑战。其时,萨摩岛津家的供养力士阵幕与阿波蜂须贺家供养的鬼面山谷五郎的横纲资格争夺越演越烈,其中因牵涉到了藩的面子、勤王与佐幕的对抗意识等,气氛相当险恶。五条家大概是鉴于时势,计划与岛津家联手。可是,阵幕的横纲资格在十月份得到了吉田司家的追认,而鬼面山在明治二(一八六九)年也接受了吉田司家授予的横纲资格,吉田司家对江户相扑的支配能力似乎依然健在。不过,进入明治时期以后,随着相扑界的重新整合,五条家的战略有了转变。

　　明治政府接受了德川十五代将军庆喜的大政奉还,还发布了王政复古的号令,人们以为日本的中心会再次从江户回到京都。一直活跃在江户一带的阵幕久五郎或许也是感觉到了这一趋势,在庆应四(一八六八)年与同是萨摩岛津家的供养力士千年川、山分结伴,早早地就离开了江户,前往大阪,投身于大阪相扑。如前所述,在近世,虽说江户、大阪、京都都有年寄(头取)成立的会所作为演出的组织者在发挥作用,但这些会所的分布终究只是以江户为中心的三都劝进大相扑演出的一环,并没有作为比赛系统明确地分离出来。但是,大阪相扑却因为有当时最具实力的阵幕加盟而从三都演出体制中分离了出来,并与京都相扑相互提携,谋求自己独立的比赛。阵幕于明治二(一八六九)年引退,担任大阪(原称大坂)相扑的头取总长,一直到明治十四年。继阵幕之后,原大阪头取凑由良右卫门的弟子、横纲力士不知火光右卫门也于明治三年加入大阪相扑,在京阪的土俵上表演入场仪式。除此之外,许多力士也随着演出体制的分裂离开了东京,加入了京阪相扑。

　　就这样,相扑演出组织呈现出了分裂的征兆,其背后的一个重要原因即是以吉田司家为顶点的"故实"体制这一捆绑的绳索松弛了。这种状况对于五条家来说是一大机会。于是,五条家开始积极靠近京阪相扑。明治三(一八七〇)年,其为京都的小野川才助授予了横纲资格,以此为开端,五条家接连不断地发行横纲资格,明治四年为大阪的八阵信藏和京都的兜泻弥吉、明治六年为大阪的高越山谷五郎授予了横纲资格。这当然也是迎合会所试图将横纲入土俵仪式作为招揽观众手段的演出政策,赋予其权威的一种方式。不过,五条家策划的是通过与京阪相扑会所携手,使自己作为"权威"得到人们的推戴,以此来巩固其"相扑之家"的地位。

五条家的掌门为荣挤进新政府的一角,后来官至元老院议官,是一个有相当的野心和政治能力的人物。而吉田司家却在维新动乱中因为主家细川家远离政界主流,再加上明治四(一八七一)年刚刚承继了追风名号的掌门人藤太郎(后来的善门)在明治十年的西南战争中参加了西乡军,暂时处于幽禁状态之中。

屋漏偏逢连阴雨,东京相扑会所也是火烧眉毛。明治六年,当时的幕内力士高砂浦五郎向会所提出了改善力士待遇的强硬要求,声称要对故态依旧的会所内部进行改革。在看到自己的要求不被接受后,他便在名古屋竖起了"改正组"的大旗。"改正组"除了与高砂志同道合的人以及属于其弟子一脉的力士以外,还有来自大阪相扑的熊岳、来自京都相扑的西海等人的加入。"改正组"或是与京阪相扑合伙演出,或是在地方上巡回演出,最后进入东京,与东京会所形成了对峙。明治十年,"改正组"又向东京府知事提出"横纲申请书",要求指派熊岳庄五郎参加横纲入土俵仪式。如此种种,其所作所为都与会所的旧体制相对立。与此相对应,故实体制那咒语般的束缚力越来越明显地显现出了颓势,而曾经它一直支撑着历来由年寄—会所主宰的具有向心力的支配体制,支配着"正统相扑"。

然而,明治十一(一八七八)年二月,警视厅突然发布"角觝并行司取缔规则及演出场所取缔规则"。根据这一规则,力士、行司必须领取警视厅发行的许可证,而且东京府只承认一家相扑演出行会,没有许可证以及不加入行会的力士、行司,不允许以相扑为业。东京会所迅速领取了许可证,作为行会获得了认可,而正在各地方巡演的高砂及其属下众人却没能领取到许可证,不能再在东京府演出。这种唐突的规则发布，必定是按照会所的授意趁着高砂等人不在的空隙所为，将其视为会所的一种进攻策略也无不妥。总之，高砂等人因为无法在东京演出，"改正组"的运营很快便陷入了窘境。后来，经过多方努力，也有政治家的从中斡旋，同年五月改正组一行实现了会所复归。另外，还制定了"角觚营业内部规则"，在很大程度上实现了会所的机构改革。而且，作为年寄重新归来的高砂，在几年后当上了管理人，反而掌握了会所的实权。

此时制定的"角觚营业内部规则"规定了力士、年寄们的薪金，以及每年轮值的行会管理人（从前的笔头、笔胁）的选出办法。在明治十九（一八八六）年、二十二年、二十九年，经过多次修改，细则进一步得到了充实完善。另外，会所的名称也在明治二十二年改为"东京大角力协会"，慢慢具备了相扑演出组织的外形。但是，这里最为重要的一点，恐怕就是依靠行政机构的介入，逐步形成了新的具有向心力的结构，以取代故实体制。据说高砂"改正组"在名古屋亮明旗帜之际，对高砂抱有善意的爱知县令鹫尾隆聚便承认了其在名古屋对演出的独占，以牵制东京会所。当时的高砂就是希望通过外部权威的介入形成一种向心力，来整合相扑演出组织。

大阪方面自明治六（一八七三）年以来也频频发生分裂抗争事件，而且每次都需要当地称为"颜役"①的人物出面仲裁或干涉。尤其是在明治二十一（一八八八）年，有八十余名力士向会所申诉了种种苦情。他们退出会所，另外成立了名为"广角组"的组织，在此后的七年时间里，一直与原来的会所（称为"旧社"）分开进行演出活动。为了改变这种状态，大阪相扑会所在明治三十年终于下定决心实施组织改革。他们改变了会所的名称，在获得大阪府知事认可的前提下，开始了大阪角力协会的运作。就这样失去了"故实"这根捆绑绳索的相扑界，通过外部秩序的介入好不容易才维持了统合。

不仅如此，在收拾相扑界的乱局挽回其颓势方面，也依然是外部权威在发挥关键性作用。明治十七（一八八四）年三月十日，在芝延辽馆举行了明治天皇的天览相扑。此前，明治天皇的天览相

---

① 有权势或有威望的人。——译者注

扑曾举办过三次。第一次是在明治改元以前的庆应四年(一八六八,于大阪坐摩神社),在明治五年(一八七二,于大阪造币寮)、明治十四年(一八八一,于东京岛津侯别邸)又举办过两次(第一次和第二次都为京都相扑,第三次为东京相扑)。但是,这一次即第四次天览相扑的规模格外宏大,而且当时的力士第一人梅谷藤太郎(初代)与年富力强、朝气蓬勃的大达羽左卫门之间出于"嗜好"进行的凄绝的殊死搏斗也在社会上赢得了赞许,成了相扑人气回复的契机。

与此同时,在为了天览相扑而给梅谷授予横纲资格的时候,由于梅谷本人希望得到吉田司家授予的资格,所以最后是由吉田司家与五条家同时为其进行资格授予的,这也可以说是吉田司家复活的一个契机。借着这次机会,吉田司家逐步恢复了与东京相扑的关系。相比之下,五条家却过分偏袒京阪相扑,蔑视东京相扑。尽管明治初期的状况对其有利,却没有发展到统括整个相扑界的程度。到明治末期,因为大阪力士大木户的横纲资格授予问题,吉田司家将大阪角力协会逐出了宗门。与东京协会也断绝了关系的大阪协会,最后只能向吉田司家谢罪祈求其原谅。这背后的缘由,自然也是因为这一时期大阪相扑在演出方面很大程度上要依附与东京相扑的联袂演出,不过,更重要的是,这个时候五条家的影响力已等于零,吉田司家在事实上已经恢复了其唯一的"相扑故实之司"的地位。

但是,这已不是曾经的故实支配体制的再现。在近世的故实支配体制崩溃以后,职业力士大相扑作为有别于业余相扑的演出,其存立的根据要更为直接地从演出内容的质量高低上去寻找,看其是否能够吸引观众,而不再是依存于故实样式的正统性。三都之中,在这一点上地位最低的京都相扑甚至还做了一种新奇的尝试,将炫耀力气的外国人添加进排名榜,联合起来进行比赛演出。①明治后期东京相扑以及受其推戴的吉田司家之所以能够占据优势地位,终归还是由于东京相扑力士们的力量与京阪相比格外优秀

---

① 东京相扑也在花相扑(临时举办的非正式的相扑比赛会)上让低级别的力士与外国人对战过。

的缘故。

# "国技馆"的建设

明治初期饱尝涂炭之苦的相扑界,在进入明治后期以后,乘着由反对欧化政策而来的"国粹"风潮,以及日清、日俄两次战役以后民族主义的勃兴气运渐次恢复了人气,比赛也慢慢地恢复了安定。当时,常陆山谷右卫门与梅谷藤太郎(第二代)的角力在东京大受欢迎,在此前后还涌现出了大砲、荒岩、国见山、朝汐(初代)、玉椿、驹岳、太刀山等多名人气力士,大相扑的人气沸腾可以用"空前"二字来形容。历来"搭个小棚子在晴天比赛"的方式已经无法应对人气的爆满了。

近世的相扑比赛原本是以劝进演出的名目开始的,很多时候,筹办人会在寺社院内寻找比赛场地,这也可能是因为寺社内适合搭棚子的场所较多的缘故。就江户而言,在比赛体制刚刚开始趋于稳定的时候经常利用的是深川八幡宫,随后增加了在本所回向院的演出,此外也在浅草藏前八幡宫、芝神明社、神田明神社等举行过比赛。不过,天保四(一八三三)年冬季比赛以降,回向院成了固定场所,直至明治末年。因每次正式比赛时都要搭棚子,就像排名榜上标注的那样"晴天比赛十日",如果下雨就称"入挂"[1]中止比赛,雨过天晴之后再沿街击鼓,宣布比赛再开。按照这种方法,为期十天的本场所比赛有时会需要两个多月的时间才能结束,常常给比赛的安定带来困扰。明治末期,人气力士辈出,加之"国粹"风潮兴起,东京相扑协会认为乘着这股顺风一定会招徕一批固定的观众,于是下决心建设一处常设相扑场,以使比赛不再受天气的影响。

明治四十二(一九〇九)年五月,常设馆在本所元町落成,在六月二日的开馆仪式上被命名为"国技馆"。据说该馆的命名颇费周折,直到开馆仪式举行前夕名称还没有完全确定下来。板垣退助提议的"尚武馆"曾经有望当选,但是,作家江见水荫为开馆仪式起

---

[1] 相扑、戏剧等演出的时候,因为下雨中止当日的演出。——译者注

草的演讲稿中有"相扑乃日本的国技"一节引起了年寄尾车（原大关大户平）的关注，于是便提议将该馆命名为"国技馆"。将相扑视为"国技"的言说在社会上广为流布，实际上是在这之后的事情了。[1]

同年六月，国技馆首次"不拘晴雨"连续举行了为期十天的比赛。以此为契机，东京相扑协会又对比赛方式进行了改革，让历来在赛会的最后一天不出场的幕内力士开始十天全程出场，又将幕内力士的对阵设定为东西对抗的形式，制定了根据十天统计的胜败次数来争夺团体优胜的制度，并制作了授予获胜方的优胜旗，[2]规定获胜的一方在下次赛会上可占据东方位置。另外，在个人优胜者一览表中，以前常见的做法是从明治四十二年六月本场所比赛获胜者高见山酉之助开始一一往后列举，但在国技馆开馆之际，表彰的是当今幕内成绩最优秀者，并在国技馆内张贴其照片。不过，这些都是由报社提供的奖赏，并非相扑协会的正式表彰制度。相扑协会作为正式的制度表彰个人优胜者始于大正十五（一九二六）年，当时是用皇太子（后来的昭和天皇）在台览相扑之际赐予的金钱制作了东宫杯（现在的天皇杯），将其颁发给了幕内优胜者。

**明治天皇的天览相扑**　明治 17（1884）年，在东京芝延辽馆举行的天览相扑中横纲梅谷藤太郎（初代）的入土俵仪式之图。这对东京相扑来说成为起死回生的事件。歌川丰宣画。（大阪城天守阁）

---

① 在此稍早前，在黑岩周六（泪香）给一九〇一年刊行的三木贞一（爱花）《角力史传》撰写的序文中，曾有过"角力是日本的国技云云"的叙述先例。另外，据说在江户时代也曾把围棋称为"国技"。

② 优胜旗要在千秋乐的比赛结束后，在土俵上以胜方关胁以下的成绩最优秀者为旗手，授予获胜方。

尽管存在个人优胜和团体优胜的差异，但这种优胜制度的制定还是给力士们以及他们各自的忠实支持者们的胜败意识带来了很大的变化。由于设定了明确的争夺优胜的目标，力士们"对胜败的关切"程度与过去相比高了很多，于是，土俵上的胜负较量也就变得越来越激烈。此外，团体战的形式也激发了东西两阵营的对抗意识，联合练习日益盛行，对于技能的提升发挥了积极作用。捧场的观众也不再是仅仅支持力士个人，而是分成两个阵营，展开了激烈的竞争。以前频频出现的平局、不分胜负的情况等，也以此为转机显示出逐步减少的趋势，到大正末年个人优胜制度化之际，平局在原则上已被废止。随着个人优胜制度的确立，胜负难分时的重新比赛以及不战而胜的制度也被引入进来。优胜制度的制定以及随之而来的竞技规则的变更，使大相扑的性质发生了很大的改变。或许这其中也有近代以来从西洋引进的"体育"观念的影响。

　　以前搭建的比赛场地至多只能容纳二千人，而国技馆建成以后，可容纳的观众人数一下子增加到了一万三千人，相扑协会的经营基础大体上安定了下来。

　　也许是受到了国技馆的刺激，从明治末年到大正初期，浅草、大阪、名古屋、横滨、熊本各地也都建起了相扑常设馆，但是其经营都没有进入正常轨道，没能持续太久。

　　就这样，随着比赛基础逐步走向稳定，变革的浪潮也开始波及协会的经营体系以及力士们的待遇（劳动条件）方面。如前所述，在供养力士的体系消亡之后，由于保障力士们经济生活的制度性津贴并不充分，实质上依靠相扑界外部"捧场主顾"后援的情形依然很常见。明治中叶的一连串的协会制度改革也没能在这一点上带来根本性的改善。此番变革正好也赶上了社会运动高涨的形势，于是力士们开始三番五次地向协会提出改善待遇的要求。如明治四十四（一九一一）年的"新桥俱乐部事件"[①]、大正十二（一九

---

　　① 明治四十四年春场所前夕，力士们要求增加薪金、改善待遇，待在东京新桥俱乐部内闭门不出事件。有相扑爱好者介入调停，最后决定在本场所演出决算时允许力士一方的委员在场，将比赛收入的一部分充作力士的慰劳金、养老金，这一事件才告结束。

二三)年的"三河岛事件"①,他们提出协会经营透明化、改善力士待遇(尤其是养老金问题)等口号,甚至发展到了罢赛的地步。每逢这个时候,协会一方都会承诺要妥善处理,也确实采取了一定的应对措施,如从大正十二年五月赛事开始将历来为期十天的比赛延长到了十一天,用增加的收益部分发放养老金等。但是,因为有旧习的阻碍,根本性的改革常常难以实现。事实上,协会一方也有一些内情需要体谅。虽说开设了国技馆,可协会的经营未必就会因此而一帆风顺。

乘着日俄战争前后民族主义高涨的这股东风,大相扑一时间也以其兴盛而倍感自豪。但是,从明治末年到大正年间,相扑界也蒙受了第一次世界大战后全球经济低迷带来的影响。偏偏在这个时候,人们所期待的有望成为常陆山、梅谷后继者的太刀山、驹岳的对决因为驹岳的突然去世而中断。而且,经过关东大地震和失火等次生灾害,国技馆也被全部烧毁,大正年间的大相扑在经营上陷入了困境。② 而此时,身为协会干部的那些人却在拼命地为确保自己的既得权益而奔走。

当然,这里说的不仅是东京。京都、大阪的相扑协会也同样面临困境,而且这种困境比东京更甚。从幕末到明治初年,京阪相扑从三都比赛体制中分离出来,它们之间应该是携起手来探索一条自己独特的道路,但现实情况却是京阪相扑的独立比赛一直没有进入轨道。从明治七(一八七四)年以后,随着东京与大阪、京都联合比赛的定期举行,双方实力上的差距渐渐拉大,再加上机构改革的滞后,明治末年京阪相扑集团的经营事实上一直依附于与东京相扑的联合比赛。尤其是京都相扑。明治四十三(一九一〇)年,在伦敦的日英博览会上,京都相扑为了助兴参加了演出,以此为契机,横纲(其资格由五条家授予)大碇纹太郎以下的主要力士都奔

①　大正十二年春场所前,力士们要求增加养老金、薪金,待在东京三河岛日本电解公司工厂内拒绝出赛事件。横纲、大关以及立行司等人进行了调停,但没有结果,最后在警视总监赤池浓的调停下收场。横纲大锦失了面子,表示要引退歇业,不再参加比赛。

②　昭和五(一九三〇)年春场所的千秋乐,武藏山与朝潮的较量人气爆满,赛场座无虚席,不过据说这实际上是自明治四十五(一九一二)年以来时隔十八年才出现的盛况。大正年间从未有过客满而停止售票的情形。

赴英国。开始的时候演出反响还不错,所以这些人继续在欧洲各地进行巡演。但此举招来了恶果,力士们后来陷入了穷困,最后京都相扑不得不解散,走向了事实上的消亡。大阪这边也在大正十二(一九二三)年因为养老金问题引发了一次大的纠纷,结果有半数幕内力士弃赛场而去,显露出衰退的迹象。在经济不景气的背景下,东京、大阪两个协会的合并就提上了日程。

大正十四年四月,在赤坂东宫御所举行的皇太子(后来的昭和天皇)的台览相扑,为东京、大阪两协会的合并提供了一个契机。在此次台览相扑上,东京协会获得了摄政宫赐予的奖杯,于是便借此机会向大阪协会游说,称这份光荣应该由全体相扑界共同拥有。于是,久悬未决的协会合并案终于一举达成了目标。同年七月,两协会签署了合并条款,十一月为了制作联合排名榜举办了第一次联盟大相扑(前半部分),十二月财团法人大日本相扑协会的成立获得了认可,第二年三月举行了联盟大相扑的后半部分赛事,十月以发布共同排名榜的形式举行了第二次联盟大相扑,如此等等,准备工作顺利推进。昭和二(一九二七)年一月,在东京举行的合并后第一次正式赛事上,处于劣势的大阪方面的横纲宫城山获得了优胜,带来了一个意外的开端。

# 国策与相扑

相扑从明治末期以降,开始被人们称之为“国技”。大正中期到昭和初期的这段时间,由于豪强力士多集中于出羽海部屋而导致精彩对决减少,加之受经济不景气的影响,相扑在一段时间内呆滞不振。进入昭和十年代以后,由于豪强力士双叶山的崛起,再加上搭上了战争中民族主义高涨的顺风车,相扑再次呈现出了一派兴盛的景象。

民族主义的高涨与相扑人气的兴旺关联在了一起,这种现象与明治末期时的情形如出一辙。但是,昭和十年代的相扑热并不仅仅是一种社会现象,它同时也是作为“国策”的一环被有组织地营造出来的,带有强烈的“国策”性格特质,这一点与明治末期不同。战前相扑协会奉戴军人为会长、理事长的风习可能也加快了这种风潮的蔓延。实际上,相扑热背后的"民族主义的高涨"本身即带有浓厚的"国策"色彩,是国家、军部主导的"国策"的体现。

**国技馆** 建设于东京本所的回向院境内的国技馆。圆屋顶被称作"大铁伞",成了东京的新名胜。昭和初期的写真。第二次世界大战后被占领军接收,返还后卖给了日本大学作为讲堂使用。(每日新闻社)

这里介绍一本书。昭和十三(一九三八)年初次出版时书名为《踏四股响应国策》,后来改为《相扑道的复活与国策》,再后来又更名为《作为武道的相扑与国策》。这本书曾被多次重版刊印,其作者藤生安太郎在讲道馆研习过柔道,而且还担任过众议院议员。该书开篇即列举"天照大御神 天孙降临之神敕"、"五条誓文"、"征兵之诏"、"军人敕谕"、"教育敕语"等,从头至尾贯穿着"日本精神"论,以相扑为素材讲说日本民族的优越性,声言要沿着"完成圣战"、"国民总动员"的国策来振兴"相扑道"。作者本人称自己在唐津市从事"作为武道的相扑"的复活振兴活动。在这本书里,作者强调"相扑乃纯粹之武技"、"相扑人是称之为力士的武士",主张"严肃的自觉",无论是对竞技者还是对观览者,都要求以"严肃之礼"相对。这里重要的是通往比赛的修炼过程,而非比赛的胜败,要求对比赛中的胜败采取禁欲和谦让的态度。作者强烈排斥原本发端于游戏的西洋体育精神,认为其有悖于日本人的国民性。他从明治天皇的"征兵之诏"中寻找根据,主张将"国民总武士"化,还要将武道作为国民精神的规范加以颂扬。也就是说,相扑道是作为应成为侍奉天皇的优秀武士=士兵的国民修行之道被提出来的。

其时,日本在中国大陆的战线不断扩大,战争的色彩日趋浓厚。作为这一时期的产物,藤生在著述中所阐述的主张绝不是极端的。一步一步走向远超出国力界限的战争道路的日本,就是在这样的精神性中寻求战争原动力的。相扑在屈指可数的"武道"中,被认为是唯一专业化、演出化,并且已经渗透到一般民众中很受人们喜爱的竞技运动,在得到国家支援的同时,也往往要接受官宪的露骨干涉。这方面的典型事例,恐怕要数昭和十八(一九四三)年夏季赛事中对龙王山和青叶山一战的处罚。此次对阵因双方抱扭在一起,势均力敌,难分胜负,裁判判其为平局。最后这两个人被协会认定为"敢斗精神不足",受到了停止比赛的处分。由于横纲双叶山等力士的抗议,处分很快被取消了,但这种处置显然是出于对军部高呼的精神论的考虑。

昭和十年代的"相扑热"也可以说是一种营造出来的气氛。因为与"国策"不相符的娱乐渐渐地变得难于在公开场合立足了,就像棒球那样。当时,棒球在民众中也博得了不小的人气,但不久便被作为敌国的游戏受到了弹压,杂志社发行的棒球杂志名称不知什么时候从《棒球界》变成了《棒球和相扑》,进而又不得不改为《相扑界》。如此,民众对娱乐的追求,不管情愿与否都不得不集中到相扑上来。

"双叶山神话"亦如此。在日本军队进攻中国大陆的那一时期,双叶山创下了六十九连胜的非凡记录。这一大纪录使得"无敌双叶"堪与"无敌皇军"齐名 ,可以说国家公认的英雄诞生了。双叶山的对手们提出了"打倒双叶"的目标,由于他们的钻研和勇敢奋斗,在昭和十年代国技馆的土俵上,也的确多次上演了从未有过的内容充实而又紧张的比赛,但是,双叶山并不仅仅是一个"豪强力士",他已被人们视为践行"相扑道"的模范,成了神话般的存在。直至现在,说起双叶山的伟大,依然有很多人将其归为苦练修行的精神性,认为双叶山与其他力士不同,他不单纯追求赛场上的胜利,而是通过赛场走上了自我完善的道路,也就是说他走的是"相扑道"。从他无法继续保持连胜时所说的"尚未练成木鸡",①到因身体状态不佳连续输掉比赛,被泷击打时嘴里还说着"信念的齿轮出问题了"这些带有半传说性质的趣闻,以及站到土俵上只使用一次力水,自己决不提出暂停等等,双叶山的一举手一投足,都作为沿着"相扑道"前行的力士的理想形象受到了人们的赞扬,得到了舆论的大力宣传。

毫无疑问,双叶山是一位伟大的、具有超强实力的力士。但是,以其精神性来评价双叶山的伟大,并试图以此为尺度去评价其他力士,这对于相扑以及双叶山本人而言毋宁说是一种不幸。然而,遗憾的是,这种倾向至今仍然没有绝迹。双叶山所追求的内在精神,可以将其视为皈依了《法华经》信仰的青年秋吉定次(本名)个人的内心问题。但将其当作"相扑道"加以粉饰,提出"相扑道乃武士道",囫囵吞枣式地标榜近世吉田司家调制的用于表演的"相扑故实",标榜战前国家御用文人鼓吹的日本精神论等空论,我们并不认为这对相扑有什么益处。无须精心地去做那些奇怪的粉饰,双叶山就是史上罕见的、优秀的、集力量与技术于一身的、君临昭和初期土俵的伟大力士。

虽然,有时会裹着"武道"这层装饰,但早从古代起,相扑就不是一种实战性的比武,也不是与信仰为伴的孤独的修炼之道,而是作为一种以观众的存在为前提的、值得观赏的技艺存在,并不断得到提炼。在中世,相扑是相扑节上要求具备历史渊源的奉纳技艺;江户幕府时期,相扑是被故实庄严化了的劝进演出;近代相扑,则是作为象征日本传统文化的大众娱乐。随着时代以及社会情势的变化,相扑一直在寻求人们的支持,变换着各种各样的装饰。在这种"作为表演的相扑的历史"中,贯穿始终的并不是"相扑道"。如果硬要去找寻的话,那么贯穿相扑历史的一定会是"相扑"的原意"格斗",是将"格斗"竞技化、公式化了的作为娱乐的相扑形态。

战败后,根据驻日盟军总司令部的指令,柔道、剑道等"武道"作为与战斗技术密切相关的技艺被禁止,而相扑却不在禁止对象

---

① "モッケイ"为木鸡。意即训练达到极致的斗鸡乍看上去像木头雕刻的鸡,不为任何事情所动。出于中国古典《庄子》。无法再保持连胜状态的双叶山在发给友人的电文里说他尚未达到那样的境地。

之列。对于用来观赏的、作为娱乐技艺而存在的相扑，盟军当局似乎也承认其具有与柔道、剑道不同的性质。而相扑协会也一改战前、战时的"武道"说辞，积极主张"相扑是体育，是竞技"。如此的畅通无阻！这才是真正的相扑。

# *专栏 "横纲"其后

自从为谷风、小野川授予横纲资格以来,有三十多年吉田司家没有进行过横纲授予,这期间也包括豪强力士雷电为右卫门的活跃期。被人们称为"史上最强力士"的雷电为什么没有被授予横纲资格,这个问题就成了相扑史迷的绝好话题。流传的说法大致有如下几种:

(1) 因为雷电在土俵上杀死了对手,不能被原谅。

(2) 雷电本人对这一名誉甚为淡泊,在被推荐为横纲时辞退了,表示"应将正一位授予故乡的稻荷社"。

(3) 原则上横纲应东西各有一人,而雷电没有可与之匹敌的对手。

(4) 横纲一般是在举办上览相扑之际才进行资格授予,雷电没有等到那样的机会。

(5) 雷电的供养大名云州松平家是亲藩,而吉田司家的主君肥后细川家是外样大名,加之,当时双方的主君作为茶人相互间都有一种对抗意识,由于大名之间的面子问题,雷电的横纲资格授予一事没有获得进展。

上述诸种说法里有些属于荒诞无稽,有些具有一定的说服力。如果逐一进行点评的话,那么可以说:(1) 是评书里的话题,并没有史实的印证;(2) 也没有相关的证据能够表明雷电获得过推荐;关于说法(3),阿武松以后到明治的大炮,横纲都是单独授予的,这一说法与事实不符;关于说法(4),谷风去世、小野川引退后,横纲力士缺位,而在享和二(一八〇二)年曾举办过上览相扑,雷电也参加了比赛,根据这一史实,这一说法也应当予以摈弃;第(5)种说法很有意思,不过依然缺少具体的论据。总之,缺乏决定性的证据,就像邪马台国论争一样,永远会给相扑迷们提供无尽的享受乐趣的素材。

上述说法都是在预先设定好的问题的基础上展开的,即"有横纲授予的制度,但作为合适人选的雷电却没有获得横纲资格,这是为什么"? 但是,实际上,首先最应该质疑的是,在谷风、小野川被授予横纲资格的那个时点上,横纲是否是作为恒久性的制度被构想出来的? 正如本书所阐述的那样,在谷风、小野川之后再度进行的横纲资格授予,给人一种很强烈的感觉,即那是五条家与吉田司家争夺"相扑之家"的产物。十九世纪的吉田追风发明了横纲,他所进行的横纲资格授予,或许就是为了刺激逐步走上轨道的相扑表演,同时也为了确立吉田司家的指导权,为此而策划的仅仅针对谷风、小野川两人的仅此一次的作秀。五条家开始自称"相扑之家",据推测是在为德(文政六〈一八二三〉年去世)时期,继承了这份祖业的为定将目光投向了"横纲",可能是想作脱胎换骨的尝试吧。而当时的吉田司家已经到了二十代追风,为了不让祖辈的发明被他人抢走,于是才复活了横纲的资格授予。

可以说,十九世纪追风的这一发明由于五条为定而被再次发现,经由二十代追风努力又被注入了新的生命。此后的横纲一点一点地改变着其姿态,直到现代。这或许就是作为制度的横纲诞生的经纬吧。如果这一看法可以成立,那么没有授予雷电横纲资格的理由就可以非常简单地解释为,是由于当时的横纲资格授予的制度还没有被确立起来的缘故。雷电应该是"横纲以前"的超级力士。

# 第十章　业余相扑的变化

## 从非专业相扑到业余相扑

如前所述,近世的营利性劝进相扑体制是在故实体系这根绳索的捆绑之下建构起来的,而处于这一体系顶端的即是以相扑故实为家业的吉田司家。吉田司家将进入其门下遵循正统故实举行的大相扑表演奉为"正统相扑",而对非正统的相扑贴上"土相扑"、"草相扑"的标签区别对待,将其置于正统相扑之下。也就是说吉田司家是想通过发明这样一套差别体系来夸示和宣扬自己主宰故实的权威。

地方相扑集团虽被置于三都相扑之下,但仍可以进入具备故实的年寄(头取)门下,通过与故实体系末端的链接获得相扑社会构成要素的位置。前面已经述及,这些相扑集团与专业力士之间存在着连续性,演出形态也相类似。"地方相扑的大关"参加在本地举行的专业力士集团的比赛,与低级别力士较量的事情非常普遍。在这种场合,非专业与专业的差别除了实力上的差异以外,还有人们观念中认定的接近故实的程度之差。

就像上面那样的专业与非专业没有明确分化的关系,直至近代一直残存着。由于故实体制的崩溃,衡量非专业与专业差距的尺度,就逐步朝着只看实力之差的方向演变,但半职业性的地方相扑集团依然健在。譬如,明治初期名古屋、纪州的相扑集团。另外,偶尔还有自恃有力气的外国人参加京阪相扑比赛。在大相扑举行地方巡演之际,也有当地的一些自恃力气大的人参加,与级别较低的力士分在一起较量。这种现象即使是在实行了营业执照制度,专业与非专业在制度上被明确分离开以后仍然屡见不鲜。在战后的一段时期内,这种现象也没有能完全绝迹。现在,相扑比赛仍需要兼顾业余相扑方面的规定。业余选手虽然不能参加有榜示的正规相扑比赛,但是专业力士以外的选手也可以通过联合练习、一对五①等形式参加大相扑演出。特别在现在的地方巡演过程中,这种情景再正常不过了。

不过,现在的大相扑与业余相扑之间的关系,并不是前者凌驾于后者之上,由前者来统括整个相扑界。古代非专业相扑曾经处在大相扑的统括之下,也作为大相扑的力士供给源发挥了作用。而如今作为体育运动开展的"现代业余相扑",却诞生于这种统括关系的外部,在这个意义上来说,其与"非专业相扑"是两种不同的东西。

现代业余相扑的起源可追溯到明治时代后期。当时,爱好相扑的文人们也开始玩相扑,世人称之为"文人相扑"或"绅士相扑"。这种相扑,如果是在近世的故实体制之下,可能会被视为"违背故实"的异端相扑。但是,近代已经从西洋输入了"体育"观念,所以这种不同于故实体系的相扑也便能够为人们所接受了。不过,这种"文人相扑"、"绅士相扑"在形态上模仿了大相扑(在这一点上与"非专业相扑"相同),每次举行相扑比赛都要制作排名表,佩戴刺绣围裙,给参赛选手起艺名。对抗赛常常在"江见部屋"②和"天狗俱乐部"③等团体之间展开。这些团体从运动员的构成来看,属于纯粹的同好会组织。像"天狗俱乐部",好像还有飞田忠顺(穗洲)等多名棒球运动员的加盟。

学生相扑的诞生也几乎发生在同一时期。作为讲道馆柔道的创始人而为人们所熟知的嘉纳治五郎,是日本体育协会(体协)的第一代会长,在日本奥林匹克委员会(JOC)的创立过程中曾发挥了指导性的作用。嘉纳不仅在柔道上,在日本业余体育的发展方面也留下了卓著的功绩。学生相扑的兴起,在很大程度上也缘于他的提案。明治三十三(一九○○)年,时任东京高等师范学校校长

---

① 一位力士在土俵上连续与五个上台挑战的业余选手较量。——译者注
② 由作家江见水荫率领,是文人相扑的开创者。
③ 以早稻田大学 OB 等为中心结成的体育俱乐部。

的嘉纳建议在学校的体育课中引进相扑。以此为开端,各地在运动会、各种纪念仪式等课外活动中渐渐引入了相扑,由此奠定了学生相扑的基础。明治末期,第一高等学校①设立了相扑部,而且还举行了与"天狗俱乐部"的对抗赛。

刚开始的时候,这些业余相扑的活动采取的是单独对抗赛的形式,后来规模逐渐壮大。明治四十三(一九一〇)年,在前一年刚刚开馆的国技馆的舞台上,举办了一次有二十二所中学、十五所职业学校的相扑部以及三大俱乐部(江见部屋、天狗俱乐部、深田道场),共计四十个团体一百八十六名选手参加的大赛。在这前后,各地举办学生相扑大赛的热情也不断地高涨起来,以至还出现了由关东、关西的报社筹备举办的大赛。进入大正年间,在举办东西对抗赛的同时,东西各自的学生相扑组织也渐渐趋于完善。另外,北陆、九州、东海、四国等地也开始举办学生相扑大赛。受这些动向的促发,大正八(一九一九)年,全国学生相扑锦标赛(个人优胜者被称为"学生横纲")的第一次赛会得以举办。这一赛事一直延续到了现在,而在稍后的昭和九(一九三四)年,东西学生相扑联盟则联合结成了日本学生相扑联盟。

但是,学生相扑以外的其他相扑,其组织化程度却相当的滞后。当然,以海军相扑为代表的军部相扑另当别论。之所以如此,还是因为要与历来的"非专业相扑"相兼顾的缘故。到了昭和十年代,作为伴随着战时"国民精神总动员"体制的提高体位体力策略的一环,在大日本体育协会的指导下,以学生相扑 OB 为中心结成了实业团体相扑联盟,各地开始举行职场之间的相扑对抗赛。实业团体相扑联盟在战争末期被解散,昭和三十四(一九五九)年又再度复兴。

战后,昭和二十一(一九四六)年成立了日本相扑联盟。同年该联盟作为加盟团体加入了日本体育协会。很快,东西学生相扑联盟也随之加入了日本相扑联盟。但一般社会民众的组织化在这

--------

① 一高,东京大学教养学部的前身。另,大正时代帝国大学农学部的相扑队参加了学生相扑大赛,但与现今的东京大学相扑部(昭和五十〈一九七五〉年成立)没有关系。还有,也有"大正时代,有人从帝国大学中途退学进入了朝日山(大阪相扑)门下"的传说,但无法确认。

里依然落后了一步。处在大相扑指挥之下的"非专业相扑",继承了近世以来以"故实"为纽带成为年寄门弟的"地方负责人"体系,同时也在各地建立起了一些规模不大的"相扑协会",与中央的"协会"联携,负责统辖地方相扑的演出。由于日本相扑联盟试图以都道府县为单位建立其下属组织,所以这一"联盟"系的新兴"业余"组织,与"协会"系的既存"非专业"组织之间频繁出现相互竞争的情形,据说各地产生的摩擦不少。

　　最终,"联盟"一方以驱逐"协会"的形式确立起了其统括业余相扑的组织。就像昭和二十一(一九四六)年开始的国民体育大会(国体),以及昭和二十八年开始举办的全日本(业余)相扑选手权大会那样,具有代表性的全国规模的业余相扑赛事都是由"联盟"运作的。通过这些赛事,"联盟"全面掌握了业余相扑管理的主导权。另外,战后村落共同体的性质迅速发生改变进而走向解体,一直由村落共同体承担的祭礼逐渐改变并丧失了其原有的意义,这也招致了与祭礼有着密切关联的旧有"非专业相扑"存在空间的衰退。还有,战后的业余相扑组织是作为业余体育组织的下属部门组建起来的,可以想象其与当初极为严苛的业余相扑规定之间必定也存在一些纠葛,所以,在"联盟"与"协会"的较量中,可以设想促使职业相扑和业余相扑明确分离的力量也发挥了作用。(话虽如此,相扑界对于业余相扑规定的态度还是比较宽容的,对原来的大相扑力士也通过预留一定的延缓期为其打通了复归业余比赛的道路,[①]对于在"村落相扑的奖品赚取"等行为很大程度上也是睁一只眼闭一只眼。)至此,现代业余相扑组织在近世以来形成的相扑统括组织的外部确立起来了。

　　也许是因为有上述的这些内情,在战前,不属于"协会"系的"非专业相扑"的"业余相扑"选手参加大相扑的事非常罕见。即使在战后,业余相扑的一线级选手接二连三地参加大相扑比赛,实际上如我们后面所述的那样,也是最近二十年来才出现的新现象。

---

　　①　大体是现役中的最高位如果是幕下,延缓期为二年;如果是三段目,则为一年。实际上,有不少人复归了业余相扑,或是活跃于各种大赛,或是进入大学成为学生相扑选手。

# 学生相扑的发展

从大正到昭和初期,学生相扑的人气和兴盛景象超过了大相扑。据说每年秋季在大阪府堺市举行的学生相扑锦标赛都会吸引很多观众,场内座无虚席,各校的助威活动堪称狂热。起初,与学生体育的其他项目一样,争霸以早庆①两校为中心展开,不过,很快便有拓殖大学、关西大学、关西学院大学等其他学校参与进来,比赛热火朝天。

但是,学生相扑的一线级选手中几乎没有人进入大相扑。前面述及,大相扑与学生相扑是完全不同的两个世界,学生们普遍没有将大相扑作为就业选择的意识,大相扑这边也没有将学生相扑视为力士的供给源。有几个例外的事例在这里需要做一下解释。首先是从关西大学中途退学的关胁山锦善治郎(出羽海部屋),他虽然屡屡被称为"学生出身第一号",但其学生时代从事相扑的经历并不详。其次,曾活跃在早稻田大学相扑部,也是学生相扑锦标赛团体优胜的主力成员关胁笠置山胜一(出羽海部屋),虽说其为学生相扑出身,但在进入大学(职业部)的时候就已经确定了要进入部屋训练,上学期间也是从部屋前往学校,情况特殊。另外,昭和十四(一九三九)年,有明治大学相扑部的藤原、盛岛二人进入武隈部屋门下,早稻田大学柔道部主将同时也在参加相扑比赛的山口进入出羽海部屋门下,不过,他们都很难说是顶级选手,而且在大相扑中也没有大的成就。

战后的学生相扑与战前不同,其自身已很少能在社会上引起人们的关注,主要凭借大相扑力士的不断涌现来积攒话题。

战后,很快就有红陵大学(今拓殖大学)相扑部出身的吉井朋一郎进入了出羽海部屋的门下,取名号为吉井山。吉井直接以幕下力士的资格登上了土俵,此后在短时间内便快速晋升到了幕内,国技馆内随之出现了身穿学生制服的助威团为其助威呐喊,一时间成了人们议论的话题。此后,到昭和三十年代,出身学生相扑的

---

① 早稻田大学和庆应大学。——译者注

力士人数逐渐有所增加,其中出身于中央大学的大塚范(时津风部屋、丰国)晋升到了小结。还有,出身于东京农业大学的内田胜男(时津风部屋、丰山),作为全国学生相扑锦标赛的个人优胜者(学生横纲)进入了大相扑,晋升至大关。此外,在这前后,包括中途退出的人在内,还有相当数量的学生相扑出身者投身到了大相扑的世界。

　　社会上真正掀起所谓的"学生相扑热",是在昭和四十五(一九七〇)年连续两年获得学生横纲的日本大学的轮岛博(花笼部屋、轮岛),和被视为轮岛对手的东京农业大学的长滨广光(时津风部屋、第二代丰山)二人相继进入大相扑以后。尤其是轮岛,一直晋升到了最高级别横纲,与北之湖形成对峙,创造了一个时代。轮岛的事例促使学生相扑的顶尖选手们意识到大相扑也是一个有魅力的"就业单位"。轮岛以后的学生横纲有过半数的人进了大相扑,除了因伤受挫的藤泽和穗(毕业于同志社大学,佐渡岳部屋、琴藤泽)以外,其他人都晋升至关取(现役力士除外)。近些年,每年都会有数名学生相扑选手进入大相扑,这已成了极为普通的事情。①此外也有社会上的相扑人加入大相扑的。在以大相扑为顶点的、作为"技艺"的相扑体系外部形成的"业余相扑",至此或许也可以说已被统合成了以职业为顶点的、作为体育的相扑的一部分。这或许关涉到了"相扑"意义的变迁。关于这一点,我们稍后再叙。

　　学生相扑中顶尖水平的选手进入大相扑成了平常事,而且其中许多人升关取、入幕内,得以大展身手,"学生力士"成了大相扑中的一大势力。不过,在这个时候,社会上却开始不断出现质疑的

相扑的历史

---

　　①　即便是业余相扑人,如果其实力得到认可,有时可直接以幕下或三段目的资格参赛。战前曾经有过这样的事情。战后,直接以幕下资格参加比赛的仅限于学生相扑出身的人。现在,只对(1)二十岁以上未满二十五岁,(2)在学生大赛、业余大赛上取得一定成绩的人,承认其有资格按幕下最低级别直接参赛。后来,相关部门对锦标赛的冠军资格进行了严格限定,标准也变得严苛了许多,因为这是以幕下级力士身份直接进入大相扑的评价依据。但另一方面,即便不能获得幕下级身份的特权也进入职业相扑,从前相扑阶段起步的学生相扑出身的人在增多。由于学生相扑出身者基数的增加,以及因来自不同层次或国别的运动员的加入(从高中相扑直接进入职业相扑的学生力士、外国人等),相扑社会的竞争日趋激烈,无法出人头地、止步不前的情况(也包括获得了以幕下资格直接进入大相扑的学生横纲以及职业横纲在内)也在增加。

声音,意指"业余相扑和职业相扑实力太接近了(大相扑的水准下降了)"。有人说,过去的学生即使进入大相扑也很难跟得上。有人说,过去三段目左右是学生训练的开始,而如今却直接以幕下资格接二连三踏上土俵,这岂不是缩小了一个级别左右的差距? 如此等等。

不过,也有一些人对此提出了反对意见,认为"业余相扑和职业相扑的差距并没有缩小"。有人认为,与过去相比,现在学生相扑的顶级水平相差就很远。也有人说,在过去学生相扑的尖子选手中也有幕下级的选手,只是他们没有进入大相扑而已。还有人说,在学期间以幕下资格参加大相扑比赛的笠置山,在毕业的时候不也晋升为关取了吗? 等等。

诸如此类的争论终究不过是空谈一场而已。依我的一己之见,后者的看法似乎占有一定的优势,但大相扑的技术水准在这二十几年间可能确实出现了若干下降。大相扑的训练是一种旨在增强体能的长期性训练,帮助弱者取胜的技术性功夫有些欠缺。而学生相扑则并非如此。在学期间就必须交出答卷的学生相扑迫切地需要锤炼取胜的功夫。我以为这种差异直接造成的结果便是最近大相扑中学生出身的力士占了"技能派"的大部分。在力量强弱方面,业余相扑和职业相扑之间存在很大的差异,但是学生相扑的顶尖技术水平与大相扑恐怕是相当接近的。

但是,这种现象仅只是现在学生相扑的一个侧面。仅从外部看其顶端风景的话,学生相扑似乎显现出一派兴盛繁荣的景象,从中不断涌现出大相扑的人气力士,又有高超的技术水准,可是一旦深入到其内部,就会发现学生相扑实际上面临着相当深刻的危机。

首先是竞技的学生人数少,层次薄。现在加盟日本学生相扑联盟,校内有相扑部的活动并且参加各种比赛的大学仅有四十来所。每年十一月上旬举办的全国学生相扑锦标赛可谓学生相扑的主要活动,但只要是加入了联盟,就无须经过地区预选等的淘汰,所有大学都能够参加。尽管如此,从学生相扑的顶端到底层,大赛的所有参赛选手至多不过二百来人。当然,每所大学的选手登录人数有限,这个数字并不是学生相扑竞技者的全部,但看一下东西日本学生相扑个人锦标赛(按体重分级)的参赛选手人数就会明白,参加相扑竞技的学生人数之少是确凿无疑的。这一比赛原则上所有的相扑部成员都可以参加,就这样参加比赛的有准备的相扑部成员总计也不过几百人。这还不是精挑细选出来的一流选手,而是从半职业级别的一流选手到进入大学后才开始学习相扑的非专业选手,所有的都算在一起才这几百人。

第二个问题(与第一个问题结果相同)是水平的两极分化。如果将学生相扑从上至下分为 ABC 三个等级,且以中间的 B 级偏下一点为分界线的话,那么,可以说在"学生相扑"这个小世界里同时存在着二种截然不同的体育[①]。上面是以日本大学为顶点的,从各高中相扑中物色出来的一流选手云集的冠军体育的世界,而下面则几乎全部都是进入大学后才开始系上兜裆布的初学者,由他们构成了非专业体育的世界。"从非专业起步,一步一步成长为强手"的这个阶梯,在有些地方出现了大的断层,这可能会挫伤来自非专业选手的挑战的积极性。

比如我工作的单位东京大学。前来申请加入相扑部的学生中,可以说没有一个是在高中时代有过相扑经验的。B 级以下的其他大学情况也似乎相同。总之,在大学的相扑部里从事相扑的学生可以分为两类,高中相扑出身的猛将和只是爱好相扑的业余人士。为什么会这样呢?原因很简单,因为在所谓的"升学率高的学校"中,有相扑部的学校近乎为零。不管怎样,在全国有名的高中中,加入高中相扑联盟的学校各都道府县共十所左右。其中,没有与其他部(柔道部等)混在一起,平常只作为"相扑部"活动的学校就更加有限了。如果进一步追本溯源的话,就会触及中学相扑部稀少的问题。无论是高中还是初中,真正进行活动的为数不多的相扑部,其水平还是相当的高,但是,业余相扑的竞技人数之少是一个根深蒂固的结构性的问题。

然而,如果我们把目光转向小学生的相扑,却会发现那里"玩耍相扑"很盛行。"玩耍相扑"开始于东京,很快就扩展到了全国,现在如果将预选参加者算在里面的话,据说人数可以万计。而中

---

① 电影《五个相扑的少年》(周防正行导演作品,一九九二)风趣而且真实地描写了学生相扑的"下层"世界。

学阶段却无法将数目如此庞大的"淘气力士"们留住,这是业余相扑所面临的危机现状。

按日本相扑联盟相关人士的说法,造成这种现状有几个方面的原因。首先最大的问题是,即将迎来青春期的中学生们讨厌露出臀部的"兜裆布"。① 另外,"学校体育"也存在结构性的问题。"玩耍相扑"不分学校,由地域商工会议所、青年会议所牵头运作,以类似町道场的形式让学生们进行训练,成功地动员了大量的小学生参与。但是,中学体育联盟(中体连)举办的大赛原则上要求以学校为单位参加,没有学校的合作便无法维持。由于指导者的问题或者管理责任等的关系,学校、教员很多时候对参赛态度消极,即使有几个学生提出申请说"想玩相扑",也很少或者说几乎没有能够实现愿望的。② 当然,这种现象并非仅限于相扑。为了突破这个关隘,最近在日本相扑联盟的斡旋之下,也举办了不以学校为单位参加的比赛,尝试着为那些从"玩耍"开始一直持续到在町道场参加训练的选手们打开一条参加比赛的通途,但初中、高中阶段"容器"问题的解决似乎还很遥远。③

如此而言,业余相扑的竞技人数与棒球、足球、柔道等相比要少得多。不过,位于其顶部的相扑选手依然具有很高的水平。这得益于大相扑的影响。无论是作为检验实力的尺度,还是作为高水平的练习对象,对于业余相扑中的顶尖选手而言,大相扑的低级别力士们是绝好的存在。所以,并不是从众多竞技者的竞争中,或者说并不是因为受到了自下而上的推动才产生了高水平的冠军,而是由于有大相扑这一更高水平的竞技者集团的存在,也即靠着大相扑自上而下的提携,才形成了业余相扑的高水平阶层。这样,现在作为体育的业余相扑就形成了一种竞技人数极其有限却拥有顶级水准选手的特异结构。学生相扑可以说就是因为存在这样的

---

① 此外,"相扑=大相扑力士=肥满的身体=不健康(或丑陋)"的联想模式可能也是导致少年们远离相扑的一大原因。实际上学生相扑中,也有以六十公斤以下的体重战胜体重近一百公斤对手的选手,并不是说相扑就等于身体肥胖。社会上人们对大相扑力士的这种印象过于强烈了。

② 这实际上也是我本人中学时代的体验。

③ 关于这方面的情况,参见针谷良一《现在从相扑学习》(同友馆,一九九〇年)。

结构，或者换句话说就像是被一根细细的橡皮筋上下牵引着才出现二级分化的。要想让这根"橡皮筋"不至于断掉，底层相扑基础的扩大是一个迫切的任务。

# 作为"体育"的相扑

近世一直约束着"正统相扑"的故实体制在近代社会中松了口子，在其外部出现了业余相扑，这也意味着有必要重新审视一下"何谓相扑"。在此我想别开生面，尝试着从另外的视角去接近问题的本质，即设想人们通过"相扑"一词所领悟到的内容有如下四个层次，且这四个层次相互之间存在着微妙的错位，假定现代的"相扑"是通过彼此的重叠成立的，在此前提下，对相扑的本质作一番探讨。

第一层是作为"相扑"一词原意的"角力"、"格斗"（参照序章）。在这个意义上，相扑节以前各地举行的"相扑"都可以作为相扑涵盖进来。

第二层是根据现代"相扑"的竞技规则特别规定的格斗竞技。这是一种赤手空拳的比赛，在竞技场"土俵"之上，赤裸的身体上只系一块兜裆布，按照"身体的一部分出了土俵"或是"脚掌以外的身体的一部分触地"等规则决定胜负（也有若干例外规定）①，禁止使用一定的"犯规动作"②。"相扑"的第二层内涵指的就是在这样一种非常单纯的规则约束下展开的竞技。近世初期，在发生建造"土俵"等革命性变化的前后，这一层的内部已经发生了相当大的变化，但相扑的第二层含义基本上是成立的。可以说"相扑节"以后

---

① 围绕大相扑的判定屡屡成为人们的话题，如"庇护手"（当身体从正面压向对方、两人一起倒地时，为了保护对方不受伤，自己的手即使瞬间先触地也不算输）、"送足"（将对手完全提起来扔出土俵的时候，自己的脚瞬间先出了土俵，不判输）等。另外，前面的兜裆布脱落要判输。

② 犯规动作有八种：（1）用拳头击打对方；（2）戳对方的眼睛或击打心脏部位；（3）同时拽拉对手的双耳；（4）脚踢对手的胸部、腹部；（5）掰对方一个或两个手指；（6）故意抓扯对方的头发；（7）抓对方兜裆布的前遮裆部分；（8）掐对方的喉咙。如果使用了这些犯规动作，即被视为违反规则，判输。此外，在业余相扑中用巴掌打对方的脸也属犯规。

所说的"相扑"就是指某种特定的格斗竞技。

第三层次是被称为"相扑之型"的技术体系。规则上虽然没有明示,但实际上约束着力士(选手)们在土俵上的竞技形态。换言之,这一层次体现的是技术意义上的"地道的相扑"。比如,立合时双方以蹲坐的姿态起而交手、相互推撞;用浅插臂的办法化解对方上手①称之为"四相扑之型";不去拽拉或击打对方而是将对手抱起直接扔出场外取胜被视为"精彩的相扑"等等。当然,这些都是在第二层次的基础上经过了多年的反复摸索和淘汰,作为具有一定合理性的技术体系构筑起来的。将遵循了这些规则的相扑视为"精彩的相扑",一般而言是有充分的合理性的。但是,另一方面,这些"相扑之型"的成立是以对手也共同拥有第三层次"地道的相扑"为前提的,也就是说,是在有可能预测到对方采取什么样的应对招数的前提下才成立的,这一点提请大家注意。

第四层次是格斗竞技要素以外的用来装饰"相扑"的各种各样的文化装置。比如,四根柱子,力士以及行司、传呼的装束,用太鼓、梆子的音色表现的"相扑情绪"等。这一层是由约束着近世"相扑"的故实体系固定下来的,也为现代大相扑所继承。这一层次上的"相扑"浸透到了力士们的日常生活中,支配着他们的行动。

现代大多数"相扑迷"对于"相扑"的概念,即是由这四个层次的要素重合构成,由文化装置包裹着的格斗竞技。四个层次多种多样的重合以及错位形成了"相扑"模糊不清的轮廓,其中将哪个视为"相扑的本质"都很难具有普遍性。

反过来看,业余相扑便是欠缺了第四层次的"相扑"。现代业余相扑是在近世故实体系(的残渣)的外部兴起并发展而来的,是历史条件使然。在这一点上,其与从大相扑的底层组织起步的旧有"非专业相扑"有很大的不同。现代业余相扑既没有丁髻、刺绣围裙、太鼓以及其他演出效果,也没有传呼。在土俵上负责裁判的不是行司,而是打着蝴蝶结、戴着白手套的主审。此种有别于大相扑的风景会让"相扑迷"们有某种不协调的感觉。这"不是地道的相扑"。选手们的日常生活也可想而知。

---

① "上手"指从身体外侧去抓对方兜裆布的手或招数。——译者注

近世以来,相扑社会就不单单是一个竞技集团。作为一个共同体社会,相扑建立起了一套自己独特的结构,从竞技者(力士)、管理者(年寄)到在周边扮演辅助角色的人们(行司、传呼、床山①……),所有的人才都由自己培养,从不依靠外部供给。这一结构整体受故实体系(乃至受其约束的第四层"相扑")的制约。然而,进入20世纪,业余相扑形成了。现代业余相扑虽然处在这一结构的外部,却具有了前三层"相扑"的特质。而且,近几年也作为大相扑的重要力士供给源开始发挥作用。如此一来,制约"相扑"的第四层即文化装置的比重相对降低,贯穿业余和职业的"相扑"的同一性,就只能从由前三层所规定的作为"体育"的"相扑"中去寻找。

但是,"相扑是体育"意味着什么? 在思考这个问题的时候,一九九二年开始举办的世界相扑锦标赛为我们提供了重要的启示。

虽说打着"世界锦标"的旗号,但是,作为竞技举办日本式相扑的地域除了日本以外就只有南美的一部分,第一次和第二次大赛分别只有二十五、二十九个国家和地区参加。而且大部分选手都是柔道以及蒙古的博呼、塞内加尔的布莱、韩国的希尔木、瑞士的修彬跟、俄罗斯的桑勃等其他各种格斗竞技的强手,直到大赛前夕,他们几乎没有任何相扑的经验。在这个意义上,也可以说这些运动员都是"新手"。两次大赛所有项目都以日本全胜而告结束,也许这一结果可以说是理所当然的,但是,如果观看一下比赛实况,就会发现日本赢得未必很轻松,日本的顶尖职业选手与世界各地多种多样的格斗竞技的强手们展开苦战的场面并不少见。

这意味着第二层次"相扑"的"范围之广"。由极为单纯的竞技规则构成的第二层次"相扑",其规则中也可以应用各种各样的竞技技术,如柔道、摔跤、桑勃、博呼等格斗竞技,或者甚至还可以应用身体碰撞激烈的体育项目如橄榄球、美式足球中的技术。正如我们在前面提示过的,第三层次的"相扑之型",是在双方有可能预测对手即将采取什么样的应对动作的前提下才形成其稳定的技术体系的,但在这里却丧失了这种预测的可能性,意想不到的"突然袭击",而且是带着在各自的竞技中凝练而成的巨大力量迎面袭

---

① 专门给力士梳头的师傅。——译者注

来。在几乎总是处于"初次交锋"状态的情况下,"相扑之型"的有效性就只能被相对化了。

对于在世界锦标赛的土俵上呈现出来的比赛场景,许多相扑迷大概会感到惊愕和疑惑:"难道这就是相扑吗?"对于那些偏离了"相扑之型"的技术应对,也一定有很多人给予否定性评价。原本在相扑"通"中,有不少人重视"相扑之型",认为一场忠实于"相扑之型"的"精彩相扑"比取胜更为重要,这有时也被视作对力士的评价基准(比如像"十佳大力士"这样的游戏场合)。对于这些相扑"通"来说,第三层次的"相扑之型"才是"相扑的本质",相扑必须忠实于"相扑的本质"。即使暂且取得了胜利,如果偏离了"相扑的本质",也会遭人诟病。[①]

但是,这种"相扑的本质"论对于那些将"相扑"作为由第二层次的竞技规则制约的体育来理解的外国运动员有说服力吗? 再重复一下,第三层次的"相扑之型"作为相扑的技术体系,是在双方有可能预测对手即将采取什么样的应对动作的前提下才成立的,在大相扑的世界里,小锦的猛攻以及舞之海的奇袭开始时虽然能够通用,但很快便被克服,这显现出了"相扑之型"在多次反复的交锋中所具有的长远有效性。但在"一发决胜负"的业余相扑的世界里,具有充分力量者所施展的异质技术即"突然袭击"却可能是有效的。只要没有被竞技规则否定,就无法排除那些技术的使用。在这里,作为体育的第二层次的"相扑"在应用"相扑之型"的过程中也引进了异质技术。换言之,出现了由另一种类的相扑即第三

---

① "相扑之型"原本是指相当于围棋、象棋棋谱的合理技法,但常常被理解为"一定的制胜招数"的意思,如果拿手的招数并不限于一种,而是能够应对对方使用各种招数出来,比如像大鹏那样的力士,有时甚至还会受到"没有型"的指责。这种误解必须予以纠正。另外,所谓"合理技法"本来应该是与各种场面、力士的个性以及对手相适应的多样性的东西,但是有人却主张双叶山的"以腰力为支撑的四相扑"这种特定的招式具体体现了"相扑的本质",是至高无上的,而与之相异的招式(如轮岛的"依靠左下手将对手逼入绝境的相扑")是"坏相扑",这些之所以通用是因为周围人的水平太低的缘故。双叶山的确是将一种招式提炼到了非常高的水准,但是这一事例却不能成为直接从根本上否定其他模式的论据。撇开科学的技术解析,试图将"相扑的本质"限定在特定招式上的做法毕竟只能是一种喜好的表达,这种做法的横行极有可能阻塞相扑多种多样的可能性。大相扑的技术论之所以完全引不起人们的共鸣,原因大概就在于此吧。

层次"相扑"将其表现出来的可能性。在竞技规则许可的范围之内展开富有独创性的技术竞争是体育的常识,相扑的体育化使人们预感到了以第二层"相扑"为出发点的相扑的变迁。在不远的将来,日本的业余选手也可能不得不去适应这种新"相扑"。

在这个过程中,竞技规则或许要进行一些变更。比如"立合",现行的做法是完全依靠竞技者"状态的高度一致"。但是,早晚会出现希望为"立合"制定明确规则(根据裁判的信号开始交手等)的呼声。关于原则上极为单纯的决定胜败的规则,像"死体"、"相扑的流畅度"这些难以解释的判定基准,也一定也会出现要求为其制定明确规则的呼声。还有,兜裆布下面的"相扑内裤"的穿着以及体重级别赛制(在世界锦标赛等赛事中已经采用)等竞技形态的改革,也可能会与第三层、第四层"相扑"的常识相冲突,但如果想要将相扑作为一种开放的"体育"进行重新建构的话,这是一个必须面对的课题。

这也是柔道曾经走过的路程。同时,这一变革过程实际上也是没有明确轮廓的"相扑",随着时代的流转而不断改变自己的那种游刃有余历史的再现。但是,大相扑是否也会卷入这股变迁的潮流之中,我的估计是倾向于否定的。因为大多数的"相扑迷"对于大相扑很狂热,而对业余相扑却几乎从不问津,他们眼中的"相扑"就是由第三层、第四层所规定的"相扑"。如果业余相扑要走变革的道路,那么,支持大相扑趋于保守化的动向一定也会有所加强,而这其中自然也会有反对业余相扑变革者的功劳。无论好坏,相扑都在日本扎下了根并一直延续到了现在,而业余相扑最近却正在试图脱离这种本土性,向世界敞开胸怀,朝着作为体育的"相扑"的方向发展。在这里遭到抛弃的"日本",也许会再次在大相扑的世界里被高声谈论,这一天的到来已为时不远。

到那时,大相扑和业余相扑之间的关系肯定又会是另一种情景。

# *专栏 过去的相扑强大吗

在讲述"相扑的历史"的时候,人们必定会问一个问题,历史上谁最强?而且,此时最大、也是永恒的一个争论点,便是"过去的相扑强大吗"?实际上,从过去的二百多年前开始,每个时期的相扑通们都一直在说"最近的力士不行了"。"这是我亲眼所见,没有错"。虽说多半是一些怀旧性的说辞,但既然缺乏测量"强弱"的客观尺度,想要说服持这种主张的老人也就不是件容易的事了。

主张"现在强"派会举出力士体格的魁梧作为第一个论据。不过,他们也强调力士的体格应该是体态均衡的魁梧身躯,而不是过去那种"只是庞大"的病态的"巨人力士"。主张"过去强"派的论据却集中在一点,即"过去的力士有型",因为"过去的训练很严格"。

确实,正如"现在"派所说的那样,现代力士有着惊人的强大体能。过去,作为"巨汉",只要有"六尺四十贯"(一百八十二厘米、一百五十公斤)的体格通常就可以了,而如今,"六尺四十贯"是幕内力士的平均体格。力士不仅要求具备一定的体格,还要求技术、速度和有效的爆发力。现在,超出平均体格的巨汉力士们在土俵上轻松敏捷地移动的情形甚至会使人感到惊讶。而另一方面,像"过去"派所言,在影像里看到的双叶山、枥锦、若乃花等力士们在技术上的完成度极高,他们所展示的精彩瞬间在现代很难再见到,所以不能简单地以力气的大小来谈论强弱。如果以他们各自的技术完成度来论力士所到达的境界高低,而不是让他们简单地较量的话,也许最近的力士会略逊一筹。两种说法都有各自的道理,争论恐怕永远都不会有结果。

以我来看,相扑整体的力量水平是提升了,这与周围人们对于胜败的态度变得格外严苛也有关系。大相扑正在从磨炼一种技术的"艺"的世界,向强弱比拼的"力"的世界转移,这是不容否定的。从一个方面来说,这是一种"进步",因为体格和气力的差异是区分相扑胜负的重要因素。实际上,在过去的明星力士中,以他们活跃时期的水准,可称得上"小而强大"的只有初代若乃花和千代富士二人。"过去的训练之严格"只是传说。不仅相扑如此,其他竞技也一样,训练的量与其成果完全成比例的单纯的体育是根本不存在的。但是,现代相扑也绝不是简单地向"力气比拼"的回归,高级别力士理所当然应该具备的基本技术都维持在一个较高的水平,而且是平均的。现在的力士的确强大,但却很难见到有谁磨炼成了超越平均水平的技术,这一点让人很是不满。

在对古今力士的力量进行比较的时候,人们常常主张的一点就是"相扑在技术方面早就完善了,随着时代的变化出现技术进步估计不大可能"。这种说法往往与一些人提出的所谓"在技术上毋宁说过去的力士完成度要更高一些,最近的力士只仰赖身躯的庞大,在技术上退步了"的主张是相互关联着的。但是,实际上相扑的竞技条件正在随着时代的改变而不断地变化,我们还可以观察到技术也在随之发生着变化。实际上,现代大相扑的技术体系与过去,比如说与明治时代相比有着相当大的差异,不能一概地说相扑的技术"早就完善了"。十七世纪末随着土俵的发明而产生的技术体系的变化极为缓慢,至明治时期"相扑的型"才好不容易建立起来,进而又在大正年间发展出了由横纲枥木山代表的"押相扑"技术。但是,后来,由于昭和初年"仕切线"①的设定,"立会"的条件发生了变化,这对相扑产生了深刻的影响,在很长一段时期内促使相扑技术产生了很大的变化。对于这个问题的详细分析虽说是未来的课题,但在《21世纪体育大事典》(由大修馆书店发行)的"相扑"栏目里,笔者已经试着做了一些叙述。

无论如何,"最强"的力士还没有出现。唯有超越了现代的"力"的时代,而且掌握了让"过去"派也心服口服的卓越技术的力士,才是名副其实的强手。现代的相扑场就蕴涵着诞生"最强"力士的可能性。他也许是曙,也许是贵乃花、若乃花,或者也可能是武藏丸,让我们拭目以待吧。

---

① 力士交手前摆架势的过程称为"仕切",摆架势时双方要保持一定的距离,"仕切线"即是指双方不能越过的禁止线。——译者注

# 终章　现代的相扑

## 相扑体系的现代化

昭和七(一九三二)年一月，在举行春季赛事前夕，出羽海部屋（自大关大里万助以下，排名表上的西方力士几乎都来自其门下）的力士们提出了十条协会改革的要求，他们在东京大井的高级饭庄春秋园里闭门不出以示抗议。这就是世人所说的"春秋园事件"，有时也以事实上的主导者关胁天龙三郎冠名，称之为"天龙事件"。

正如我们在后面即将揭示的那样，天龙等人提出的要求相扑比赛系统进行的根本性变革迫在眉睫。这些内容看起来确实具有"革命性"，但实际上其中的绝大部分，都是明治以来在多次纠纷事件中力士一方反复提出的要求。此时此地再次重复这些要求，真实地反映了相扑社会中摆脱、改革近世体系的步伐是如何的迟缓。对此，相扑协会一直在强调财政状况的困难。协会虽然也有表明改善、努力的方针，但与要求提出具体改善办法的力士一方的交涉没有丝毫进展。最终，天龙等人拒绝了协会的劝导。他们剪掉了发髻，退出协会，另组建了"新兴力士团"。与此相呼应，朝潮（男女川）、镜岩、锦洋等东方力士中的一部分也离开协会，组建了"革新力士团"，两派合流成立了大日本相扑联盟，竖起了自主比赛的旗帜。

另一方面，失掉过半数幕内力士的协会在替换掉全部领导层的基础上，与留下来的力士达成了稳健改革的意向。另外，在积极推进退会力士复归工作的同时，协会又从十两、幕下级力士中选出多人，准许他们特别晋级进入幕内，以填补排名表的空缺。① 一个月后，协会举办了春季比赛，向世人展示了其不肯后退一步的姿态。在此期间，大日本相扑联盟内部围绕活动方针、主导权产生了纠纷，再加上协会的游说工作，男女川、镜岩等一部分力士当年就回归了协会，而天龙等人则在第二年以大阪为据点打出了大日本关西角力协会的大旗，在此后五年间，与东京的大日本相扑协会形成了对峙。

天龙一派的改革最后难以维持下去，失败了。其中与东京协会的瓦解也有关系。昭和十二（一九三七）年末，关西协会解散，送走复归东京的力士们，天龙孑然一身踏上了前往"满洲"（中国东北部）的旅途，希望在那里开辟新天地。

这种急进的改革要求在当时没有被接受，后来又爆发了战争，改革的希望愈加渺茫。但是，天龙等人提出的这十条要求，在推动协会的制度体系走向"近代化"的过程中却是难以回避的。事实上，没多久，在战后的协会机构改革中有不少要求就已经得到了满足。为了作一个对比，我们首先将天龙等力士的要求书引述如下。

要求书：

一、确立协会的会计制度。

二、修改竞技时间。

三、降低观赏费用，使相扑成为大众的相扑。

四、取消相扑茶屋。

五、渐次废止年寄制度。

六、确立养老金制度。

七、从根本上改变地方巡演制度。

八、稳定力士的生活。

九、努力裁减冗员。

十、设立力士协会，确立专门力士共济制度。

这十条中的最后一条，协会也是认可的，所以，在昭和八（一九三三）年就成立了由十两级以上的力士、行司组成的"力士会"，并开始了运作。至于其他各项，只是在历来的制度范围内作了若干

---

① 后来的横纲双叶山就是在此时特别晋级进入幕内的力士。

的修正,根本性的改革还是拖到了战后。当渡过了战后的混乱期后,协会即开始着手逐步整顿会计制度,不过,其着眼点主要集中在协会的财政、运营体制的重建,以及对取代被占领军接收的两国国技馆的比赛场所的财政补贴方面,[①]其他的根本性改革直到协会的运营基础即比赛体制终于安定下来之后才得以实施,而且改革的契机依然源自于外部。

原则上,相扑协会是在文部省管辖之下的财团法人,其目的是相扑的指导与普及。因为是政府认可的公益法人,所以协会通过举办正式赛事来提高收益的行为,作为达成其目的的手段也得到了许可。以其目的的公益性为由,协会在税制以及其他问题上,都获得了与营利性私人企业不一般的便利。但实际上相扑比赛本来就是相扑社会中许多人藉以维持生活的手段,不可能与营利没有关系。相扑协会采取财团法人的形式,是战前和战争时期相扑被赋予特殊地位的佐证,即人们认为"相扑道"作为体现了"武士道精神"的"国技",理应在天皇的庇护、国家的保护之下继续维持下去。战后,尽管国家体制发生了变革,相扑协会的地位却原封不动地被继承了下来。在战后的困难时期,相扑比赛既没有中断,也没有像其他职业体育比赛那样受到外部商业主义的干扰,这当然是因为有协会成员的自主努力和相扑迷们的支持,但相扑从财团法人这一优越地位和待遇中所蒙受的恩惠也是不可小觑的。

但是,从另一方面来看,这种制度性的保护却构成了削弱自主改革动机,使旧弊容易遗留不改的结构性原因。作为公益法人的原则和作为生活手段的真实之间隔阂日趋显著,且其原则本身的说服力由于战后社会的变动也在不断减弱,相扑协会该如何存在成了需要国会进行讨论的问题。昭和三十二(一九五七)年,在众议院文教委员会上,有人将这个问题提了出来。协会的武藏川理事和现役力士若濑川、协会外部的证人即"春秋园事件"的主角原天龙和久田三郎,以及同样因为与协会发生冲突而离开相扑界的原阿久津川永井高一郎等人被招了来,分别接受了议员的质询。

---

① 藏前国技馆的临时建筑于昭和二十五(一九五〇)年建成,正式建筑于昭和二十七年完工。

会场的气氛整体来说对相扑协会是善意的。武藏川对体现了相扑协会意向的八项改革方案给予了谅解。[①]（1）捐款行为及其细则的重新规定；（2）指导普及部的强化；（3）力士薪金、保险制度的扩充；（4）退休金制度的扩充；（5）力士人数的整顿；（6）茶屋制度的根本性改革；（7）面向大众的看台开放（与第6项相关联）；（8）协会会计事务的完善（与第3项相关联）。这些条款中，有不少在战后协会逐步推进的自主性改革中业已涉及。与前面要求书的项目对比一下就会明白，天龙等人提出的改革理念可以说至此总算是见了天日。沿着这条基本线，相扑界的"近代化"在不断向前推进。应该说这就是"时势"的差异吧。

　　第（3）条的薪金问题关涉到了协会机构的构造本身，也可以说是改革整体的象征。以前支付给力士、行司、年寄们的工资，是按照比率制来分配比赛收益的。由协会举办的、被称为"本场所"和"大合并"的比赛，其收益由协会来分配，一般性的地方巡演由比赛的主体"组合"[②]负责收入的分配。力士们在经济上以"组合"为主、协会为辅，采取的是稍稍带有变通性质的双重归属形式。这与近世由师傅率领的部屋成为地方巡演的单位基本上是相同的。换句话说，协会是作为"组合"的集合体来举办以"本场所"为代表的大合并比赛的。昭和二十二（一九四七）年，东西对抗制被废止之后，正式比赛的分组编排采用"分系统总抽签制"就是源于这一内情。

　　然而，"组合"在协会机构中所处的位置很不明确，从制度上来看只是私人的集合体。这就导致了协会与"组合"的会计事务，乃至那些代表着各自"组合"且兼任协会干部的年寄们的个体财政之间的混淆。这种混淆也成了协会会计事务不透明的一个因素。此外，因为力士们的生活要依赖建立在比赛收益基础之上的佣金支付，所以经济上有时候也缺乏安定。不过，工资制的导入稳定了力士们的经济生活，同时也带来了协会会计事务统一化的效果。地方巡演赛的形态也随之由历来原则上的不同组合举办，逐渐向以

---

[①]　关于当时委员会的质疑等，武藏川喜伟的《武藏川回顾录》（棒球杂志社，一九七四年）中有详细记述。

[②]　也称"一门"。以师父弟子关系的系统为基础，由数个部屋构成的组织。现在"一门"作为选举协会干部时统计票数的单位仍在发挥着作用。

相扑的历史

180

大合并的形式举办转变。这样，从前一直都是力士们活动单位的"组合"，实质上已经在向着消解的方向发展。这也成为几年以后废除"分系统总抽签制"，导入"分部屋总抽签制"的前提条件。

使这种根本性的机构改革成为可能的，除了以本场所为中心的比赛的充实和稳定之外，别无其他。战前和战争时期原则上每年举办两场比赛，到了战后逐步增加。昭和三十二（一九五七）年举办了五场比赛，第二年改为六场，直到现在。① 稳定的本场所比赛使协会对整个相扑界的经济统合成为了可能。这也是战后改革中"近代化"的一个象征。

但是，也存在着被"近代化"遗忘的角落。比如，现在还在延续的部屋制度依然是一个不可思议的系统。"部屋"取代了曾经的"组合"，成为相扑社会的基层单位。从力士、年寄到行司、传呼、床山等，除一部分工作人员以外，相扑协会的所有成员都有自己的"部屋"所属。尽管如此，"部屋"作为协会的构成要素，其位置还是极其的模糊。土地、建筑物在法律上只是身为师傅的年寄的个人财产。协会虽然会对有弟子的年寄给予一定的补助，但是却没有任何关于"部屋"维持、继承的制度性保证。这是近年来围绕"部屋"继承屡屡出现问题的主要原因。对于"部屋"（"年寄株"②也一样），今后恐怕需要拿出制度性的解决办法。

另外，还有"相扑茶屋"的问题。通过独占入场券以及场内茶饮食物等其他商品的销售从中牟利的相扑茶屋，其存在被视为相扑社会旧弊的代表、诸恶的根源，每逢有事的时候，总会受到人们的攻击。虽然战后改革中也涉及了这一问题，"茶屋"被改组成"相扑服务株式会社"，③但其实态几乎没有任何变化。现在栈敷席的

---

① 江户、东京相扑的本场所比赛时间较长，每年举办两场是定例。随着大阪协会的合并，昭和二~七（一九二七~一九三二）年，除了东京的两场比赛以外，京阪、名古屋、广岛等地每年也举办两场，但这些比赛被视为比东京本场所低一级的比赛，也不能为其颁发优胜奖状。春秋园事件以后，由于另成立了关西角力协会，这些比赛便被废止了。战后，从昭和二十四（一九四九）年开始，每年举办三场比赛，昭和二十八年、三十二年、三十三年又分别将大阪、九州福冈、名古屋加了进来，确立了现行的隔月比赛每年六场制。

② "年寄株"是指为了成为日本相扑协会的年寄而继承的名迹。——译者注

③ 现在的名称是"国技馆服务株式会社"。

大部分仍然由"茶屋"控制,出售给以企业为中心的固定观众,没有门路的大相扑迷们很难买到票。但相扑界内部对于现行制度却非常的固执,因为这种制度保证了大相扑永远会有稳定的观众,即使是在经济不景气的时候。实际上,昭和三十二(一九五七)年的夏季赛曾试验性地放开了入场券的出售,但据说入场的观众却非常少。当我们回顾大相扑人气盛衰的历史,考虑到近年来"流行"的易变,就会觉得"茶屋"制度也许有它合理的一面。

只是,这样一来,其与本应该是"不以营利为目的"的作为公益法人的原则之间的整合便成了问题,不过,这种现状倒让人觉得像是一种"无须言说的约定"。正像某位评论家所评论的那样,如果认为"相扑是当代的文化财富",那么,相扑社会是残留着非近代要素的特殊的共同体社会这一事实,以及一般社会对其睁一只眼闭一只眼的态度,在某种程度上也许都是没有办法改变的。①

## 现代的相扑

现代的相扑体系经由上述经纬而形成,对此无须再赘言。现在,统领日本相扑的组织有两个财团法人,一个是大相扑的组织——日本相扑协会②,另一个是业余相扑的组织——日本相扑联盟。

"联盟"是统领学生、社会人相扑的组织,隶属于日本体育协会

① 负责大相扑运营的日本相扑协会是文部科学省管辖下的财团法人。缘此,在外在形象上,协会是标榜"公益"的非营利法人。但是,协会举办比赛的实态却引发了其与外在形象之间的龃龉,这几乎是众所周知的事实。这种法人制度的改革会以什么样的形式波及大相扑,在现在的时点上未必明确,但年寄组织很可能会成为问题的核心。现在的年寄在制度上享有可直接获得财团法人评议员资格的地位,年寄组织关系着引退后原力士的福利保健待遇,而且年寄名迹还可以高价买卖,其继承成了敛财的一种手段(关于这些问题点,中岛隆信的《大相扑的经济学》(东洋经济新报社,二〇〇三年)一书中有详细的记述)。在年寄这一组织里,要想调和逻辑各异的不同侧面恐怕不是件易事。或许有必要按照不同的目的,对组织进行分割,如可以拆分为以相扑(包含业余相扑在内)的普及振兴这一公益为目的经营基本财产"国技馆"的组织、培育职业力士的组织、举办本场所比赛及其他营利性演出的组织,以及负责引退后的力士的福利保健组织等。参见新田一郎《"年寄名迹"杂话》,载《法曹养成实务入门讲座》第二卷,信山社出版,二〇〇五年。

② 昭和三十二(一九五七)年,将大日本相扑协会的"大"字去掉,改称现名。

（体协）。在其下面还有日本学生相扑联盟、日本实业团相扑联盟以及各都道府县相扑联盟等组织。此外，相关组织国际相扑联盟在一九九二年也开始了运作。关于业余相扑的现状以及其与协会的关系等，前一章中我们已经有了概述。

"协会"则由相扑年寄、行司以及作为评议员的力士代表等组成。该组织最主要的工作是培养力士和组织大相扑比赛（一年六场的本场所比赛和空闲时间举办的地方巡演）。[1] 此外也从事一些其他的活动，诸如对"联盟"进行援助，负责相扑诊疗所、相扑博物馆等附属设施的运营等。另外，作为辅佐上述工作的咨询机构，协会还负责横纲审议委员会（昭和二十五〈一九五〇〉年设置）和运营审议会（昭和三十二年设置）的运作。横纲审议委员会为协会的横纲决定权赋予了权威，扮演着吉田司家的角色。其与运营审议会一道，成员集中了包括政界财界在内的各界的重要人物。这两个机构还负责回应来自协会的咨询，有时候对于舆论批评还起到防波堤的作用。其取代了近世的故实以及近代（战前）的天皇制国家，成了战后日本"民主国家"的主人公，也即"世人"的代表。在相扑应该如何存在的问题上，相扑协会需要从他们那里获得权威。

这期间，相扑界周围的社会环境状况有了很大的变化。尤其是信息媒体的高度发达，给相扑的存在方式带来了很大的影响。昭和初年开始有了无线电广播，昭和三（一九二八）年一月的本场所比赛开始实行现场实况转播。当初，人们担心这会导致来国技馆现场观看的人数减少，但事实却恰恰相反。现场实况转播在壮大相扑迷队伍方面起了相当大的作用，同时也带来了一些副产品。如出于对广播时间的考虑而限定预备时间（幕内力士十分钟，十两力士七分钟，幕下以下者五分钟。现在改为幕内四分钟，十两三分钟，幕下以下二分钟）等。[2] 昭和二十八（一九五三）年开始的电视实况转播，其影响更甚。当时正好是枥锦、若乃花这些小个子名力

---

[1] 　关于现代的大相扑社会，生沼芳弘在《相扑社会的研究》（不昧堂出版，一九九四年）一书中，应用社会调查的手法做了详细的分析。

[2] 　土俵中央预备线的划设也是这个时候的事情（间隔起初约六十厘米，现在改为七十厘米）。之前也有过两个力士在土俵中央头顶头摆预备姿势的情景。像现在这样的"立会"的技术，可以说是在这之后完成并固定下来的。

士活跃的时候。他们的比赛"看着有趣",这一点最适合电视转播。"栃若时代"的相扑人气通过电视传遍了全国。

在如此发达的媒体的支撑下,大相扑变成了许多人共同的兴趣。虽然经历了人气的盛衰,但还是走到了现在。从昭和初期的玉锦到后来的双叶山、羽黑山,还有栃若、柏鹏(柏户和大鹏)、北玉(北富士和玉之海)、轮湖(轮岛和北之湖)、千代富士等,名力士的系谱没有断绝,使大相扑成了稳定的人气体育项目。尤其是昭和六十(一九八五)年新国技馆开馆以后,相扑人气一直保持在很高的水准,人气力士甚至受到了"演艺明星般"的礼遇。

昭和五十年代以降,当娱乐媒体急速发展并开始涉足体育界的时候,相扑被人们当成了绝好的题材。这对于相扑界来说其负面效果也是很大的。从人气力士的日常生活到丑闻话题,都成了写真杂志、广角镜节目瞄准的靶子,处在世人的监督和批评之下。在老一辈相扑迷中间,很多人怀旧意识很强,他们认为"过去(对待相扑的态度)要更豁达大方一些",对于那些并不了解相扑所背负的历史,却试图给相扑套上一般社会尺度(或是体育尺度)的论调,他们有着强烈的反感。老一辈人的看法反映了"现代的文化财富"的微妙立场。虽说如此,但也无法从正面屏退大众媒体的"正论",这是实情。"过去的力士更加豪爽"、"相扑必须得那样才行",这些牢骚也只能是小声发一发而已。

作为供看客观赏的、用于表演的技艺,相扑从中世一直发展到现在。如今大相扑的兴盛,可以说是其历史的必然归结。与之形成对比的,是业余相扑观众动员能力的低下。这也从一个侧面反映出,被业余相扑中所没有的用各种各样的故实样式庄严地武装起来的大相扑,是包含着装饰性要素在内的高度完善的观赏性技艺。"国技相扑"对于人们而言,并不是自己能够亲自参加的活动,而是一种用来观赏的竞技。在相扑迷中,很少有自己从事相扑的,这一点是相扑与其他体育最大的不同之处。对于自己也在享受着运动乐趣的(比如)棒球爱好者来说,职业棒球运动员与自己是同样的"竞技者",只是他们处在这个群体的最高峰。而对于相扑迷们而言,力士们生活在与自己完全不同的世界里,是相扑迷们"观赏"的对象。

true相扑的历史

184

关于"体育"与"相扑"之间存在的罅隙，前一章中我们只是围绕着业余相扑的定位作了一些阐述。同样的问题，比如在大相扑"八百长"①的议论中也会出现。众所周知，有意把胜利让给对方的"八百长"一词，原本就是来自于相扑界。② 在职业棒球赛以及摩托车赛或汽车赛中，由于第三方的利害介入，也即牵涉到了赌博，常常会引发一些事件，而大相扑的"八百长"却只是与当事者的利害有关（排名榜上名次的升降以及优胜争夺），这是大相扑的一大特色。

当然，按照相扑协会的官方见解，相扑全都是"严肃认真的比赛"，并不存在"八百长"之类的现象。正因为相扑是在一个特殊的共同体社会中展开的"胜负较量"，力士们在某种程度上熟悉彼此的性情，所以不能说完全没有诸如"配合默契"、"武士情怀"等要素，而且金钱交易的谣言也不会终结。另外，是将相扑视为"体育"，还是视为"武道"，抑或是视为"技艺"，对相扑的理解不同，对这些行为的评价也会有所变化。"技艺"派的一部分相扑"通"认为"配合默契"也应包含在相扑的构成要素里，主张在知己知彼的前提下欣赏接下来故事的展开。而"武道"派则理所当然地将"八百长"视为一种罪恶，认为其是对"道"的玷污。在这点上，"体育"派中的大部分人也加入了否定"八百长"的阵营。在前一章中阐述过的"相扑"的"四个层次"里，每一层次对"八百长"的认识方式都存在着微妙的差异。

"武道"派严厉地指责"八百长"，力主追求"严肃认真的比赛"。但是，另一方面，他们却鄙视对胜负的拘泥。在他们看来，能够登上土俵只是日常修炼成果的一部分，比起在土俵上取得的那一点点胜利，不计较输赢，通过完成"自己的相扑"而使修炼更上一层楼，才是"相扑道"的实践者应有的姿态。当然，"如果要靠躲闪求胜，还不如干脆输掉比赛"之类的禁欲，并不意味着"不求胜也可以"。但这种主张与"体育"派的主张是对立的。"体育"派认为既

---

① 事先讲好胜败的骗人比赛，假比赛。——译者注
② 明治初期，有位名叫长兵卫（通称八百长）的菜店老板（菜店在日语中叫"八百屋"。—— 译者注）经常出入于相扑会所的实力派伊势海家，此人虽然很擅长下围棋，但是为了让伊势海高兴常常故意输掉棋局，据说"八百长"一词即起源于此。

然是胜负之争的格斗竞技,拘泥胜负又有什么不对呢？通常职业运动员不正是为了"取胜",才将自己的最大努力展现在观众面前的吗？

但是,如果让我来说的话,相扑就是一种技艺,这些乍看上去相互矛盾的诸种要素,全部都是作为供观众观赏的相扑"技艺"虚实交织的多重表现。右边从拖曳着近世以来形成的相扑故实的"武道"派的主张开始,左边到将"八百长"视为烘托赛场气氛的一种安排给予积极认可的主张为止,究竟应该采用哪一种主张,应该将其作为"相扑"技艺为观众提供的"艺"的多样化解释,交给观众来判断。而且在相扑这种畅通无阻的存在方式中,生活在现代的我们能够将相扑作为"相扑"加以认同的根据,恐怕最终还要在前一章中述及的那"四个层次"的相互重叠中去寻找。试图特别规定"相扑的本质意义"的争论,在这里起不了太大的作用。无论好坏,"相扑"都是一种真正具有"日本特色"的存在。

# 相扑的国际化

明治末期以来称之为"国技"的相扑,尽管转向缓慢,但还是在近代走上了"国际化"的道路。明治以来,作为国策,政府曾经奖励过向夏威夷、南美等地的移民。在这些由移民组成的日系人社会中,故乡的"日本文化"作为维持他们存在价值的依凭得到了保存和继承,相扑也在他们中间得到了传播。有时候,不仅仅是日系人,当地的人们也参加相扑运动。

尤其是在夏威夷,以日系人社会为中心,各个岛上都组建起了"相扑协会"。他们以"非专业相扑"的方式举行比赛,但相扑人有艺名,也佩戴刺绣围裙。一八九六年首次举行了有众多相扑人参加的"全岛相扑大赛"。[1] 二十世纪二十年代,相扑最为兴盛。人们也尝试着去遥远的大陆进行比赛,据说还与加利福尼亚地方同样在搞"非专业相扑"的日系人举行了对抗赛。另外,从一九三〇年

---

① 关于夏威夷相扑的历史,工藤美代子的《大海那边的力士们》(棒球杂志社,一九八八年)一书有详细的记述。

起还与来自日本的学生相扑代表一起举行亲善相扑活动。[①] 这项活动由于战争曾一度中断，一九五一年恢复，一直持续到现在。战后，相扑在日系人以外的人群中也流行开来。一九六一年夏威夷选拔运动员团体应日本学生相扑联盟的邀请来日，与日本选手上演了一场精彩的胜负对决，其中夏威夷的冠军拉里梅浩选手连胜日本选手，出场六次，五次优胜，显示了当时夏威夷的业余相扑水平可与日本匹敌。

能够产生出"杰西"高见山大五郎这样的力士，也应该归功于夏威夷的相扑土壤。但是，据说近年"全岛大会"也陷入了中断的状态。由于"日系人社会"本身在战后逐渐与当地社会同化，不再像过去那样强调自身的"独特性"，所以相扑似乎正在失去过去兴盛时期的支持母体。虽说继高见山之后，近年来又有小锦、曙、武藏丸等，夏威夷出身的力士辈出，席卷了排名榜上的高级位置，但是他们却并非出自夏威夷的业余相扑。

与夏威夷相比，南美各地的业余相扑近年来正处在兴盛时期。在巴西，依然是在日系人社会里，从一九一〇年代开始举办"非专业相扑"，一九三一年在原大相扑力士真砂石的指导下成立了"巴西日本相扑协会"。一九四〇年代一度中断。战后，日系人以外的社会里也兴起了相扑运动，他们从日本邀请大相扑力士以及业余选手前来指导，通过这些方式，使相扑作为一种体育得到了普及。一九六二年，伯国（巴西）相扑联盟成立，并建立起了举办地域大赛以及全国大赛的体制。一九八〇年代以降，巴西开始派出运动员团体参加日本的高中大赛和国际大赛，并屡屡获奖。现在，据说从事业余相扑竞技的人数甚至比日本还要多。也许是受到巴西业余相扑盛况的触发，毗邻的阿根廷、巴拉圭，也在一九八〇年代以日系人为中心成立了相扑联盟，相扑逐渐兴盛了起来。从巴西、阿根廷的业余相扑中，也诞生了大相扑力士。阿根廷出身的星诞期、星安出寿晋级十两，巴西也有许多力士进入了大相扑，其中留学于拓殖大学，成为学生横纲的池森路易斯刚晋级十两，其艺名为隆涛。

如上所述，海外的业余相扑以日系人为中心形成了自己的历

---

① 学生相扑团体前往加利福尼亚进行比赛比这更早，始于一九二五年。

史。而另一方面，日本的大相扑也早早地开始了它的海外巡演。明治四十（一九〇七）年至翌年，横纲常陆山带领其弟子近江富士等前往欧美漫游，在所到各地进行了相扑介绍。这是日本大相扑走向海外的开始。不过，这次的欧美巡游是常陆山的个人行为。作为有组织的海外巡演的尝试，最早可能要数明治四十三年京都相扑的一行人，以参加伦敦日英博览会为契机在欧洲各地展开的巡回演出。但是，如前所述，由于这次巡演的停滞受挫，京都相扑最终走向了消亡。东京相扑的海外巡演开始于大正年间。大正四（一九一五）年，太刀山、凤一行前往夏威夷，梅谷、西海一行奔赴美国西海岸以及夏威夷。但在那以后，可能是因为相扑界持续不景气的缘故，再没有进行过海外巡演的尝试。如果将年寄春日野（原横纲栃木山）的个人欧美漫游以及战争期间兼有军队慰问性质的大陆巡演除外，那么，直到战后为止，大相扑的海外巡演一直都处于中断的状态。

战后最初的海外巡演是在昭和二十六（一九五一）年，由年寄高砂（原横纲前田山）率八方山、大海、藤田山三位力士与美国的公演策划人签约，以介绍相扑为目的前往美国。另外，几乎是在同一时期，武藏川、楯山、秀山三位年寄也应邀前往巴西进行过相扑指导。真正的海外巡演开始于昭和三十七（一九六二）年的夏威夷巡回演出，①之后，昭和四十年在苏联（今俄罗斯），四十八年在中国，五十一年在美国西海岸，五十六年在墨西哥，六十年在美国东海岸，六十一年在法国，平成三（一九九一）年在英国，四年在西班牙、德国，足迹遍及世界各地。在这期间，捷克斯洛伐克（今捷克）、墨西哥、阿拉伯联合酋长国、中国、匈牙利等外国政府、大使馆都对大相扑的幕内优胜者给予表彰，而且英文的相扑杂志《Sumo World》在世界上三十多个国家都拥有自己的读者，通过海外巡演取得的相扑介绍的成果可谓不菲。在国技馆内看到外国观众的身影，听到用外语喊加油的声音已不是什么稀罕事。来自各个国家的大相扑入门者也在增加。但另一方面，"外国力士问题"也成了人们关

---

① 夏威夷巡演之后也一直在继续，昭和三十九（一九六四）年、四十一年、四十五年、四十七年……

注的话题。①

　　所谓"外国力士问题"，用前一章中使用过的语言来表述的话，不外乎就是关于第四层"相扑"的问题。虽然说是"相扑的国际化"，但大相扑所推进的一贯都是"相扑的介绍"而不是"相扑的普及"。近年来，由于卫星放送媒体的发达，据说相扑在欧美也聚集了不少的人气。不过，这种"人气"主要针对的是用于观赏的、作为技艺的且被"日本式的"文化装置修饰过的"相扑"，而实际的相扑较量并不是他们关心的主要对象。不用说，这种现状即是大相扑所推进的"相扑介绍"的成果。

　　只要是站在"观众"这一相扑社会外部的立场上，"外国人"怎么样去理解相扑都不成问题。但一旦他们开始从事相扑，甚至要进入相扑社会的内部，事情就要另当别论了。正因为"相扑"的第四层包含着非常浓厚的"日本"要素，"外国力士"的加入才很难使其在本质上发生大的改观。有一部分人持顽固的外国力士排斥论，他们每个人的主张如果单独拿出来看，显然非常愚蠢，而且对现在正活跃在大相扑舞台上的"外国力士"也极为失礼。但是，这背后横亘着的是他们对第四层"相扑"，亦即装饰"相扑"的各种文化装置的执着，他们的这种心情并不是不能理解的。②

　　而与此相对，在原本就欠缺第四层的业余相扑的世界里推进的"国际化"，只能是"相扑的普及"。昭和五十五（一九八〇）年，作为都道府县的对抗大赛，相扑协会开始举办日本"非专业相扑锦标赛"，参赛者中一线级业余相扑选手被排除在外。从第二年的第二次大赛开始，就有巴西队加入了进来。从第六次比赛开始，协会将大赛的名称改为"国际相扑锦标赛"，并增加了出场的外国队的数

----

　　① 　截至目前，外国出身的力士的母国有美国、加拿大、蒙古、韩国、中国大陆、中国台湾、菲律宾、汤加、萨摩亚、巴西、阿根廷、巴拉圭、俄罗斯、格鲁吉亚、哈萨克斯坦、爱沙尼亚、捷克、保加利亚、匈牙利、英国等共计二十个国家和地区。其中，有十二个国家和地区关取（十两以上的力士为关取）力士辈出，她们是：美国、蒙古、韩国、中国大陆、中国台湾、萨摩亚、巴西、阿根廷、俄罗斯、格鲁吉亚、爱沙尼亚、保加利亚。
　　② 　另外，年寄名迹的继承只限于有日本国籍者，这个限制是在十几年前才制定出来的。虽然是作为围绕高见山、小锦等美国出身的力士的问题被提出来的，但实际上对于人数决不可小觑的在日韩国、朝鲜籍力士的影响也是不可忽视的。可以说这是一个不为人所知的"外国力士问题"。

目,取得了"普及"的实际成效,而不是仅仅停留在"介绍"上。期间,巴西队获得了团体赛第二名以及个人冠军,取得了赫赫战果。在作为体育的相扑走向国际化方面,这个大会具有非常大的意义。之后,出于发展扩大的需要,协会停止举办"国际相扑锦标赛",而另设立了前一章中提到过的"世界锦标赛",日本的业余一线级相扑选手也都参与了进来。土俵上世界各地性质迥异的格斗技术蜂拥而入,从第二层的竞技规则派生出来的、甚至有可能摧垮既成的第三层相扑的"体育化",开始迅猛地发展起来了。

大相扑的"介绍"与业余相扑的"普及",这两种"国际化"各自的结果,在某种程度上暗示了今后相扑的前景。大相扑、业余相扑现在都好比是刚刚经过了一个历史的拐角处,正准备翻开新的历史的一页。那里所描绘的"相扑",在日本、在全世界该会呈现出一种什么样的姿态,又该会走出什么样的轨迹呢? 我的兴趣还远没有消失,在以后的时间里,总还会有探讨这些问题的机会吧。

# 后　记

　　相扑是……归根结底，相扑究竟为何物？我以急行军的节奏追寻着相扑的历史足迹从古代走到了现代，却发现自己依然无法对这一问题给出满意的答案。

　　在几乎四分之一的世纪里，我作为一个相扑爱好者一直都在关注着大相扑。学生时代还曾经裹着兜裆布登上过藏前国技馆的土俵。现在作为母校相扑部的教练，同时也作为学生相扑联盟的理事一直与业余相扑保持着关系。作为历史学家，我尝试着按自己的理解勾勒了这么一幅"相扑史"的构图。对于相扑，我不是一般的喜欢，而是一直以各种各样的方式涉足其中，这一点我很自负。然而，在这个过程当中我却发现"相扑"与"非相扑"的界限越来越模糊，很难明确地加以区分。

　　也许任何体育、艺术都不会像相扑这样，让人们产生各种各样的看法和欣赏方式。作为相扑爱好者，只要喜爱相扑具有的那种内涵的深奥，找出自己的一种欣赏方式，且具备宽容的品格，能够容得下他人的欣赏方式就可以了。对于"这是正确的相扑"之类一本正经的言说，最好是抱着怀疑的态度去听。因为历史所展示出来的"相扑"就是一种畅通无阻的东西，它可以使有关"相扑的本质"的争论相对化。

　　我想，本书的内容可能与许多人由《相扑的历史》这一书名想象到的有很大的出入。通过本书，我最想展示给大家的是相扑的这种畅通无阻的形象，别无其他。"相扑社会"是一个封闭的世界，本书并不是要用现成的语言去讲述它的内部历史，而是从相扑社会外部的角度，通过讲述相扑社会自身成立和变迁的历史，来重新测量历代"相扑史"的讲述者所处的位置。我已经做好了思想准备,此番对相扑历史的阐述有可能是一次不成熟的尝试,但我还是铤而走险了。

是的,相扑中一直都存在太多无法用语言来描述的要素。无论是"相扑"还是"相扑的历史",历来都只是相扑世界里伙伴们之间的谈资。可以说只停留在朋友间的理解上,几乎未曾有人公开向外阐述过。在"理解相扑的人"那里,无须用语言讲述的东西实在是太多了,他们将相扑的一些要素作为众所周知的事情,不进行多余的解释,而只强调"这就是相扑"。或许他们会将那些无法言说的要素称之为"配合默契",或用"日本式的"等词汇来形容,然而,依赖默认的共识(只是一种幻想),将持有异议者视为门外汉排斥在外的"御宅族"式的闭锁性,对于相扑的未来而言并不是件好事情。

写作本书就是缘于对这种状况的不满。以"疯狂迷恋相扑的历史学者"自负的我,既无法赞同"相扑"一方伙伴圈内的自我满足,同时对于"历史"学家对相扑的冷漠也抱有强烈的不满。既然没有人来写,那就由我执笔吧。《相扑的历史》就是站在这样一个补充完善现有"相扑史"的角度撰写的,这是我的意图。我的愿望达成程度如何还得等待读者的判断。尽管我很是担心,自己本来是想站在"相扑"和"历史"之间居中调停,可最后会不会遭到双方的抛弃,落得像蝙蝠一样的可悲下场呢?

本书所展示的"相扑的历史"构思,实际上早在学生时代就开始酝酿了。我本来的专业是"日本(中世)法制史",在学习专业课的同时我一直在收集资料,利用一些小的机会撰写发表一些小论文。在这一过程中,一个偶然的机缘促使我对写相扑史这件事下了决心。那时正是专业研究开始繁忙的时候,也曾有过一丝踌躇,怎么考虑都觉得有点时机尚早。但也有人极力劝说我,说是机会难得,最后我断然下了决心要去完成这个任务。虽说人们对于大相扑的关心度依然很高,但最近"相扑热"的发展趋势有点奇怪。如果本书主要关注"大相扑的历史",属于过去那样的"相扑史"的话或许还可以,但是本书内容却又如此的生硬,我根本没有想到它会卖得出去。这本书之所以能够完成,一方面是靠运气,另外也是许多人热情支持的结果。如果要把直接或间接帮助过我的人全部列举出来恐怕没有止境，且对于在这里披露相扑内幕也有点不好意思，所以，也顾不得什么礼节，请允许我一一省略不作列举。不过，有一个人的名字我在这里必须提到，他就是山川出版社的编辑小林宪太郎。在本书的出版过程中，对于我这个桀骜不驯、我行我素的毛头小子的话，他都一一认真地听取。如果小林不计较这些的话，我期望今后还能有机会与他一起工作。

在那之前，请允许我暂且以此作"千秋乐"结尾吧。

平成六年二月
新田一郎

# 二十一世纪的相扑

## ——代"学术文库版后记"

## 大相扑的多国籍化与其周边

本书的初版自从刊行之日起至今已有十六个年头。从二十世纪跨入到二十一世纪,这期间大相扑所发生的最大变化之一,就是外国出身的力士增多了。继夏威夷出身的曙之后,武藏丸晋升为横纲。进入二十一世纪,蒙古力士来势凶猛,朝青龙、白鹏两位横纲以下,又涌现出了多位幕内级力士。其次是东欧势力的进入,尽管其力士人数并不多。这种状况在很大程度上给大相扑幕内力士的人员构成增添了多样性。而与此形成对照的是,"日本力士"的颓势常常令人感叹。实际上,近年来诞生的横纲中,除了"若贵"兄弟①之外,其他人都是外国出身的力士。乍看上去,会让人觉得大相扑的"国际化"非常显著。

具有多样化出身的现代力士们的力量以及技术水准是高的。他们充分满足了作为表演的大相扑最基本的要求,给观众提供了高超技能。但是,另一方面,对外国出身的力士们的"品格"表示质疑的声音也越来越多,这是近年来出现的一个显著倾向。最后,终于导致了在本场所比赛中刚刚获得冠军的横纲朝青龙,因其"品格"遭到质疑而被迫从现役引退的事态发生。引发这一事件的直接契机虽然是发生在土俵之外的纷扰,但在事件发酵的过程中,其在土俵内外的一些行为举措也遭到了这样那样的批评,最后意识

---

① 即若乃花和贵乃花两兄弟。——译者注

到自己可能会受到"解雇处分",遂迫不得已宣布了引退。

近年来,关于土俵内外的各种行为举止,人们倾向于用"品格"来衡量。人们所追求的"品格",总归起来看,其实是相关人士以及观众们期待从"大相扑",或者说是期待从"力士"身上看到那种"像相扑样"的印象模糊的集合体,不仅具体内容非常暧昧,而且时代不同,人物不同,这些"品格"也未尽统一。有可能被追究刑事责任的暴行另当别论,就土俵上的行为举止而言,比如看上去与"振臂以示胜利"的行为相类似的动作,有时可以表彰为"敢斗精神的表露",而有时又会作为"缺乏抑制力、品格欠缺的行为"受到责难。总之,这些批评本身(有时掺杂着对力士个体的好恶)自古以来就在不断重复着。要论"品格",昔日(比如明治时代)力士的豪放不羁是朝青龙等根本无法比的。正因如此,相扑为了获得作为一种正儿八经技艺的社会地位,才不得不特意地去提倡具有"品格"意味的东西。[关于这方面的内情,风见明的《成为国技的相扑》(大修馆书店,二〇〇二年)一书中有详细记述]。到了大正、昭和时期,打着"国技"这块儿招牌,相扑的纪律化相应地有了一些进展,但还远远不够。力士不规矩的行为如果不甚严重,就会说"的确是自古以来的相扑遗风",从而对其加以肯定,抑或是装作不知道。这在一部分人那里也不是没有这种倾向。

对于朝青龙在土俵内外的行为举止皱眉头的,都是上了年纪的人群以及那些相扑爱好者的核心人物们,在年轻人以及处于边缘位置的相扑迷中间,对于朝青龙勇猛的相扑架势及其"顽皮"的举止,在某种程度上是给予肯定的,支持朝青龙的人也相当的多。正因如此,在最近的"品格"争论的背后,"人们所期待的力士形象"的分裂忽隐忽现。不仅如此,理应按照预定调和运作的,引导力士向"人们所期待的力士形象"转变的进程也已发生了变质,从长远来看,正在一步一步走向崩坏。

到底,人怎样才能成为力士呢?大相扑社会的运作方式是,大量引进没有相扑实战经验的活力四射的年轻人,通过不断地筛选,将不合格者淘汰出局,只留下少数合格者,形成了越往上走口径越窄的相扑金字塔。这种状态从过去一直维持到了现在。不过,虽说过去也是如此,但这种结构真正开始发挥作用实际上是进入二十世纪以后的事情。与其他职业体育项目不同,大相扑不是从业余相扑的实力派选手这一既成品中物色人才,而是从无相扑经验者入手,投入大量时间对其进行锤炼,通过这样的方式才培养出了被形容为"散发着火锅味道"的"地地道道的力士"。

走上力士成长道路的年轻人,通过"正统的边缘性参与(legitimate peripheral participation)"开始训练,步入相扑社会。他们生活的全部都要模仿前辈,通过"情境学习(situated learning)",然后迈向"完全参与(full participation)"的阶段。作为一种预定调和,相扑能力的增强与对大相扑社会的适应被设定为同步到达,这一点是相扑社会结构的一个特征。在这个结构里面,对于长期维系下来的"传统"领悟较深的前辈经常处于有利地位,而未成熟的位于最底层的学习者则要被课以严苛的训练,这被视为是正当的。

维系这种结构的一个重要的前提条件是,新弟子是不懂相扑的初学者。经验与实力并不成正比,这是身体竞技的常事。即使是初学者,有时候实力也会迅速提升。但是,这种情形始终被当作例外来处理。基本上维持预定调和是这个结构的关键之一。但如果不是初学者,而是有相扑经验的运动员作为"新弟子"不断加入进来的话,那么,他们屡屡展现出来的快速晋升就会破坏这种预定调和。对这个问题曾经在讨论学生相扑出身者时有过争论,"强大起来"和"成为真正的力士",二者分裂的征兆可以说在一九七〇年代就已经出现了。

加之,还有外国出身的运动员作为新弟子加入。他们多少都有过一些业余摔跤、博呼以及业余相扑的经验,并且已经经过了一定的淘汰。这些人虽然有过业余相扑竞技的经历,但却与大相扑社会的生活文化无缘而实现了自我完成。当这些成年运动员作为新弟子入门以后,他们踹开日本的本土型新弟子们不断提升排名的过程,与其在文化上作为"像力士的力士"而成型的过程当然是不会同步的。但是,大相扑社会并没有将其视为独立自主的运动员,而是作为新弟子来迎接他们,与那些全新的本土型新弟子一样,将他们放入到相同的训练程序中,试图将他们培养成"(日本的)像力士的力士"。尽管力士(的素材)来源已经实现了多国籍化,但是大相扑的组织结构,还没有做好以多样化的方式去接受这种多样化,即走向"国际化(internationalization)"的准备。毋宁说,不管出身如何,都要用同样的程序把这些来自不同国度的素材"日本化(nationalize)",使之成为"日本的力士",这种现象在大相扑的世界里显而易见。

这一点,虽说在外国力士的身上表现得更为典型一些,但未必只限于他们。身处现代却依然将江户时代的生活文化当作传统(往往是有选择性的)保存下来的大相扑社会,与一般社会之间的距离比以往还要大。培养力士的过程即便是对于日本人新弟子而言,也伴随有文化方面的隔阂。随着业余相扑出身的入门者的增多,入门的年龄也被推迟了。也就是说,在一定程度上已经成熟了的成年新弟子的增加,可能会进一步加深这种隔阂。

"相扑"这种竞技变得越来越难以在大相扑社会的内部完成了。在业余比赛中累积起了优秀成绩的选手转而进入职业领域,这在职业体育中是极为普通的事。有一定的经验积累,凭洞见力作出判断,这样能够回避中途受挫的风险。大相扑也是一样。日本社会的低出生率加剧了运动员回避风险的倾向,但另一方面,大相扑社会组织的构筑却依然以大量采用、大量淘汰为前提,填补不足部分的要求与采用外国人的意欲直接相关。

但是,新弟子人数的减少倾向,并不马上就意味着力士供给源数量上的枯竭,而是显示出了职业类型变化的征兆,这种变化是由供给源质量方面的变化引起的。事情接踵而来,一直以来的培养力士的机构已不能再很好地运作了。随着外国力士在排名表上地位的上升,人们期待他们被"日本化(nationalize)",成为"像力士的力士"。但是,外国力士却未必能够满足人们的期待。他们是"虽然强大,但却是异质的力士"那样的存在。"朝青龙问题"即是这一问题的极端表现。

## 相扑的国际化及其之后

由于无法有力地应对力士供给源的多国籍化,大相扑的世界出现了动摇。而业余相扑名副其实的"国际化",正是从外部为这种变化创造了前提条件。

一九九二年开始的"世界相扑锦标赛",后来的发展总体稳定。虽然刚开始的时候运动员们大多直接发挥其擅长的格斗竞技技术,呈现出了"另类格斗技术战"的情形,但随着大赛次数的增多,各国运动员的技术功夫有了长进。尽管依然蕴含着多样性,但还是发展成了真正的"相扑锦标赛"。现在有男子、女子世界锦标赛,不同大陆的锦标赛,还有少年等不同年龄段的大赛等,每年都会举办数目众多的国际大赛。举办世界锦标赛的国际相扑联盟是 IOC(国际奥林匹克委员会)的暂定承认团体,虽然相扑参加奥林匹克运动会的推测还无法成立,但是在二〇〇五年,相扑已正式加入了以 IOC 为后援的世界竞技比赛。

关于女子相扑,日本相扑联盟基于"要想成为奥运会的比赛项目,就必须在男女中都普及相扑"的认识,于一九九六年在自己的伞下成立了"日本新相扑联盟",并创设了各种大赛,使女子相扑也开始走向真正的竞技化。之所以采用"新相扑"这个名称,是因为"女子相扑"或"女相扑"这些词,很容易使人联想到迎合时尚的表演秀。[①] 不过,在自由气息较为浓厚的欧洲,如同当初的女子柔道那样,女子相扑也已经摆脱了世俗成见的束缚,在一定程度上得到了普及。一九九九年,德国举办了第一次国际大赛。二〇〇一年以降,大赛组委会将世界新相扑锦标赛与男子世界锦标赛合并在一起举办,二〇〇七年又将其名称改为"世界女子相扑锦标赛"。人们对"女子相扑"似乎已经有了足够的认知。大概是基于这个判断,联盟的名称也在同一时期由"新相扑"改为"女子相扑",直到现在。

若从男子相扑的晋级情况来看最近实力对比的变化,我们可以发现,刚开始的时候是美国、蒙古与日本在对抗。而在欧洲势力

---

① 关于本书中没有直接涉及的江户时代的"女相扑",雄松比良彦在《女相扑史研究》(京都谪仙居,一九九三年)中有专门的研究。雄松关于女性相扑(根据雄松的说法,尽管起初是作为"认真、纯粹的女相扑"而出现的)最后被视为某种"迎合时尚的表演秀"这一演变过程的考察(虽说史料解释的细节还留有探讨的余地),对于从反面来考察大相扑从仅供人们观赏的"观赏物",发展到特别强调"有格式的技艺"这一过程也是很有意思的。总之,近代"女相扑"主要以引发人们的好奇为前提,很容易给人留下"表演秀"的印象,这一点不能否认。社会上对于"女相扑"的这种印象,甚至影响到了"新相扑"的命名。

当中,先是有德国的崛起,接下来有俄罗斯、东欧势力的进入。近几年,俄罗斯在团体和个人比赛中都处于优势地位(甚至是对日本)。日本队面临着严峻的挑战,甚至出现了诸如在四个级别的个人战中,都没有日本选手获胜的情况。欧洲的相扑运动员中有很多人兼职从事柔道乃至业余摔跤的竞技,但业余摔跤的最重量级设定是"一百二十公斤级",所以,如果体重超过了限制而又无法忍受减轻体重所带来的痛苦,就会有运动员转行,开始专门从事相扑,这样的例子时有发生(进入大相扑的琴欧洲、黑海等人即是如此)。在俄罗斯等国家,已经开始了自足性的循环,让有实际成绩积累的运动员成为教练员,负责培养下一代。他们正在从中探索将业余摔跤技术应用到相扑中的独特训练方式。

现在的业余相扑(日本国内除外)个人赛原则上是按体重级别来分组的,所以中量级和轻量级选手的主要目的是要战胜同等体格的对手,而不是与体格比自己大的选手对抗,其技术也是以此为前提构建起来的。日本虽然也在学生相扑等领域举办按体重级别分组的大赛,但"相扑本来无体重差别"的成见依然根深蒂固,中轻量级冠军被当作"二等王者"来对待,不一定能(比如,就像对待柔道轻量级冠军那样)获得充分的评价。如此一来就缺少了在中轻量级的条件下展开有针对性的技术研究的诱因,尤其是轻量级的技术研究,已经感觉到落后于欧洲了。

随着欧洲势力的崛起,曾经麾下拥有多名夏威夷出身的原大相扑力士,一度与日本形成对峙的美国最近显得有些萎靡不振。一个很大的原因便是由夏威夷进入大相扑的通道中断了。如果力气足够大,成为大相扑力士,也许就可以像高见山、小锦等人一样名利双收,既获得了名声,又可以获得不菲的收入,这一梦想曾经鼓舞了不少夏威夷的年轻人投身于大相扑。但是由于种种原因,这条路中断了,而下一代的培养也就无法再继续下去。

在蒙古等国家,对于大相扑的憧憬依然是将少年们引上相扑之路的一个重要原因。但是,进入大相扑是有限制的,一个部屋原则上只允许有一名外国籍力士(缘此还出现了等待空位的待机族),而且原则上年龄不能超过二十三岁。所以,虽然从少年时代开始入门是可能的,但部屋却很难作为容纳顶级选手的平台发挥作用。当然也有例外,如年纪很轻就在无体重差别的世界相扑锦标赛中夺得冠军的俄罗斯选手阿览·卡巴拉耶夫(阿览)就进入了大相扑。不过,现今高级别的选手们"通过相扑获得报酬"的道路绝对不是那么宽广的。现代,几乎所有的竞技项目事实上都在走向职业化,成为一个优秀的运动员也就意味着经济上获得了成功,而这又催生了下一代的优秀运动员,这样的循环已经成了支撑竞技体育成立的基础。因此,吸引运动员的富有魅力的职业身份形成,对于业余相扑而言无疑是一个大课题。

　　未来,大相扑接受这些外籍选手的可能性不能说完全没有。最近围绕"力士化"程序出现的各种问题,可能会成为使门户开放踯躅不前的主要原因。不过,新弟子的供求关系越来越紧张,如果寻觅优秀素材的声音盖过了人们对外籍力士的担心,那么也就存在着断然实行大胆改革的可能性。但是,在目前的情况下,人们只能独自去摸索可以容纳顶级选手的平台,出现这种动向几乎是一种必然的趋势。实际上,在数年前,曾经有过关于策划以德国为中心,在欧洲各地举办循环有奖大赛的报道。也许这一动向的出现,意味着人们已经看准了将来相扑极有可能走上自己的职业化道路,但是,由于国际相扑联盟下达了暂停的通知,人们的期待落空了。另一场在美国策划的有奖大赛,据说也给参赛者下达了停止参赛的命令。在与其他竞技体育一道拥有众多真正的参加者,并作为国际性的竞技走向成熟方面,相扑所存在的问题依然还没有得到解决。尤其是欧洲的相扑,早晚会站在是走向职业化还是就此止步不前的十字路口上。

　　假如相扑实现了自己的职业化,或者假如国际相扑联盟提出的"使相扑成为奥运会比赛项目"的目标实现了——虽然现在这些都只不过是幻想,但是如果这些真的变成了现实,那么,受到经济利益的驱动,运动员们会为了夺冠展开更加激烈的竞争。而且竞争越激烈,运动员所面临的淘汰压力就越大,而这必定会促成相扑生态的变化。变化涉及到领域恐怕会是多方面的,有比赛规则,尤其是胜负判定标准的明确化,还有影响到胜败的赛场以及着装等条件的标准化等。

　　比如,在规则方面,业余相扑的交手规定为"两手触地,保持静止状态,听到主裁判'动手'的示意声才可站起来交手",与强调力士双方协调呼吸、配合默契的大相扑的交手规矩是完全异质的东西。在业余相扑从业者中间,力士们略带自嘲地将他们的交手规则称为"'准备—砰'方式",也有一部分人感叹"交手时双方要配合默契,这些讲究外国人终究是无法理解的"。不过,在起初的国际大赛上,几乎只有日本人才具有担任主裁判的资格技能,所以,主裁判和日本选手之间达成了"配合默契",而独有外国选手被判偏离了呼吸协调规则。外国运动员的频繁投诉是变更比赛规则的一大原因。在现代相扑中,既然交手的时机在很大程度上左右着比赛的胜负,那么理所当然会要求其条件的明确化和均一化。

另外,在试图把对方扔出场外的扭打过程中,如果双方因身体纠缠而一同倒地,一般会使用"活体"、"死体"这样的术语进行微妙的裁决。而在业余相扑的评判中,这些方面的分寸把握却往往会集中在对"谁先着地"的认定上。"规则比较简单,胜负一目了然,无论是比赛还是观赏,都浅显易懂",这在相扑的普及方面常常被当作长处来强调。业余相扑正在向"更加明了"、"更加客观"的方向发展。

在相扑用具方面,男子虽原则上规定"全身赤裸系兜裆布",但也可在兜裆布下面穿内裤或踏脚裤,女子则是"穿无领长袖紧身衣系兜裆布",这是现在业余相扑的基本规制。因为兜裆布被人们视为是规定相扑技术体系的、决定性的重要项目,所以不会轻易发生变更,但男子相扑也未必不会出现要求内裤、踏脚裤的着装标准化的声音。

至于作为竞技场的土俵,由于其设置、维护不是件容易的事,而且也无法与其他竞技项目共用,所以,在外国,平时大多用垫子土俵来代替,甚至在诸如各大陆相扑锦标赛这样正式的国际大赛中,有时也会使用垫子土俵。然而,在土俵上铺一层细沙实际上是规定脚部动作技术的一个重要条件,而在比赛条件不同的垫子土俵上进行比赛,日本式的脚部移动技术有时候就会难以奏效。实际上,在欧美举办的大赛上,如果土俵使用的是垫子,总会有为数不少的日本选手因为无法应对而脆败。反过来,如果是在日本式的土俵上进行比赛,平时习惯了沙子的日本选手的优势就会凸现出来。这样势必会出现认为竞技条件缺乏公平性的议论，而为了追求公平，究竟应该如何统一标准也许会成为亟待解决的问题。

无论是哪种变化，如果业余相扑不是亦步亦趋去模仿大相扑，而是按照自己的需要在内部开始自我运作的话，那么，由大相扑所代表的传统相扑形象，与国际化了的业余相扑形象之间的乖离将会不可避免地进一步加大。

当然，这种现象并不意味着脱离了"日本文化"的相扑因为丧失了其"文化"性而堕落成了粗鄙的格斗。比如，原本起源于英格兰的足球并没有束缚于"英格兰文化"，而是以多种多样的方式与"巴西文化"、"德国文化"、"意大利文化"等交融在一起，以多样化的形式发展出了丰富的"足球文化"。相扑也具有与各种文化相融合的可能性，就像足球那样，可以作为一种竞技在全世界普及，走上有可能获得"文际性（inter-civilizational）"发展的道路。

## 相扑与"日本"再考

如此胡思乱想了一番，又再次想到了以相扑为素材论述"日本"的可能性。我想试着通过相扑的分布并走向标准化的范围，来把握前近代（中世、近世）的"日本"。回望历史，原本相扑是通过朝廷的活动，才获得了作为格斗技艺的同一性的。从沿着与朝廷的渊源关系在民间流布的过程，到将京都尊为本场的作为观赏技艺的发展，再到近世以幕藩体制为后盾，从大相扑到地方非专业相扑都被纳入相扑故实体制之下、其样式礼仪均被标准化的过程，等等。在相扑走向标准化的所有发展阶段，与"日本"这一政治架构一直有着不可分割的关系。

在中世末期以前，相扑几乎遍布"日本"全国。近世，北起津轻南至萨摩大隅，各地都在举行类似的相扑活动，大相扑力士辈出。但是，与此形成对比的是，在北海道、冲绳等地，到了二十世纪才开始出现标准化了的日本式相扑，以前的情况在此不作追溯。为什么会这样呢？这是因为在前近代，那里不属于"日本"，标准化的力量不起作用。进入近代，"日本"的领域扩展到这些地方，相扑也通过各种各样的机会被带了进去，这才被标准化为日本式相扑。

令人颇感兴趣的是在中国台湾、"满洲"(中国东北)等地发生的事情。在台湾,一些土著部落也举行本土的格斗竞技。日清战争以后台湾成为殖民地,在日本的统治之下,曾经试图以日本式相扑为标准改造这些土著的格斗竞技。据说现在一部分地域格斗时仍然还在使用土俵,残留着当年的痕迹(渡边昌史《从台湾原住民的相扑变迁看其自我认同》,早稻田大学博士论文。内容提要刊载于《人间科学研究》第十九号附录,二〇〇六年)。历史上的"满洲"也作过移植相扑的尝试。在春秋园事件中与相扑协会断绝了关系的原关胁天龙,以及试图在日本普及面向少年的"教育相扑"而失败了的八尾秀雄等成立过"满洲角道会",据说该组织得到了"满洲国"当局的后援,在相扑(角力)的普及方面收到了一定的成效。①这些尝试由于日本的战败而受到了挫折,但是,其中我们却可以窥见"国技相扑"在二十世纪前半期的政治状况中所具有的意义。近代相扑的普及与标准化依然屡屡被"日本"的扩大和急转弯所左右。

即使这些政治性的意图没有直接发挥作用,但正如在夏威夷、南美的移民以及日系人社会中所见到的那样,相扑往往会作为日本文化的栖息物而被赋予特殊的意义。关于这一点,本文业已有过论述。在这样的局面中,相扑作为一种榜样而为人们所感知,但人们认定的相扑就是大相扑所展现出来的那个样子,人们正是通过对包裹着历史与传统的大相扑的追忆,才使相扑在文化上正确地实现了标准化。从以相扑故实的授受为媒介而被组织到大相扑

① 关于这方面的经纬以及八尾秀雄其人,可参照赤泽史朗《战争时期的相扑界——笠置山与他的时代》(《立命馆大学人文科学研究所纪要》七十五,二〇〇〇年)。根据赤泽的说法,这位八尾秀雄在昭和初年提出"教育相扑"的理念,提倡面向学童的相扑指导和普及。当时打出"学童相扑"招牌,同样倡导面向学童的相扑普及的还有年寄佐渡岳,尤其是永井高一郎(原幕内阿九津川)。但是,围绕指导方针,尤其是围绕着如何与大相扑保持距离的问题,两者之间产生了微妙的对立。永井主张"国技馆培养职业相扑弟子的方法"也可以适应于学童,而八尾却提倡使用"不囿于故实的简单实用"的土俵,穿不按照行司礼仪制作的裁判制服等主张,主张与大相扑之间保持距离。相扑协会以及支持相扑协会立场的评论家们以"国技相扑之外不应该再有其他相扑"为由,将八尾视为异端,进行了激烈的攻击。八尾在日本国内普及"教育相扑"的梦想破灭了。不久之后,他前往"满洲",在那里与没有实现改革大相扑的梦想,为了追求新天地而来"满洲"的天龙以及和久田三郎合流。

下层的近世非专业相扑,到二十世纪的业余相扑,在大相扑以外由非专业的人从事的相扑,最终都是作为对大相扑的拙劣复制,是一种边缘性的附属性的存在。

但是,到了二十一世纪已经不能说"相扑的流布范围在日本"了,而且,大相扑能否继续作为"相扑唯一的正统模式"而成为标准化的模范也令人怀疑。二十一世纪的大相扑要想与业余相扑毫无瓜葛地存立下去,仅看力士供给源这一点就会明白,那恐怕不是一件容易的事。正因如此,业余相扑的"国际化",对于大相扑身上披裹着的"日本"这层"民族"外衣究竟会带来多大的影响,很让人感兴趣。

另外,观众的要求如何变化,也很值得关注。在欧洲,大相扑现在好像已经成为"Euro-sports"等专门体育频道颇受欢迎的节目内容,拥有众多的电视观众。但这些并非只限于日本人的形形色色的观众,期待从大相扑里看到什么,或者说大相扑的什么地方值得他们掏钱观看呢?近来,通俗的"日本文化"不问内外,以各种各样的形式成为人们关心的消费对象,在这样的现实语境中,原本"日本"这一分割本身所具有的意义,有可能会发生很大的变化。而且大相扑今后的动向,也许还会呈现出"日本"乃至"日本文化"的变迁,或者是急转弯的情形。

话虽如此,"二十一世纪的相扑"的展开尚未成为历史,很多事情都还属于尚未到来的将来。虽然遗憾我无法预见其最后的归宿,但是对于我而言,"相扑的历史"在这里即将会迎来第二次"千秋乐"。

◆　　◆　　◆

本书的原型于一九九四年由山川出版社出版发行。那是我的处女作(因此我也被问及了很多以自身立场难以坦率回答的问题,如"相扑与法制史,究竟哪个是你的本行"等),作为对相扑史的全面记述,至今仍然没有出现可以取代本书的替代品,这让我颇感自负。本书发行以后经过了一些时日,内容方面我觉得没有修改的必要,但关于其后相扑的一些状况,我稍稍添上了几笔,同时为了能有更多的人关注本书，在体裁上也略微作了一些改动。

在被本文库收录之际，除了对印刷方面的错误进行了修正之外，又对现在的地名表记作了更新，将一部分平假名表记改成了汉字。另外，对于原著中频繁出现的"小知识"类短文，也与大部分插图一起进行了删除，作为补偿（其实也谈不上），由于在原著出版时点上的"现在"记述其后发生了变化等，又加上了几点简单的补注。非常感谢学术文库编辑部的园部雅一，他在从事实际编辑的同时，在这些琐细的作业方面给予了我很多帮助。还有原著出版者山川出版社的各位，在我执笔写作原著的时候，他们给予了我无微不至的关怀，现在又欣然允许本书收录于其他出版社的文库，再次表示真挚的感谢。

二〇一〇年三月，东大驹场相扑场，于训练之余暇

新田一郎

# 主要参考文献

赤泽史朗:《战争时期的相扑界——笠置山与他的时代》,载《立命馆大学人文科学研究所纪要》七十五,二〇〇〇年。

网野善彦:《无缘、公界、乐》,平凡社,一九七八年。

池田雅雄:《相扑的历史》,平凡社,一九七七年。

池田雅雄:《大相扑知识大全》,棒球杂志社,一九九〇年。

池田雅雄等编:《相扑百年的历史》,讲谈社,一九七〇年。

池田弥三郎:《艺能、演剧诞生的场所》,载《日本民俗文化大系7 表演者和观众》,小学馆,一九八四年。

石井进:《镰仓武士的实像》,平凡社,一九八七年。

植木行宣:《田乐之村》,载艺能史研究会编《日本艺能史2 古代~中世》,法政大学出版局,一九八二年。

NHK取材班/石田雄太:《二子山胜治·相扑寻根之旅》,NHK出版,一九九三年。

生沼芳弘:《相扑社会的研究》,不昧堂出版,一九九四年。

大林太良编:《学术研讨会 日本的神话4 日向神话》,学生社,一九七四年。

奥田真启:《中世武士团与信仰》,柏书房,一九八〇年。

大日方克己:《古代国家与年中行事》,吉川弘文馆,一九九三年。

雄松比良彦:《女相扑史研究》,京都谪仙居,一九九三年。

风见明:《成为国技的相扑》,大修馆书房,二〇〇二年。

川端要寿:《物语日本相扑史》,筑摩书房,一九九三年。

北川忠彦:《劝进的时代》,载艺能史研究会编《日本艺能史3 中世》,法政大学出版局,一九八三年。

工藤美代子：《大海那边的力士们》，棒球杂志社，一九八八年。

小岛贞二：《雷电为右卫门》上·下，学艺书林，一九九〇年。

小岛贞二：《相扑史表里》1～3，棒球杂志社，一九九二年。

小岛贞二：《历代横纲趣闻史话》，每日新闻社，一九九三年。

后藤淑：《能的形成与世阿弥》，木耳社，一九六六年。

五味文彦：《院政期社会的研究》，山川出版社，一九八四年。

近藤胜：《土佐与相扑》，土佐相扑刊行会，一九七二年。

酒井忠正：《日本相扑史》，大日本相扑协会，上 一九五六年，中 一九六四年。

寒川恒夫编：《相扑的宇宙论》，平凡社，一九九三年。

相扑史迹研究会编：《相扑的史迹》，已出版至第 6 号，相扑史迹研究会，一九七三年～。

高埜利彦：《近世日本的国家权力与宗教》，东京大学出版会，一九八九年。

高桥昌明：《酒吞童子的诞生》，中公新书，一九九二年。

高谷重夫：《祈雨习俗的研究》，法政大学出版局，一九八二年。

田中宣一：《年中行事的构造》，载《日本民俗文化大系 9 历法与祭事》，小学馆，一九八四年。

塚田孝：《近世贱民制与天皇——朝廷权威》，载《讲座 前近代的天皇 3 天皇与社会诸集团》，青木书店，一九九三年。

土井忠生、森田武、长南实编译：《邦译日葡辞书》，岩波书店，一九八〇年。

丰永聪美：《二条定辅考》，载《东京音乐大学研究纪要》十五，一九九一年。

中英夫：《武州力士》，埼玉新闻社，一九七六年。

新田一郎：《相扑的历史与民俗》，载《历史与地理》三百八十二、三百八十五，一九八七年。

新田一郎：《奉纳相扑的风景》，载《体育科学》三十九，一九八八年。

新田一郎：《类似于相扑的竞技》，载《UP》二百五十一，一九九三年。

新田一郎：《明治前期围绕相扑演出的一起诉讼》，载林屋、石井、青山编《明治前期的法律与裁判》，信山社出版，二〇〇五年。

《"年寄名迹"杂话》，载《法曹养成实务入门讲座》第二卷，信山出版社，二〇〇五年。

《闲窗相扑杂话》，载《表现者》十五～三十一，二〇〇八～二〇一〇年。

日本相扑协会、博物馆运营委员监修《近世日本相扑史》（已出版五卷），棒球杂志社，一九七五～一九八一年。

日本相扑联盟编：《日本相扑联盟创立三十五周年纪念志》，日本相扑联盟，一九八二年。

日本相扑联盟编：《日本相扑联盟创立四十周年纪念志》，日本相扑联盟，一九八七年。

野口实：《相扑人与武士》，载中世东国史研究会编《中世东国史的研究》，东京大学出版会，一九八八年。

能势朝次：《能乐源流考》，岩波书店，一九三八年。

能见正比古：《横纲物语》，讲谈社，一九七五年。

能见正比古：《相扑部屋物语》讲谈社，一九七七年。

长谷川明：《相扑的诞生》，新潮选书，一九九三年。

林屋辰三郎：《中世艺能史的研究》，岩波书店，一九六〇年。

针谷良一：《现在从相扑学习》，同友馆，一九九〇年。

东日本学生相扑联盟编：《东日本学生相扑联盟五十年史》，东日本学生相扑联盟，一九七五年。

彦山光三：《横纲传》，棒球杂志社，一九五三年。

彦山光三：《相扑道综鉴》，载《大相扑鉴识大系 第一卷》，国民体力协会，一九四〇年。

藤生安太郎：《响应国策踏四股》，大日本清风会，一九三八年。

古河三树：《江户时代大相扑》，雄山阁出版，一九六八年。

枡冈智，花坂吉兵卫：《相扑讲本》，相扑讲本刊行会，一九三五年。

松村武雄：《日本神话的研究》，培风馆，一九五四年。

三田村鸢鱼：《相扑的故事》，载《三田村鸢鱼全集 第15卷》，中央公论社，一九七六年。

峰岸纯夫：《相扑人大方五郎政家和其子孙们》，载《关城町的历史》3，关城町史编纂室，一九八三年。

宫本德藏：《力士漂泊》，小泽书店，一九八五年。

武藏川喜伟：《武藏川回顾录》，棒球杂志社，一九七四年。

柳田国男：《两种年占》，载《定本柳田国男集 第13卷》，筑摩书房，一九六三年。

山口昌男：《相扑中的礼仪与宇宙观》，载《国立历史民俗博物馆研究报告》十五，一九八七年。

山中裕：《平安朝的年中行事》，塙书房，一九七二年。

横山健堂：《日本相扑史》，富山房，一九四三年。

和歌森太郎：《和歌森太郎著作集 15 相扑的历史和民俗》，弘文堂，一九八二年。

和久田三郎：《相扑风云录》，池田书店，一九五五年。

渡边昌史：《从台湾原住民的相扑变迁看其自我认同》，早稻田大学博士论文，内容提要载于《人间科学研究》十九号附录，二〇〇六年。

P. L. Cuyler：“Sumo: From Rite to Sport” Weatherhill, Inc. 一九七九年。

中岛隆信：《大相扑的经济学》，东洋经济新报社，二〇〇三年。

杂志：《相扑》，棒球杂志社。

杂志：《大相扑》，读卖新闻社。

# 相扑史略年表

| 和历 | 西历 | 事项 |
|------|------|------|
| 皇极元年 | 642 年 | 为款待百济王族，召健儿表演相扑 |
| 天武十一年 | 682 年 | 大隅隼人与阿多隼人的相扑 |
| 大宝元年 | 701 年 | 实施大宝律令 |
| 养老三年 | 719 年 | 初次设置拔出司 |
| 神龟五年 | 728 年 | 令各国郡司进献相扑人。此后屡屡有进献相扑人等的记录 |
| 天平六年 | 734 年 | 圣武天皇观"相扑戏"。一般认为这是"相扑节"之确实先例 |
| 延历十二年 | 793 年 | 相扑天览。此后屡屡可见相扑天览的记事→相扑节向例行活动转变 |
| 延历十三年 | 794 年 | 迁都平安京 |
| 贞观十年 | 868 年 | 兵部省掌管相扑节 |
| 万寿四年 | 1027 年 | 石清水放生会首次出现相扑奉纳，此后成为惯例 |
| 天永二年 | 1111 年 | 贺茂祭首次出现相扑奉纳，此后成为惯例 |
| 保安三年 | 1122 年 | 举办相扑节，但此后暂时中断 |
| 保延三年 | 1137 年 | 春日若宫祭首次出现相扑奉纳，此后成为惯例 |
| 天养二年 | 1145 年 | 策划举办相扑节，但因彗星出现中止 |
| 保元三年 | 1158 年 | 相扑节复活，但没有持续下去 |

| 和历 | 西历 | 事项 |
|---|---|---|
| 承安四年 | 1174 年 | 最后的相扑节 |
| 文治元年 | 1185 年 | 此时，镰仓的"武家"基础得到了巩固 |
| 文治五年 | 1189 年 | 鹤岗放生会首次出现相扑奉纳 |
| 建久三年 | 1192 年 | 来自京都的相扑人掌管鹤岗放生会相扑 |
| 元久三年 | 1206 年 | 结城朝光为将军源实朝奉献上览相扑 |
| 仁治元年 | 1240 年 | 镰仓市内发布街头相扑禁令 |
| 建长六年 | 1254 年 | 在将军宗尊亲王的上览相扑上，"谱代相扑"长田广雅对胜负提起申诉 |
| 文永八年 | 1271 年 | 在出云杵筑大社举办奉纳相扑之际，（神社）阻止"京都相扑"向地方渗透，下令雇用"当国相扑" |
| 应永二十六年 | 1419 年 | 为营造伏见法安寺举办劝进相扑 |
| 正长元年 | 1428 年 | 将军足利义教屡次前往诸大名府邸观赏相扑 |
| 元龟元年 | 1570 年 | 从这时起，织田信长多次召集相扑人为其进行相扑表演 |
| 天正六年 | 1578 年 | 从这时起，到处可见京都周边以及各地举行劝进相扑演出的记录 |
| 文禄二年 | 1593 年 | 丰臣秀次屡次观赏相扑 |
| 庆长八年 | 1603 年 | 德川家康任征夷大将军 |
| 庆安元年 | 1648 年 | 禁止非武士供养的劝进相扑演出。以后多次发布禁令，禁止在街头表演相扑 |
| 万治二年 | 1659 年 | 此时，吉田追风开始被熊本细川家供养 |
| 贞享元年 | 1684 年 | 江户允许举办劝进相扑。由相扑年寄操纵的比赛体制萌芽 |
| 元禄十二年 | 1699 年 | 京都允许举办劝进相扑。从此时开始看到"土俵"的记录 |
| 元禄十五年 | 1702 年 | 大阪允许举办劝进相扑 |

| 和历 | 西历 | 事项 |
|---|---|---|
| 正德元年 | 1711 年 | 江户禁止举行劝进相扑演出。一段时期内,相扑比赛以京阪为中心举行 |
| 宽保二年 | 1742 年 | 江户允许举办劝进行扑。具备了三都四季劝进相扑体制的基础 |
| 宽延二年 | 1749 年 | 中立(木村)庄之助与伊势海(式守)五太夫成为吉田追风的门人 |
| 宝历八年 | 1758 年 | 对相扑集团与"秽多"之间的纷争做出裁决 |
| 安永二年 | 1773 年 | 禁止没有获得正规相扑集团许可的非专业的人举行相扑比赛 |
| 宽政元年 | 1789 年 | 由吉田追风授予谷风、小野川"横纲"资格。 |
| 宽政三年 | 1791 年 | 将军德川家齐的上览相扑 |
| 文政六年 | 1823 年 | 五条家授予柏户、玉垣横纲资格。可以窥见在此前后相扑集团与五条家的关系 |
| 文政十年 | 1827 年 | 吉田追风被幕府任命为江户相扑总管 |
| 文政十一年 | 1828 年 | 五条家与吉田家的纷争爆发。吉田家对相扑集团的指导权确立 |
| 天保四年 | 1833 年 | 此后本所回向院境内成了江户本场所比赛的固定场所 |
| 庆应四年 | 1867 年 | 大政奉还。明治新政府成立 |
| 明治二年 | 1869 年 | 阵幕久五郎成为大阪相扑头取总长。三都比赛体制解体 |
| 明治十一年 | 1878 年 | "角觚并行司管理规则及比赛场所管理规则"发布。相扑会所以此为依据进行机构改革 |
| 明治十七年 | 1884 年 | 明治天皇的天览相扑 |
| 明治二十二年 | 1889 年 | "东京大角力协会"成立 |

| 和历 | 西历 | 事项 |
|---|---|---|
| 明治二十九年 | 1896 年 | 从此时起,第一高等学校相扑部的活动可以得到确认 |
| 明治三十三年 | 1900 年 | 这个时期,嘉纳治五郎提倡在学校体育中引入相扑 |
| 明治四十二年 | 1909 年 | "国技馆"在东京两国落成 |
| 明治四十三年 | 1910 年 | 学生相扑大赛在国技馆举行。从此时起,各地开始举行学生相扑大赛 |
| 大正八年 | 1919 年 | 第一次全国学生相扑锦标赛举行 |
| 大正十四年 | 1925 年 | 东京相扑协会被认定为财团法人 |
| 昭和二年 | 1927 年 | 东京、大阪相扑协会合并。财团法人大日本相扑协会成立 |
| 昭和三年 | 1928 年 | 大相扑本场所比赛开始无线电实况转播。设置预备线和时间限制 |
| 昭和六年 | 1931 年 | 土俵的内径由十三尺扩大到十五尺 |
| 昭和七年 | 1932 年 | 春秋园事件 |
| 昭和九年 | 1934 年 | 日本学生相扑联盟成立 |
| 昭和十年 | 1935 年 | 这个时期,实业团相扑走向组织化 |
| 昭和二十年 | 1945 年 | 第二次世界大战结束 |
| 昭和二十一年 | 1946 年 | 日本相扑联盟成立 |
| 昭和二十八年 | 1953 年 | 开始举办业余的全日本相扑锦标赛 |
| 昭和三十年 | 1955 年 | 制定、施行"相扑规则" |
| 昭和三十二年 | 1957 年 | 修改财团法人日本相扑协会的捐赠行为 |
| 昭和三十三年 | 1958 年 | 大相扑现行的一年六场所比赛体制固定了下来 |
| 昭和四十五年 | 1970 年 | 从此时起,学生相扑中顶级选手进入大相扑的情况增多 |
| 昭和五十六年 | 1980 年 | "非专业相扑锦标赛"改组为"国际相扑锦标赛" |

| 和历 | 西历 | 事项 |
|---|---|---|
| 昭和五十八年 | 1983 年 | 国际相扑协议会成立 |
| 平成四年 | 1992 年 | 国际相扑联盟成立。第一次世界相扑锦标赛举行 |
| 平成九年 | 1997 年 | 全日本新相扑锦标赛举行 |
| 平成十九年 | 2007 年 | 将"新相扑"的名称改为"女子相扑" |

相扑的历史

●

# 译者后记

作为日本文化研究者，我其实还是一个日本大相扑的爱好者。每次到日本访问和研究，如果赶上"本场所"的大相扑比赛，我都会抽时间观看 NHK 电视台的现场直播，就是回国以后，也会时常通过网络等了解大相扑的情况。正是出于对大相扑的这种爱好，我才接下了新田一郎教授所著的这部《相扑的历史》的翻译任务。

但是，正如本书作者所述，这部著作并不是专门探讨大相扑历史的书籍，而是把叙述重点放在了大相扑以前的相扑的历史上，其独创性也主要体现在对中世以前部分的研究之中。另外，作者并不局限于"相扑史"这一领域内部，而是将其放到"社会史"、"文化史"、"艺能史"的广阔背景中去把握，在相扑与社会的相互关系中，描绘出相扑得以确立及其变化的过程，由此构筑起了能够更详尽地论述相扑的新框架。

这样一来，大大地增加了该书翻译的难度。但是反过来讲，该书在努力吸收近年来历史学研究成果的基础上，从神话时代开始直到现代，基本按照历史顺序详细地描述了日本相扑的历史，还尖锐地指出了日本相扑中存在的问题，对其未来发展做出了切实的展望，确实是一部难得的关于日本相扑的概论式书籍。

另外，值得一提的是，该书尽管是一部学术著作，但作者把相扑放到日本历史发展的长河中加以考察，内容由相扑而及日本的神话、历史、社会和文化，其中运用了大量翔实的资料，穿插了许多典故和逸话，又使本书富有可读性，让人读来饶有兴味。因此，该书不仅对于对日本相扑感兴趣的读者，就是对日本历史文化感兴趣的广大读者来说，也都不失为一部值得一读的书籍。

该书是集体翻译的成果，从翻译、校对到统稿前后经过了三个来回。本书前言到第一章由邢雪艳副教授翻译，第二章至第六章由我翻译，第七章以后部分由王俊英副教授翻译。之后，我对邢雪艳、王俊英两位翻译的部分进行校对，王俊英对我翻译的部分进行校对。最后，由我对全书进行审校和统稿。在此，对王俊英、邢雪艳两位副教授的通力合作和付出的努力表示衷心感谢。当然，如果译文有什么不妥或错误之处，应该由我负全部责任。

由于各种原因，该书的翻译费时较长。南京大学出版社的责任编辑田雁研究员对此体现了充分的理解和耐心，并在该书的编辑过程中付出了诸多辛苦。在该书付梓之际，谨对田雁研究员表示由衷的谢意。

崔世广

2017 年 10 月　于北京

相扑的历史

**图书在版编目(CIP)数据**

相扑的历史/(日)新田一郎著;崔世广,王俊英,
邢雪艳译.—南京:南京大学出版社,2018.3
（阅读日本书系）
ISBN 978 - 7 - 305 - 20075 - 5

Ⅰ.①相… Ⅱ.①新…②崔…③王…④邢…
Ⅲ.①相扑－历史－日本 Ⅳ.①G886.6

中国版本图书馆 CIP 数据核字(2018)第 059795 号

SUMOU NO REKISHI
© Ichiro Nitta 2010
All rights reserved.
Original Japanese edition published by KODANSHA LTD.
Simplified Chinese character edition publication rights arranged with KODANSHA LTD.
through KODANSHA BEIJING CULTURE LTD. Beijing, China
Simplified Chinese edition copyright © 2018 by NJUP

江苏省版权局著作权合同登记 图字:10 - 2013 - 340 号

| | | |
|---|---|---|
| 出 版 者 | 南京大学出版社 | |
| 社 址 | 南京市汉口路 22 号 | 邮 编 210093 |
| 出 版 人 | 金鑫荣 | |
| 丛 书 名 | 阅读日本书系 | |
| **书 名** | **相扑的历史** | |
| 著 者 | [日]新田一郎 | |
| 译 者 | 崔世广 王俊英 邢雪艳 | |
| 责任编辑 | 田 雁 | 编辑热线 025 - 83596027 |
| 照 排 | 南京紫藤制版印务中心 | |
| 印 刷 | 江苏凤凰通达印刷有限公司 | |
| 开 本 | 787×1092 1/20 印张 11.5 字数 207 千 | |
| 版 次 | 2018 年 3 月第 1 版 2018 年 3 月第 1 次印刷 | |
| ISBN | 978 - 7 - 305 - 20075 - 5 | |
| 定 价 | 48.00 元 | |
| 网 址 | http://www.njupco.com | |
| 官方微博 | http://weibo.com/njupco | |
| 官方微信 | njupress | |
| 销售咨询热线 | (025)83594756 | |